湖北青少年思想道德教育研究丛书

刘怀元　著

网络交往与大学生道德修养研究

中国社会科学出版社

图书在版编目（CIP）数据

网络交往与大学生道德修养研究／刘怀元著．—北京：中国社会科学出版社，2017.3

（湖北青少年思想道德教育研究丛书）

ISBN 978 - 7 - 5161 - 9789 - 9

Ⅰ.①网…　Ⅱ.①刘…　Ⅲ.①大学生—心理交往—研究②大学生—道德修养—研究　Ⅳ.①G641

中国版本图书馆 CIP 数据核字（2017）第 018710 号

出 版 人	赵剑英
责任编辑	孔继萍
责任校对	石春梅
责任印制	李寡寡

出　　　版	中国社会科学出版社
社　　　址	北京鼓楼西大街甲 158 号
邮　　　编	100720
网　　　址	http://www.csspw.cn
发 行 部	010 - 84083685
门 市 部	010 - 84029450
经　　　销	新华书店及其他书店

印刷装订	北京市兴怀印刷厂
版　　　次	2017 年 3 月第 1 版
印　　　次	2017 年 3 月第 1 次印刷

开　　　本	7210×1000　1/16
印　　　张	14.5
插　　　页	2
字　　　数	245 千字
定　　　价	58.00 元

凡购买中国社会科学出版社图书，如有质量问题请与本社营销中心联系调换
电话：010 - 84083683

总　　序

　　湖北青少年思想道德教育研究中心是湖北省教育厅 2011 年 12 月批准建立的湖北省高校人文社会科学重点研究基地。中心以湖北大学马克思主义学院思想政治教育系和思想政治理论课教研部为依托，在湖北省教育厅和湖北大学相关部门的指导下独立开展工作，在科学研究等方面与湖北大学马克思主义学院资源共享。湖北大学思想政治教育系于 1973 年创建，1974 年正式招生，为湖北省培养了大批中学政治课教师、党政机关企事业单位思想政治教育以及青少年思想道德教育方面的专业人才。思想政治理论课教研部于 1991 年组建，在思想政治理论课教学方式方法上不断创新，取得了重大成果，两个单位师资力量、科研实力雄厚。在国内省内思想政治教育研究领域有一定的影响，出版了一批在国内学术界具有重要影响的著作，其研究水平在国内受到同行高度关注和肯定。该系、部拥有两个二级学科博士点：马克思主义基本原理和思想政治教育；两个一级学科硕士点：马克思主义理论和政治学。湖北青少年思想道德教育研究中心正是以思想政治教育系和思想政治理论课教研部为根基，在整合校内外科研力量的条件下形成的一个跨院系、跨学科的研究机构。

　　中心现有专、兼职研究人员 27 人。其中博士生导师 8 人，教授 12 人，副教授 7 人；博士 13 人，硕士 13 人；50—59 岁的 4 人，40—49 岁的 13 人，30—39 岁的 9 人，30 岁以下的 1 人。职称、学历和年龄结构比较合理，形成了一支年富力强、团结合作、共谋事业、富有创新意识和改革精神的"金字塔"式的学术团队。中心的负责人是思想政治教育专业博士点导师，先后担任湖北大学团委书记、宣传部部长、副校长等职务，在经济全球化背景下人的发展、新时期思想政治教育有效性、交往与青少年道德修养等方面有较深入思考，相关研究成果在学术界有一定影响。其他科研人员在青少年价值观教育、青少年思想道德教育环境、青少年思想政治教育课程、青少年思想道德教育审美等研究领域成果丰厚，具有广泛的学术影响。研究队伍中，部分人员有出国研修和考察的经历。这支队伍为该中心创建全省乃至全国一流的研究基地打下了坚实的基础。

湖北青少年思想道德教育研究中心将适应我国特别是我省青少年思想道德教育发展和我校学科建设要求，树立"立足湖北，服务湖北"的观念，从青少年思想道德教育研究的角度整合全校、武汉地区以及国内外人文学科资源，发挥湖北大学思想政治教育学科和武汉地区思想政治教育学科优势。深入研究当代青少年思想道德教育理论与方法、湖北青少年价值观教育、湖北青少年思想道德教育新环境、湖北青少年思想道德教育课程及创新，努力将湖北青少年思想道德教育研究中心建设成为湖北青少年思想道德教育的科学研究中心、研究湖北青少年思想道德教育的科研人才培养基地、促进湖北青少年思想道德教育发展的咨询服务基地、湖北青少年思想道德教育的信息传播基地、科研管理体制改革与创新的实验基地。

湖北大学为该基地整合科研资源，实行多学科交叉、综合研究、优势互补创造了良好的条件。同时，该基地与许多兄弟院校有良好的合作基础，与香港、台湾地区的多所大学也长期保持学术交流。

湖北青少年思想道德教育研究中心成立4年多来，承沐着充足润养生机的阳光雨露。省内外、校内外相关领导和全国青少年思想道德教育领域的专家同人给予了热情而有力的支持。中心于2013年8月和2015年9月先后两次召开湖北青少年思想道德教育研究中心开放基金课题专家评审会。会议由中心主任主持。专家评审小组由华中科技大学教科院李太平教授、湖北大学教育学院院长靖国平教授、湖北大学哲学学院院长戴茂堂教授、中心主任杨鲜兰教授和中心常务副主任杨业华教授组成。专家组本着公平、公正的原则，按照中心开放基金课题评审条件，对来自华中师范大学、中国青年政治学院、武汉理工大学等青少年思想道德教育研究方面专家申报的课题现场逐一进行了认真的讨论和评审，重点从申报课题的选题意义、研究思路及研究基础等方面进行评价，并逐项提出了建设性的修改意见和建议。最后，确定对以华中师范大学万美容教授主持的《湖北"90后"大学生思想行为特点实证研究》等20多项课题予以立项。为了摸清湖北未成年人思想道德现状，把握湖北未成年人思想的特点和规律，为湖北未成年人思想道德建设科学决策以及有针对性地开展湖北未成年人思想道德建设提供依据。受湖北省文明办委托，中心于 2013 年 5 月至 8 月湖北青少年思想道德教育研究中心对"湖北未成年人思想道德状况"进行了调查研究，有多篇调研报告被相关领导和部门采纳。受湖北省委宣传部委托，中心 2014 年 6 月至 12 月对"中华优秀传统文化对青少年的影响状况"进行了调查研究，调查成果"关于对青少年进行中华优秀传统文化教育状况的调查思考"获得湖北省委常委、宣传部部长梁伟年、常务副部长杨万贵和副部长喻立平等领导充分肯定和重要批示。中心坚持每年编写 2 期《湖北青少年思想道德教育研究简报》，报送湖北省委宣传部、湖北省文明办、共青团湖北省委、湖北省教育厅相关部门、湖北大学学工处和团委等相关部门决策参考。中心坚持每年由长江出版社公开编辑出版《湖北青少年思想道德教育研究报告》，目前已经出版 3 部研究报告。2012 年中心常务副主任杨业华教授和中心副主任周芳教授分别在人民出版社出版了两本青少年思想道德教育方面的学术著作——《当代中国大学生核心价值观研究》和《思想政治教育审美研究》。2013—2015 年中心联合湖北大学马克思主义学院由中国社会科学出版社出版了"湖北青少年思想道德教育研究丛书"5 部。分别是中心主任杨鲜兰教授等著的《交往与青少年道德修养》、中心常务副主任杨业华教授的《思想政治教育新视野》、中心骨干姚迎春博士的《思想政治教育文艺载体研究》、中心骨干杨荣副教授的《中国共产党早期思想政治工作与马克思主义大众化研究》和中心骨干刘靖君教授的《当代中国大学生榜样教育研究》。

现在，中心再次推出"湖北青少年思想道德教育研究丛书"，进一步展示湖北青少年思想道德教育研究中心的研究成果。这些研究成果，有的是中心专家和骨干的研究成果，有的是中心专家指导博士生写的博士论文，这些博士论文是在导师指导下经过比较长时间研究的成果，而且在出版之前，各位作者又根据校内外博士论文评审专家和答辩委员会专家的意见，对论文作了进一步的修改和完善，达到了较高水平。这些研究成果不仅对加强青少年思想道德教育研究具有理论价值，而且对于加强和改进新时期青少年思想道德教育工作具有现实指导意义。

中心成立仅仅四年多，推出"湖北青少年思想道德教育研究丛书"时间不长，还没有经验，我们诚挚希望青少年思想道德教育界的专家同人和广大读者，能够对"湖北青少年思想道德教育研究丛书"提出宝贵的意见，以利于"湖北青少年思想道德教育研究丛书"的进一步改进和完善。在此，我也对中国社会科学出版社的领导和有关编辑为"湖北青少年思想道德教育研究丛书"出版付出的辛勤劳动表示衷心感谢！

湖北大学副校长、湖北青少年思想道德教育研究中心主任

杨鲜兰

2016 年 10 月 10 日

目　　录

绪　论

第一节　问题的提出

互联网是一个计算机交互网络，又称网间网。它把全球数以万计的计算机网络串联成一个庞大的网络，在全世界范围内提供信息资源共享和交流等服务。网络交往伴随着互联网的发展应运而生，它凭借着广泛性、匿名性、虚拟性、平等性和直接性等特点，成为当今人际交往的一种重要方式。网络交往在给人们带来便利的同时，也带来了道德缺失问题，特别是大学生网络交往道德缺失现象的出现，成为网络社会管理的难题，也引起了全社会的重视。有序的网络交往需要人们良好的道德支持，当然，道德的内在规定性决定其重在培育和修养。当前，通过行之有效的方法加强大学生网络交往道德修养，使网络交往真正助推社会进步与人的发展，是十分必要的。

第一，全面贯彻党中央关于网络安全和信息化及高校宣传思想工作的讲话和文件精神，要求加强网络交往与大学生道德修养研究。党的十八大以来，习近平同志多次发表重要讲话阐述网络安全和信息化工作的重大意义、战略目标和重要举措。习近平在 2013 年 8 月 19 日全国宣传思想工作会议上的讲话中谈到，很多人特别是年轻人基本不看主流媒体，大部分信息都从网上获取。……要依法加强网络社会管理，加强网络新技术新应用的管理，确保互联网可管可控，使我们的网络空间清朗起来。做这项工作不容易，但再难也要做。习近平在 2014 年 2 月 27 日的中央网络安全和信息化领导小组第一次会议上强调，做好网上舆论工作是一项长期任务，要创新改进网上宣传，运用网络传播规律、弘扬主旋律，激发正能量，大力培育和践行社会主义核心价值观，把握好网上舆论引导的时、度、效，使网络空间清朗起来。①

　　为贯彻习近平总书记系列讲话精神，2015 年 1 月中共中央办公厅、国务院办公厅印发《关于进一步加强和改进新形势下高校宣传思想工作的意见》，意见明确要求，各高校以加强高校网络等阵地建设为重点，积极培育和践行社会主义核心价值观，不断坚定广大师生走中国特色社会主义道路的理论自信、制度自信，培养德、智、体、美全面发展的社会主义建设者和接班人。要创新网络思想政治教育，开展高校校园网络文化建设专项试点工作。立足校园网站建设开办一批贴近师生学习生活的网络名站名栏，建设一支由学生和青年教师骨干组成的网络宣传员队伍，打造示范性思想理论教育资源网站、学生主题教育网站和网络互动社区，推进辅导员博客、思想政治理论课教师博客、校务微博、校园微信公众账号等网络新媒体建设。加强校园网络安全管理，加强高校校园网站联盟建设，加强高校网络信息管理系统建设。要贯彻落实习近平总书记上述讲话精神以及中央文件精神，应对大学生网络交往道德修养问题开展研究，努力解决他们的网络交往道德失范问题。

　　第二，互联网成为大学生交往的重要平台，要求加强网络交往与大学生道德修养研究。互联网的起源要追溯到美国最早的军用计算机网络，美国国防部所管辖的阿帕网。阿帕网具有一定的限制性，为此，美国等一些国家和地区纷纷开始筹建更具有开放性的计算机网络。这些网络通过通信线路串联起来，组成了现在的互联网。自此以后，互联网规模一直呈指数增长，网民人数从最初的寥寥数人，发展到目前的 30 多亿人。根据英国研究机构 eMarketer 调查数据显示，目前网民已覆盖全球 200 多个国家和地区的 30 多亿人，网民人数约占全球 70 多亿人口的 42.8%。据该机构最新预测，到 2018 年全球网民人数将达 36 亿。目前，我国已成为网民人数最多的国家之一，其规模已约占全球网民人数的四分之一，根据 2015 年 7 月，中国互联网络信息中心（CNNIC）发布的《第 36 次中国互联网络发展状况统计报告》数据显示，截至 2015 年 6 月 30 日，中国网民数量达到 6.68 亿。大学生这一特殊群体，凭着对新科技、新事物接受能力强和迅速等优势，已成为网络交往活动中最为活跃的一支力量。根据《第

————————

　　① 《总体布局统筹各方创新发展　努力把我国建设成为网络强国》，《人民日报》2014 年 2 月 28 日第 1 版。

36 次中国互联网络发展状况统计报告》数据显示，截至 2015 年 6 月 30 日，大专及以上网民人数占中国网民数量的 20.6%。

除互联网规模不断扩大外，互联网应用也逐步走向多元化。最初的互联网应用主要集中在通讯和信息传播等方面，互联网用户主要是科技工作者。直到 20 世纪 90 年代初期，万维网问世，它凭借信息大、查询方便快捷等优势，将无数非学术领域的用户带入互联网世界，很快被人们所认识和接受。进入 21 世纪，随着多媒体技术的发展和通信业务的开通，电子商务、远程教育、视频会议等互联网新应用深入到社会生活的方方面面。在我国，随着大学生网民数量的急剧增加和互联网运用的多元化，使得互联网成为影响我国社会和大学生发展的关键领域。与此同时，网络交往凭借着交往对象的广泛性、交往角色的虚拟性、交往心态的平等性、交往过程的匿名性和交往行为的直接性等独特的魅力和无限的发展空间吸引着越来越多的人，尤其是大学生群体，成为他们人际交往的一种重要方式，亦成为大学生交往的重要平台。

第三，大学生在网络交往中的具体表现，要求加强网络交往与大学生道德修养研究。笔者作为一名高校辅导员，近年来一直关注大学生网络交往。当代大学生在网络交往中的表现值得肯定，他们能够自觉投身到网络道德建设中来，能够旗帜鲜明、积极主动地弘扬网络主旋律，传播正能量。比如，2014 年国庆节前夕，湖北大学 2009 届思想政治教育专业优秀本科生、在澳大利亚国立大学攻读博士学位的留学生雷希颖在新浪微博发起"我和国旗合个影"活动，得到网友的热烈响应。截至当年"十一"国庆，活动阅读量达到 2.1 亿，参与人数达十余万人次。

网络既是一个交往的平台，也是一个交往的屏障，在虚拟与现实之间游走，面对两重完全不同的世界，网络交往中的大学生难免存在道德认知、道德情感、道德意志、道德行为等方面的问题，尤其是道德失范问题。作者在问卷调查过程中发现，大学生群体或多或少存在一些问题。比如，价值观存在偏差，15.04% 大学生频繁结交异性朋友；语言和行为表达粗俗，20.63% 大学生使用"BT"（变态）、"草泥马"等用语；自私自利思想蔓延，32.2% 大学生为了个人利益伤害自己的朋友或合作者；存在网络违法犯罪倾向，20.28% 大学生赞同网络黑客行为，18.8% 大学生存在网络暴力倾向；诚信意识淡薄，31.41% 大学生做作业时从网上抄答案；文明状况堪忧，35.55% 大学生公开谈论他人隐私，在聊天室、论坛、贴吧等公共场所说粗话，等等。大学生在网络交往中的正面和负面的表现，要求我们应加强网络交往与大学生道德修养研究。

第二节　研究意义

网络交往与大学生道德修养是一项值得研究的课题，国内外鲜有学者利用定量的方法研究这一相关问题。因此，本书许多问题需要系统深入的研究和探讨。深入研究网络交往与大学生道德修养，具有一定的理论意义和现实意义。

一　理论意义

第一，本书通过系统研究网络交往理论，一定程度上可以丰富马克思主义交往理论。马克思主义交往理论有着十分丰富的内容和内涵，《1844年经济学—哲学手稿》和《德意志意识形态》两本著作代表着马克思主义交往理论从形成逐步走向成熟。随着学术界对马克思主义交往理论的深入研究，研究者们从不同的视角进一步完善了马克思主义交往理论。自从上世纪出现互联网开始，建立在互联网基础上的网络交往已经引起人们的广泛关注和重视，它是人类交往史上的又一次前所未有的革命性变革。虽然网络交往是现实交往在互联网中的延伸，但是，与现实交往相比，网络交往又有其自身的独特特点，它对社会和人类发展的各个方面都产生着巨大的影响。以往研究者的目光主要集中在网络交往形式、行为和动机等方面，对其理论的研究零散且不系统。本书从交往理论入手，通过系统地梳理和分析网络交往相关理论，力求一定程度上丰富马克思主义交往理论。

第二，本书通过系统研究道德修养理论，充实了马克思主义道德理论。马克思主义道德理论是马克思主义理论体系中不可或缺的一个重要维度，它充分突出人的需要，以历史唯物主义为理论起点，以人的自由全面发展为道德追求的终点，实现了道德工具论和本体论的统一。本书在已有研究的基础上，尝试系统地研究道德修养理论，特别是从交往的视角探讨道德蕴含及道德修养根本途径，同时，结合问卷调查结果，通过探讨加强大学生网络交往道德修养的措施，力求进一步充实马克思主义道德理论。

第三，本书通过深入探究网络交往与道德修养的内在联系，为后来的研究者们提供有价值的参考意见。网络交往与道德修养之间存在什么样的联系，它们两者之间又有着怎么样的相互影响？从已有文献资料来看，探讨网络交往对道德影响和网络道德失范的较多，而研究网络交往与道德修养的内在联系和相互影响的较少。事实上，一方面，交往是道德修养的根本途径，正确的交往过程本身就是提高道德认识、陶冶道德情感、锻炼道德意志、确立道德信念、实践道德行为、养成稳定的行为习惯的过程；另一方面，网络交往异化反映了对网络交往道德的诉求，网络交往异化现象的出现亟须用网络交往道德来规范和约束。它们二者是相互联系、相互作用、相互影响、相辅相成的。本书从道德修养的交往途径、网络交往异化与道德诉求两个方面，对网络交往与道德修养的内在联系进行深入地探讨和研究，希望找出网络交往与道德修养之间的内在联系和相互影响，为相关理论研究提供有价值的参考意见。

第四，为规范大学生网络交往行为，加强大学生网络交往道德修养提供理论依据。网络交往已经成为大学生交往的重要平台，然而，网络在给大学生带来方便和快乐的同时，也给其网络交往行为和道德带来了不良影响。大学生在网络交往中出现的道德问题既是网络问题，又是社会问题；既有网络的影响，又有社会的影响。这就要求我们，一方面，应加大网络交往对大学生道德认知、道德情感、道德意志、道德信念及道德行为等方面不良影响的研究，确保其不影响大学生健康成长，不给社会整体进步带来负面作用。另一方面，应加强网络交往对大学生行为和道德正面影响的研究，为培育大学生网络交往道德提供正能量。本书通过在大学生中开展问卷调查，深入研究其网络交往及网络交往道德现状，分析大学生网络交往及网络交往道德差异性和相关性。在此基础上，提出加强大学生网络交往道德修养的措施，为规范大学生网络交往行为，加强大学生网络交往道德修养提供理论依据。

二　实践意义

第一，为研究大学生网络交往和网络交往道德相关问题提供一手资料，使研究建立在实证基础上，更具有针对性。问卷调查和实证分析是研究大学生网络交往和网络交往道德的关键，笔者在查阅文献资料过程中发现，近年来，对大学生网络交往和网络交往道德相关问题进行系统性的实证研究偏少，对大学生网络交往和网络交往中的道德问题泛泛而谈较多，对大学生网络交往和网络交往中的道德的某一方面进行问卷调查的较多。

鉴于此，本书在可实施的基础上，采用理论分析和实证分析相结合的方式，有针对性地在大学生中开展问卷调查，并结合调查数据，对大学生网络交往和大学生网络交往道德现状、差异性、相关性等方面的内容进行了完整、系统的实证研究，为研究大学生网络交往和大学生网络交往道德相关问题提供了第一手资料。

第二，为加强大学生网络交往道德修养提供了相对全面、系统的措施。大学生网络交往中形形色色的异化问题，已经引起全社会的关注和重视。面对这些问题，大学生网络交往需要什么样的规范，需要什么样的道德，以及如何加强大学生网络交往道德修养是摆在我们面前的一大难题，值得我们深入的探讨。本书在问卷调查的基础上，提出发挥思想政治理论课及计算机课等主渠道作用、营造良好的校园文化环境、加强网络道德教育、构建法制和道德规范体系以及强化网络交往条件下大学生自我道德修养等措施，加强大学生网络交往道德修养。这些全方位多角度的措施，无疑对加强大学生网络交往道德修养更为系统和有效。

第三，为思想政治教育工作者有针对性地完善大学生网络交往提供指导。网络交往已深深左右着大学生方方面面，思想政治教育工作者已经开始重视影响大学生健康网络交往和道德修养各个因素。然而，网络交往研究的不够深入，导致针对大学生网络交往开展的思想政治教育工作效果不明显。本书有针对性地在大学生中开展问卷调查，并对大学生网络交往和大学生网络交往道德现状、差异性、相关性等方面的内容进行了完整、系统的实证研究，找出了问题的关键所在，给出了加强大学生网络交往道德修养相对全面和系统的措施，为思想政治教育工作者了解大学生网络交往现状，有针对性地完善大学生网络交往提供了一定指导。

第三节　国内外研究现状

尽管当前学术界直接以"网络交往与大学生道德修养研究"为题目的研究成果不多，但国内外研究者立足哲学、社会学、人类学、传播学、政治学、心理学、教育学等学科，对这一选题的相关问题，进行了多视角和多学科的学术研究。这些研究成果一方面为本书的研究提供新的学术起点，另一方面使本书的研究思路与研究成果具有更强的科学性和实践性。

一　国内研究现状

（一）网络交往研究现状

网络交往是研究大学生网络交往道德培育的逻辑基点，只有科学地界定其内涵并把握其特征，才能考察网络交往与道德修养的内在联系，调查大学生网络交往和网络交往道德现状，分析大学生网络交往道德失范的原因，并提出加强大学生网络交往道德培育的措施。

从研究网络交往含义的角度来看，常见的具有代表性的定义有如下几种。一是特征定义法。邓泽球等认为，网络交往是人际交往的一种，是非正式的、通过电脑屏幕文字为中介的、双向的交往。① 该定义指出了网络交往的间接性、双向互动的特征，但把网络交往界定为"非正式的"是不够准确的。网络交往是现实交往在网络空间的延伸，它既可以是非正式的，也可以是正式的。二是行为定义法。马恒平从行为的角度对网络行为进行界定。就行为而言，它是指社会生活中可以被观察、描述和记录的内隐或外显的人类活动；而网络行为是指人们在网络上所从事的以信息交流为目的的虚拟的交往活动。② 而且，他认为，网络交往行为是一种新型的社会互动行为，由于网络交往采取"人—机—人"的主体间性模式，网络社会交往的互动也容易导致两种交往形式：一种是对称性交往，合作是网上对称性的社会交往的基本形式；另一种是非对称性的网络交往行为，它的最大特点是信息交换的不对称，如黑客行为、网上色情等。③ 三是自我游戏定义法。黄少华在著作《重塑自我的游戏——网络空间的人际交往》中认为，网络交往是一种以"身体不在场"为基本特征的人际交往，是一场陌生人之间的互动游戏，其实质是一场重塑自我的游戏。四是实践定义法。陈历认为，网络交往本质上是一种社会实践活动，是人们以网络技术、信息技术为基础，以符号为中介进行相互作用、相互交流和相互理解的过程，是多个主体通过改造或变革联系彼此的网络客体中介而结成网

---

① 邓泽球、张桂群：《论网络虚拟人格》，《常德师范学院学报》（社会科学版）2002 年第 2 期。

② 马恒平：《网络行为的心理伦理分析》，硕士学位论文，武汉科技大学，2002年，第 2 页。

③ 同上书，第 21—22 页。

络关系的实践活动。① 这一定义从实践的本质入手,实践是人们能动地改
造客观世界的活动,其中包含着各种行为和交往方式。交往实践的内涵是
人们有目的的相互往来、相互影响的行为。交往实践是主体与主体之间直
接或间接的相互作用、相互交流、相互沟通、相互理解的过程,是按照
"主体—(中介)—主体"的模式进行的。网络交往实践符合交往实践的
本质特点,这一界定突出了网络交往的能动性。五是交往本质定义法。华
伟认为,网络交往是社会发展到网络时代而催生出的一种新型交往形式,
它基于网络技术而存在,也是指人与人之间的社会联系,也以语言为媒
介,通过对话达成人与人之间的理解。② 由于网络的技术特性,使得网络
交往与现实生活的交往相比,呈现出以下三个特征:即虚拟的交往情境、
全球化的交往范围以及"一次博弈"特征。该定义突出了网络交往具有
交往的一般特征,同时具有自身的独特性。

从研究网络交往的视角来看,教育学和心理学主要关注的是网络交往
与心理健康之间的相互关系以及网络交往对网民心理健康的影响,并制定
相应的措施以解决网络交往过程中出现的各种问题,增强网民网络交往的
心理适应性。如陈秋珠在其博士论文《赛博空间的人际交往》中,结合
问卷调查数据,利用统计软件找出大学生网络交往与健康的关系。迟新丽
在其硕士论文《大学生网络交往动机问卷编制及相关问题研究》中,通
过在大学生中开展网络交往动机问卷调查,考察了大学生网络交往动机与
社会支持和网络成瘾之间的关系,揭示了大学生网络交往动机的发展特
点,并提出了相应的对策;哲学、伦理学则重点关注网络交往的内在规
律,网络交往中出现的伦理问题以及网络交往对人的全面发展、价值观等
多方面的影响。如卢斌在其博士论文《哲学视阈下的网络社会交往》中,
以马克思主义哲学为立论基础,通过对社会交往、网络交往的相关理论进
行梳理和现实探索,发掘网络交往的内在规律,并在此基础上建构了系统
的网络交往理论体系。孙艳杰在其硕士论文《网络交往伦理问题及其对
策分析》中,论述了网络交往中所出现的伦理问题,提出了解决这些问

---

① 陈历:《论网络交往实践》,硕士学位论文,福建师范大学,2003 年,第 4—
6 页。

② 华伟:《网络交往与大学生道德自我发展》,硕士学位论文,南京师范大学,
2003 年,第 9 页。

题的有效措施。网络交往行为类型、特点、动机以及网络交往行为失范问题等是社会学主要关注的内容。朱京在其硕士论文《青少年网络人际交往中的信任问题研究》中，通过对几百名青少年学生调查，采用定量和实证研究的方法系统地探讨了当前青少年网络人际信任问题；思想政治教育者主要关注网络交往对大学生的影响。如黄诗旸在其硕士论文《大学生网络交往现状与对策研究》中研究了大学生在网络交往中存在的主要问题，程涓在《网络交往对大学生主体性发展影响探析》一文中探讨了网络交往对大学生的影响。此外，新闻传播、政治等学科从各自学科的视角对网络交往进行了研究。

　　从研究网络交往的内容来看。网络使用行为的研究是重点，主要包括：网络交往形式、特点、信息加工过程、网络交往的伦理规范问题、网络交往的行为理论、网络交往过程中人际关系的建立和发展、网络交往引发的心理健康问题以及影响网络交往失范的因素等。从已有文献资料来看，我国部分研究者认为网络交往存在广义和狭义的理解之分。闫金山在《大学生网络交往对心理健康影响的研究》中认为，广义的网络交往是指一些与互联网使用行为有关的并且是以信息交换为基础的行为；韩红艳在《大学生网络交往类型及其特点研究》中认为，狭义的网络交往是指网络人际交往，即在网络空间中进行的人与人之间相互关心的信息交流，从而实现人与人之间信息、情感等方面的交流，达到相互影响、相互理解，并建立一定人际关系的目的。由于网民年龄、知识结构等不同，网民的网络交往需求、动机和行为也不尽相同。交流感情、寻求信息和帮助、求知、消磨时光、娱乐、逃避现实等是网络交往的主要动机；聊天、BBS、电子邮件、网络游戏、网上论坛、网上交易和网上投资等是网络交往的主要形式；交往范围的全球性与超时空性、交往对象的广泛性与复杂性、交往过程的虚拟性和匿名性、交往心态的平等性、交往方式的快捷便利、交往内容的简洁多样性和交往关系的虚实转换性等是网络交往的主要特点。

　　从研究网络交往产生的影响来看。网络交往是一把"双刃剑"，在给网民带来方便、快捷的同时，也带来了很多消极的影响，网络交往过程中，不断涌现出的各种各样网络行为失范问题和网络交往社会问题，成为影响社会和谐发展的部分原因。陈历在《论网络交往实践》中，用较长篇幅介绍了网络交往的种种负面影响。比如，网络交往为网络犯罪提供了可乘之机，加剧了网络信息污染、使网络帝国主义得以滋生和蔓延，造成网民双重生活空间的冲突和失衡，影响青少年的身心健康，等等。陈秋珠在《赛博空间的人际交往》中，也谈到网络交往的种种消极影响。比如，降低了网民的心理健康水平，造成网民自我角色混乱和人格异常，对现实人际交往和人际关系形成威胁，等等。虽然研究者们针对不同问题提出了自己的建议和对策，但是，这些建议和对策是否能够解决实际问题，还得通过现实生活的检验。

（二）大学生网络道德研究现状

近年来，随着网络交往中各种问题的出现，特别是有关大学生网络道德失范现象的出现，引起了全社会的高度重视，特别是相关领域专家学者的高度关注。他们纷纷建言献策，从各个角度分析原因并提出解决方案。

大学生网络道德失范表现及原因分析研究。研究者们虽然从不同角度对于大学生网络道德失范的表现，进行了归纳和分析，然而大同小异，他们都充分论述了当前大学生在网络道德方面存在的严重问题。

具体而言，大学生网络道德问题主要表现在以下几个方面：一是价值观出现偏差。大学生很容易通过网络接受到所谓的"绝对自由"、拜金主义、享乐主义等背离社会主义核心价值观的、非主流文化的误导。在明辨是非能力和自我调控能力还不足的情况下，学生很难抵御这些不良信息的影响，难以避免自己的价值观出现偏差。[①] 二是存在不文明的网络言行。杨力在《大学生网络不文明行为的原因及对策分析》中谈到绝大多数大学生能够文明上网，但是存在一部分大学生在网上言行随意放纵、不文明。具体而言，不文明网络言行主要有，在聊天、回帖和网络游戏过程中讲粗话，使用"BT""草泥马"等用语，谩骂、围攻和诋毁他人等，甚至还存在恶意发布或转发虚假信息，参与人肉搜索和扰乱社会公共秩序等现象。三是存在不诚信的网络行为。这是大学生网络失范主要表现有，大学生凭借互联网的虚拟性和匿名性，在聊天、交友、购物等网络交往过程中使用虚假信息，甚至恶意欺骗他人。田丽苗在《大学生网络诚信问题与对策研究》中谈到，大学生群体的网络诚信缺失现象愈演愈烈，给大学生、网络社会及现实社会的发展造成了较大危害。四是沉迷网络色情。主要表现有，大学生在网络中自觉或不自觉地去寻找色情内容、色情信息和色情网站。浏览之后，或自己过把瘾，或在网友中传播，或在知心同学

---

① 陈光洪：《大学生网络道德现状调查》，《教育与职业》2013 年第 9 期。

中散布，或公开在"卧谈会"上谈"体会"①。除此之外，还有研究者将情感淡漠、思维弱化、人际交往能力退化和法治观念淡化等现象看作是大学生网络道德失范的具体表现。

大学生网络道德失范是社会发展进程中的自发现象，针对问题的出现，研究者们深入到问题的背后，试图找出问题的关键所在。在研究者们看来，大学生自身原因、社会环境、教育以及网络自身的特点，均是引起大学生网络道德失范的主要原因。

第一，大学生自身的原因。卫靖在《大学生网络道德现状、原因及对策研究》中谈到，大学生由于自身原因，对网络信息辨别力较差，自我管理能力不足，政治素养不高，自律意识淡薄，导致诸多网络道德失范现象的发生。大学阶段是大学生世界观、人生观和价值观成型的重要时期，这一时期的大学生自我意识增强、情感丰富、好奇心强、性需求强烈、社会需求迫切，但是，认知能力、鉴别力相对较差，缺乏明辨是非的能力，性心理发育也不够成熟，而且必须面对来自社会、学校、家庭以及学业、就业、情感及生活等多方面的压力和困惑。网络社会恰恰给大学生提供了释放长期郁结在心中的各种情绪和压力的平台。然而，网络社会的弱自控力和弱监督性，使得大学生宣泄情绪、逃避困境的心理得以加剧，体验"自我实现""快乐人生"的心理得以张扬，盲目从众的心理越发突出。同时，大学生错位的道德认知和模糊的道德价值观念等加剧了大学生网络道德失范行为的出现。

第二，社会环境的影响。由于网络无国界、无地域之分，开放空间大，又夹杂着诸多色情信息和低俗、媚俗、庸俗的内容，对于行为控制力相对较低的大学生而言，难以控制诱惑，导致网络行为失范。② 曾秋菊认为，现实社会中出现的拜金主义、社会公德失落等道德滑坡现象容易被大学生在网络空间中移植、演绎、翻新；法律制度的滞后减少了大学生网络行为失常的外部刚性约束；经济发展中出现的贫富分化及腐败现象冲击着

---

① 郑景献：《大学生网络道德现状透视》，《思想教育研究》2003 年第 1 期。

② 王中军：《网络文明建设中网民自律培育研究》，博士学位论文，中南大学，2010 年，第 62 页。

大学生对国家发展前景的信心，造成大学生对现实社会的不满和心理失衡。[①]

第三，教育的影响。易薇在《大学生网络文明建设研究》中谈到，大学生出现网络不文明等道德失范现象的原因在于社会、学校和家庭教育的缺乏。社会、学校和家庭是大学生网络道德教育的主要阵地，应承担大学生网络道德教育的主要任务。然而，令人堪忧的是，面对互联网的冲击，社会、学校和家庭的网络道德教育显得苍白无力。社会对大学生网络道德失范产生的不良影响没有引起重视，高校道德教育内容和方法难以跟上网络的发展，网络德育存在盲点和空白，且内容和方法比较单一，与现有的道德教育脱节，家庭教育重说教轻行为示范，等等。

第四，网络自身特点的影响。网络本身的技术、功能特点，是催生这种道德冲突的物理土壤。[②] 当前的研究者普遍把网络自身的特点看作是大学生网络道德失范的主要原因，他们认为网络的虚拟性、隐蔽性、开放性和直接性等特点增加了网络的吸引力和网络行为的隐蔽性，拓展了大学生网络行为的自由度；同时，互联网信息的多元性和易得性增加了传统道德教育的难度，使得西方价值观乘虚而入向大学生渗透。这些因素的综合作用使得社会道德对大学生网络行为的约束力大大地减弱。另外，也有研究者认为网络社会与现实社会的分离以及网络社会去个性化是造成学生网络道德失范的重要原因之一。

大学生网络道德建设研究。大学生健康成长事关国家民族的前途命运，事关中国特色社会主义事业的兴旺发达，事关亿万家庭的切身利益。因此，学术界比较重视大学生网络道德建设。比如，杨晓波和炳毅在《浅谈我国的网络道德建设》中、魏玉梅在《试论网络道德教育体系构建》中都谈到了网络道德体系建设。网络道德基本规范和原则是统辖网络道德规范的基本要求，是网络行为及其评价的基本依据。因此，建构网络道德体系，首要是制定网络道德基本规范和原则。在探索网络道德建设的多维路径中，研究者们献计献策。比如，王弘在《论中国特色社会主

---

① 曾秋菊：《关于大学生网络道德状况的调查与分析》，《学校党建与思想教育》2009 年第 9 期。

② 李安庆：《大学生网络诚信教育研究》，硕士学位论文，山东师范大学，2007年，第 10 页。

义网络道德体系的构建》中认为，应该从理论层面、法律层面、技术层面和文化层面上构建有中国特色的社会主义网络道德体系。魏长领在论文《网络伦理建设的三个维度》中谈到，建构网络道德体系应注意规范之维、德性之维、制度之维等三个维度。同时，更多研究者从教育学、心理学、交往伦理学及网络文化、传统道德、国外经验等方面，对建构网络道德体系展开了许多有益的探讨。

一是从网络文化建设的角度寻找突破口。郭忠志、胡桂华在《网络交往亟需道德文化支撑》有所论述。陈娟等在《网络文化建设中的网络伦理建设》中提到，中国特色社会主义的网络文化，应该集思想的开放性、观念的创新性和科技的实效性于一体。中国特色社会主义的网络文化具体包括：加强中国特色社会主义网站建设，提高网民的思想政治素质和网络伦理修养，教育大学生树立正确的网络观，建立尊重他人知识产权的道德规范，建立健全网络道德监督机制，加强法律建设。网络文化展示着人的另一种存在可能，学校道德教育作为培育网络文化的重要一环应该做出何种调整？孙彩平在论文《网络文化时代学校道德教育的转向》中认为，应该放弃灌输，发展道德决断能力和激发道德求知欲。

二是加强大学生道德自律。网络道德规范和原则是非强制的，只能靠个人的内心信念维系，因此，大学生网络道德自律就显得很重要了。比如，武建奎在《网络社会个体道德自律建设探析》中论述了网络社会个体道德自律的主要手段有确立网络道德规范、加强网络道德教育、倡导网络交往主体的道德修养。儒家伦理思想的某些方面尤其是道德修养方法对于培养网络社会个体道德自律具有重要的借鉴意义。苏国安的《计算机网络道德主体建设探索》和朱颂梅的《网络社会的道德建设与主体修养》都谈道，"慎独"是加强自律和修养的一个重要方法。"慎独"是指人独处时，仍能谨慎地使自己的行为符合道德准则，它体现了严格要求自我的道德自律精神，是一种重要的道德修养方法。胡华荣在其论文中谈到，慎独是网络道德自律的重要方法，具有慎独精神的人能将外在的道德准则转化为其内在的道德意识，并自觉地按照网络道德的要求规范自己的行为。范松仁在《"慎独"伦理视域中的大学生网络交往》中说：借鉴中国传统"慎独"伦理思想可以疏解当前大学生网络交往的道德难题，应该做到慎欲辨、慎隐微、慎言行、慎省思、慎始终。李正定在《"慎独"：新世纪学生道德修养追求的境界》谈到："慎独"可以提高道德认识、激发道德情感、磨砺道德意志、确立道德信念和强化道德行为。

三是社会各界应创建良好的网络环境。促进现实社会网络化、网络社会现实化，打造现实与虚拟双向互动立体化的德育新生态环境，是提高德育实效性的有效途径。[①] 网络时代的大学生既需要具备以"慎独"为特征的道德自律，也需要他律，需要一个良好的网络环境。良好的网络环境可以为大学生道德自律提供有力保障，可以引导他们自觉地建立抵御网络不良诱惑的思想防火墙。赵翔在其论文中提出，良好的环境需要社会以"境"制网、学校以"德"制网、家庭以"情"制网的"三位一体"的网络道德教育新模式，实行全方位的教育格局。常凤英等在其论文中提出，良好的网络环境离不开政府管理部门对网络运营商、网络管理者和网吧经营者的检查与监督、教育与处罚。

四是重建网络交往伦理。网络交往伦理道德建设要坚持以马克思主义为指导，以社会主义道德为基本源泉。[②] 建构网络道德体系就是要实现大学生网络道德水平的提高，研究者们认为追求道德认知、道德情感、道德意志、道德行为等四者的和谐与统一是关键。改善网络道德认知，培育网络道德情感，培养网络道德意志，规范网络伦理，矫正失范行为，是网络交往伦理的价值要求，是网络文化作为交往的媒介和存在的基本状态和方式。[③]

最后，还有学者提到我国要以开放的心态借鉴国外构建网络伦理道德体系的先进经验。陆俊教授和严耕教授早在 1997 年就介绍了当时国外学者对构建网络伦理道德体系的研究成果，希望我们社会能够借鉴外国的先进经验，建设好中国的网络伦理道德体系。

（三）现有研究存在的不足

从上述国内的研究者中不难看出，我国学者对大学生网络道德研究较多，对大学生网络道德理论研究较深入，多角度、多学科研究较广。然而，还存在以下不足。

---

① 万峰：《网络文化对大学生伦理道德影响的研究》，博士学位论文，上海师范大学，2009 年，第 237 页。

② 尹学才：《网络道德问题与网络伦理建构》，硕士学位论文，河南大学，2009年，第 23 页。

③ 袁兆芳、谢振荣：《国内青少年网络伦理问题研究综述》，《江南大学学报》（人文社会科学版）2009 年第 2 期。

从研究方法来看，实证研究使用的方法较单一。SPSS 统计软件是研究社会科学主要手段和技术之一，它凭着数据直观等优点大受学者的欢迎。笔者发现，国内研究者定性和定量研究都比较多，但是实证研究使用的方法单一。在定量的研究中，研究者们普遍使用描述性的统计，较少研究者使用 SPSS 统计软件，深入分析大学生网络道德失范的现状、原因等。

从研究内容来看，缺乏多角度研究。国内研究者主要集中在网络交往内涵、动机、形式、特点和网络交往对人的影响及对策研究，大学生网络道德失范、大学生网络道德失范原因和大学生网络道德教育体系的构建等四方面，对网络交往与道德修养的内在联系研究较少，尤其缺少网络交往道德培育的研究。

从研究的侧重点来看，已有的文献资料侧重研究网络对大学生道德消极影响的研究，这与国外综合辩证的研究趋势还有一定的差距，给人的明显感觉是网络是相当危险的事情。在现实社会中，好的网络交往习惯可以促进大学生提高道德认识、激发道德情感、磨砺道德意志、确立道德信念和强化道德行为，大学生优良的道德品质也可以反映在网络交往动机和行为上。

二　国外研究现状

从搜集的资料来看，国外研究者从 20 世纪 80 年代开始就大规模地研究网络交往。截至目前，已经吸引包括哲学、社会学、传播学、信息学、心理学、教育学等众多学科研究者的热情和兴趣。国外关于网络交往的研究成果非常丰富，涉及的学科领域非常广泛。

（一）网络交往研究现状

西方学者多使用"计算机媒介沟通"（Computer-Mediated Communication，CMC）、"互联网沟通"（Internet Communication）、"计算机媒介互动"（Computer-Mediated Interaction）、"互联网使用行为"（Internet Use Behavior）等概念代替网络交往。对于网络交往的研究，一方面，他们从侧重强调交往的信息交换的特点来界定网络交往；另一方面，他们多以思辨的方式从某一具体问题入手，结合现实发展的案例阐述深刻的思想。

斯塔瑟（Stasser）在 1992 年引入 CMC（Computer-Mediated Communication）的概念，从社会情境的角度界定网络交往。他认为网络交往是一个过程，在这个过程中，处于特定环境的一群社会行为者在与他们所创造的各种各样的情境意义进行谈判。① 该定义包含两个重要的方面：一是理解它的唯一途径是分析卷入其中的交往主体以及他们所处的交往环境、社会情境具有重要的作用。二是新的过程和活动将产生，它们将挑战和调节交往主体与情境之间最初的关系。里瓦（Riva）等人对网络交往的界定比斯塔瑟（Stasser）更深入一步，他们从社会信息互动的角度定义网络交往。里瓦等人在 1997 年从社会—认知的角度界定网络交往。他们认为，网络交往与面对面交往最根本的不同是发生的空间不同。面对面交往发生在一个合作的环境，并不断受到交往双方的相互调节与校正，而网络交往发生在一个较少合作的环境，不仅缺少反馈，而且还缺少参与者的合作的承诺以及对信息的共同构建。所以网络交往是一种虚拟会话。② December 从媒介角度界定网络交往，该定义认为网络交往是 "Internet Communication"，强调网络交往的互联网基础特性，而互联网的建立离不开计算机这一物质基础。③ December 给网络交往的界定是：网络交往发生在一个全球的、合作的网络系统中，它使用 TCP/IP 协议和客户—服务器模式，包含信息交换。信息可能经历一段时间，受到分配操作，并编码成不同的媒体类型，作为结果而发生的信息内容包含人们为交往而使用的广泛的符号。

世界著名的信息社会学家美国学者曼纽尔·卡斯特（Manuel Castells）是网络社会理论的建构者，其网络社会理论对研究网络交往具有非常重要的参考价值。其关于互联网研究的四部著作：《网络社会的崛起》（1996）、《认同的力量》（1997）、《千年终结》（1998）和《网络星河》（2007）深刻地揭示了互联网在当代社会结构变迁中的作用。美国著名历史和传播学教授马克·波斯特（Mark Poster）从历史学的视角阐述了互联网和媒介，其理论见解对研究网络交往具有重要意义。他在《互联网怎

---

① Stasser, G., "Pooling of unshared information during group discussion", In Worchell, S., Wood, W. & Simpson, J. A. (Eds.) *Group Processes and Productivity*. Newbury Park, C. A.: Sage, 1992: 48 – 67.

② Riva, G. "The socio-cognitive psychology of computer-mediated communication: the present and future of technology-based interactions". *Cyberpsychology & Behavior*, 2002, 5 (6): 581 – 598.

③ December, J., "Units of analysis for internet communication", 2003, http: //units of analysis for internet communication December. htm.

么了》（2001）中，把媒介描述成为一种物质，一种文化的物质力量。他认为网络交往的特征主要表现在：网络引入了游戏身份的新的可能性；网络消除了性别差异和歧视；网络动摇了业已存在的各种等级关系，并根据以前与它们不相干的标准重新确立了交往的等级关系；最为主要的是，它们分散了主体，使它在时间和空间上脱离了原位。美国学者保罗·莱文森（Paul Levinson）在《新新媒介》（2011）中把一切在互联网产生之前所形成的媒介称为旧媒介，把网络交往形态称为新媒介，比如维基网、脸谱网、博客网、掘客网、聚友网、播客网、优视网、推特网等。这些新媒介的特征在于：任何人在任何时间和地点都可以按照自己喜爱的方式在媒体平台上发布信息，媒介成为我们身体大脑的延伸。美国著名教授尼葛洛庞帝（Nicholas Negroponte）在《数字化生存》（1995）中，深入浅出地讲解了信息技术的巨大价值和数字时代的宏伟蓝图，阐明了信息技术、互联网对时代和人们生活的影响和价值，信息技术的革命将把受制于键盘和显示器的计算机解放出来，使之成为我们能够与之交谈、与之一道旅行，能够抚摸甚至能够穿戴的对象。这些发展将变革我们的生活方式。

（二）网络道德研究现状

国外研究者对网络道德的研究，起源于《元哲学》杂志1985年10月刊发的泰雷尔·贝莱姆的《计算机与伦理学》和J. H. 穆尔《什么是计算机伦理学》两篇文章。穆尔在《什么是计算机伦理学》中认为，开展网络道德研究的原因在于，互联网应用过程中存在一个道德政策的真空，出现了传统伦理学不能回答的一系列道德新课题。1985年，约翰逊在《计算机伦理学》中认为，开展网络道德研究的原因在于，为了理解计算机技术引起的伦理道德问题，合理认识和调节信息与网络技术应用中引起的利益关系、人际关系和社会规范的冲突。随后有关网络伦理道德研究走向深入，特别是20世纪90年代，国外关于网络道德研究有了很大的发展，出版了大量的较高水平的论著。比如，西奥多·罗斯扎克的《信息崇拜》、加拿大麦克卢汉的《人的延伸——媒介通论》、德国绍伊博尔德的《海德格尔分析新时代的科技》、美国尼葛洛庞帝的《数字化生存》、比尔·盖茨的《未来之路》、雪利·特克的《网络化身：虚拟时代的身份认同》、罗林斯的《机器的奴隶：计算机技术质疑》、斯皮内洛的《世纪道德：信息技术的伦理方面》、夏皮罗的《信息规则：网络经济的策略指导》和英国曼纽尔·卡斯特的《网络社会的崛起》等。

　　国外研究者对于网络道德问题的研究主要集中在三个方面。一是网络道德问题所引发的深层次哲学问题。比如美国学者罗伯特·巴格认为，人们能够确定某种特殊的行为是对或错，与他们对基本实在的理解有关，这是一种"形而上学"的立场。他把哲学上的"形而上学"立场分为四种：唯心论、实在论、实用主义和存在主义。也正是因为有上述基本哲学世界观的差异，所以在理解计算机运用中遇到的主要问题，如侵犯版权或知识产权时，就会产生进退两难的困境。① 也有学者认为网络道德问题其实是虚拟实在问题，桑德斯在《计算机伦理》中认为，虚拟实在的出现对人类实践和生活方式产生重大的影响，这些都是构建信息时代人类道德规范的基础问题，需要从"元哲学"或"元伦理学"理论的角度加以阐释。② 二是网络与社会其他现象相关联而出现的问题。比如，J. C. 罗杰斯认为，电子信息网络的出现将改变现有的社会分层，未来社会将会出现掌握和控制信息的群体和不占有信息的群体两大新阶级。文化、宗教和意识形态等方面的冲突也由于网络的出现更加激烈。这些问题都是关系到网络的社会问题，对人们的道德伦理观念的冲击力不能忽视。③ 三是网络使用中遇到的现实问题。比如，哪些网络行为应该做或不应该做；哪些网络行为是合法的、道德的，哪些行为是不合法的、不道德的；对网络具体问题的研究，如新的网络犯罪现象，等等。④

　　互联网信息世界中的伦理问题正变得越来越复杂，有国外的研究者试图寻找一个适合每个个体的道德规范标准，虽然希望比较渺茫，但是他们从未放弃。研究者们的努力没有白费，他们形而上学的分析能帮助人们探索出这种道德规范标准。比如，美国学者罗伯特·贝格（Robert

---

　　① Robert N. Barger, " In Search of a Common Rationale for Computer Ethics". Read at the Third Annual Computer Ethics Institute Conference. The Brookings Institution. Washington, D. C. April 28, 1994.

　　② Lavema M. Saunders, " Ethics in Cyberspace". saunders@ hevada. edu .

　　③ Rogers, Joan C. , "How Do Advertising Rules Apply to Lawyers on the Net?", 2/ 21/96 issue of the ABA/BNA Lawyer's Manual on Professional Conduct, http：// www. bna. Com/hub/bnal/ legal/adnew/html.

　　④ Mittelman, Jenny, "Ethics and the Internet: An Introduction to the Issues, seminar material presented informally at an Atlanta Bar Association seminar in March of 1996", http：//www. Computer bar . org/net ethics/jenny. html.

N. Barger）建议给互联网伦理设定三条普遍的基本原理：制订诚实、公正和真实等方面的统一原则；把这些原则运用于对不道德行为的禁止中；通过惩罚网络不道德行为和对遵守规则行为进行鼓励两方面，加强对不道德行为的禁止。2003 年，菲茨西蒙斯（Fitzsimons）和巴奇（Bargh）提出网络交往存在正面性和负面性的影响，我们要时刻关注负面性影响，不能轻视。与此同时，许多研究者认为互联网交往功能是导致网络交往负面性影响出现的主要原因。他们认为交往主体过分依赖网络交往，而将大量时间花在网络交往上，从而导致其失去对现实交往的兴趣，造成虚拟网络关系与现实人际关系的不平衡。肯德尔（Kandellz）从病理性角度对互联网使用进行了分析，他认为大学生较高的受教育程度和较强自我认知，使得其形成坚定而强烈的自我同一性认识，并以建立有意义的、亲密的人际关系为网络交往动机。因此，大学生群体比其他群体更容易产生对互联网的依赖。

国外研究者还积极探索网络伦理道德教育实践活动。近年来，世界各国在网络伦理道德教育方面开展了实践性探索。美国学者罗伯特·贝格认为，鉴于法律手段不能很好地解决网络领域中的伦理困境，可以通过教育使网民通过网络案例或自身在实际网络经验，获取摆脱网络伦理困境的方法。美国杜克大学（Duke University）开设了《伦理学和国际互联网络》课程，针对网络中出现的伦理道德问题，同学们可以在互联网中开展交流，也可以通过参加讨论发表自己的意见。较早开展网络伦理道德教育的国家还有英国、法国、日本和新加坡等，他们在信息技术教育课程中加入网络道德教育内容，利用信息技术教育课开展伦理道德教育，加强伦理道德建设，提高其信息素养。

当然，国外的研究者们也比较关注未成年人和大学生网络道德研究。作者通过查询资料发现，国外对青少年网络道德的研究不多。已有研究主要集中在网络对青少年不良影响和解决问题的对策等方面。近年来，随着互联网在青少年中的流行和普及，越来越多的外国学者关注网络对青少年道德的影响。2003 年，英国的奥利弗（Oliver）和坎得普（Candappa）调查了网络对 12—13 岁学生道德的影响；加拿大的李（Q. Li）调查了网络对 7—9 年级学生道德的影响；美国亚的巴拉（Ybarra）和米切尔（Mitchell）调查了网络对 10—17 岁青少年道德的影响；土耳其的托尔卡·艾瑞克（Tolga Aricak）博士、澳大利亚的芭芭拉·瑞克曼（Barbara

Reeckman）和兰恩·坎德拉（Laine Cannard）比较了网络对不同年级学生道德的影响。从构建网络健康环境方面谈对策：美国上院通过《儿童在线保护法》、英国修改《儿童保护法》、日本政府制定出台《风俗营业净化法》等，他们希望通过法律法规净化青少年网络交往环境；韩国早在 2001 年就成立"网络中毒咨询中心"，帮助青少年进行正确网络交往；日本政府严控经营性网吧，网游产业自律防止青少年网络道德失范。从加强网络教育方面谈对策。日本于 1994 年建立百校联网工程，美国将游戏软件按年龄分级，法国出台家庭公约限制青少年上网。

从国外学者的研究可以看出，国外学者在网络交往、网络道德研究中立足于媒介的特性，立足于交往主体的个人特征或社会特性，既有宏观视野，也有微观角度，既从多学科、也从多领域的角度展开研究。不仅如此，他们善于利用问卷调查数据作定量分析，用数据说话。

当然，国外学者的研究也存在一些不足。一方面，他们较多地关注青少年网络成瘾现象，而对网络交往理论研究不够深入。另一方面，对于大学生网络交往以及大学生网络道德的研究不够。

第四节　研究思路、方法与特点

一　研究思路

本书从交往理论入手，在系统探讨网络交往与道德修养相关理论及网络交往与道德修养内在联系的基础上，采用问卷调查方式，应用 SPSS 统计软件中因子分析、方差分析、回归分析等方法，深入研究大学生网络交往及大学生网络交往道德现状，探讨大学生网络交往及大学生网络交往道德的差异性和相关性，分析了影响大学生网络交往及大学生网络交往道德的主要因素，提出加强大学生网络交往道德修养的具体措施。本书主要分为六章。

绪论。就网络交往与大学生道德修养这一问题的提出及研究意义，国内外有关这一问题的研究现状、研究思路和方法等作概括性介绍。

第一章，对交往与网络交往的相关理论进行概述。交往与网络交往的相关理论是网络交往与大学生道德修养研究的基础，本章从交往的内涵、特性、类型和价值入手，探讨交往及其道德蕴含；概述网络交往的内涵、形式和特点；研究网络交往内在动力；阐述网络交往对社会发展和人的发展的影响。

第二章，探讨网络交往与道德修养的内在联系。本章主要论述两个方面的内容，一是从道德修养的意义、内涵与特点入手，概述道德修养的环节与方法，论述交往是道德修养的根本途径；二是从网络交往异化的内涵及其表现、网络交往异化的实质两个方面论述网络交往道德修养的必要性，并重点就网络交往的道德诉求内容进行详细的阐述。

第三章，对大学生网络交往现状、差异性及相关性进行分析。通过实证调研，深入研究大学生网络交往现状及不同性别、学校类别、政治面貌、家庭状况、年级、学科类别对大学生网络交往的影响，探讨大学生网络交往动机、形式、对象和行为之间的相关性，分析影响大学生网络交往的主要因素。

第四章，对大学生网络交往道德现状、差异性及相关性进行分析。通过实证调研，深入研究大学生网络交往道德的现状及不同性别、学校类别、政治面貌、家庭状况、年级、学科类别对大学生网络交往道德的影响，探讨大学生网络交往动机、形式、对象、行为、道德认知和道德行为之间的相关性，分析影响大学生网络交往道德的主要因素。

第五章，探讨如何加强大学生网络交往道德修养。当代大学生的特点、社会责任以及网络交往中的种种表现，要求我们必须加强大学生网络交往道德修养。本章从加强大学生网络道德教育、建构大学生网络交往法制与道德规范体系、强化网络交往条件下大学生自身道德修养等方面，详细探讨如何加强大学生网络交往道德修养。

二　研究方法

大学生网络交往道德修养研究，理论性和实践性都很强，需要运用多个学科理论、多种方法进行研究。本书主要使用如下几种研究方法。

一是文献研究法。本书收集整理了有关网络交往、道德修养、网络道德和大学生网络交往等多方面大量的相关文献资料进行广泛阅读和经典研读，掌握网络交往、道德修养、网络交往道德和大学生网络交往道德研究的起源、发展和现状，为书基本架构、内容布局提供了参考。

二是问卷调查和统计分析。制订并编印了《大学生网络交往情况调查问卷》，通过抽样的方式，在全国选取 10 所不同类型高校，前后历时 3

个多月，共发放问卷 4000 份。运用 SPSS 统计软件对问卷调查的数据进行处理。本书主要采用因子分析、方差分析、回归分析等方法，深入研究大学生网络交往及大学生网络交往道德现状，探讨大学生网络交往及大学生网络交往道德的差异性和相关性，分析影响大学生网络交往及大学生网络交往道德的主要因素，为如何加强大学生网络交往道德修养提供实证支撑。

三是坚持理论与实践相结合。一方面，研究过程中关注研究交往、网络交往和道德修养相关理论，利用实证研究的方法分析影响大学生网络交往及大学生网络交往道德之间的关系和影响它们的主要因素，提出加强大学生网络交往道德修养有效措施；另一方面，本书研究形成的成果要能在当前和今后的思想政治教育工作实践中予以应用，能够在相当长时间内指导以后的大学生思想政治教育工作。

四是多学科综合研究方法。网络交往与大学生道德修养不仅需要借鉴思想政治教育学科的研究成果，还需要吸收借鉴哲学、社会学、政治学、历史学、管理学、教育学、心理学和统计学等学科的研究成果。在综合多学科知识和思想的基础上，才能拓宽网络交往与大学生道德修养的研究视野，透彻地阐明本书观点。

三　本书的特点

本书的特点，主要体现在以下几个方面。

第一，选题较新。本书围绕网络交往与大学生道德修养紧密结合进行研究，既关照大学生网络交往，又关照大学生网络交往道德修养，选题具有重要的理论意义。同时，本书具有重要的现实针对性。近年来，大学生网络交往中形形色色的行为和道德缺失成为网络社会管理难题，引起了全社会的关注和重视。加强大学生网络交往道德修养对当下的难题解决有一定的针对性，具有比较重要的现实意义。

第二，方法较新。本书应用 SPSS 统计软件中的因子分析、方差分析、回归分析等方法，深入研究大学生网络交往及大学生网络交往道德现状，探讨大学生网络交往及大学生网络交往道德的差异性和相关性，分析影响大学生网络交往及大学生网络交往道德的主要因素，弄清大学生网络交往行为和道德失范的具体表现及原因，改变了纯理论推理的写法，使主题论证建立在坚实的实证基础之上。

　　第三，部分观点较新。一是从交往有助于提高道德认知、培养道德情感和规范道德行为三个方面充分论述了交往是道德修养的根本途径；二是充分论述了网络交往道德的诉求，并对爱国守法是网络交往的首要道德、文明和谐是网络交往的基本道德、自由平等是网络交往的重要道德、诚信友善是网络交往的核心道德、自律慎独是网络交往的关键道德等五个方面的内容进行了概述；三是结合问卷调查数据的分析和网络交往道德修养内容的阐述，改革了大学生网络交往道德教育内容，即守法是大学生网络道德教育的首要内容、文明是大学生网络道德教育的基本内容、诚信是大学生网络道德教育的核心内容和自律是大学生网络道德教育的关键内容等。

第一章　交往与网络交往的相关理论概述

人是社会存在物，交往是人的社会性的表现，是人的社会存在的基本特征之一。交往是人类社会进步和人类发展的重要途径，它推动了生产力的发展、社会制度的更替、社会文明的进步，人类自身也在不断发展的交往中实现了个体的自我认识、自我满足和自我完善。网络所构建的虚拟社会已经引起人的思维、社会交往和社会生产方式等各方面的深刻变革。人类在网络社会中的交往即网络交往是一种全新的交往形式，它是从现实社会交往中分化出来的，是现实社会交往在网络中的反映和延伸，它的内涵、形式、特点、内在动力以及对社会发展和人的发展的影响值得深入研究。

第一节　交往及其道德蕴含

人生活在由人组成的社会关系网中，生生世世都离不开交往。交往是人类社会中最基本的需要，是人类生产和生活的基础，是一切历史的基本条件。交往本身所特有的规定性和复杂性，决定了其在社会发展和人的发展两个方面的价值，也推动了道德的起源和发展。

一　交往的内涵、特性和类型

马克思早在《1844 年经济学—哲学手稿》、《德意志意识形态》、《共产党宣言》和《资本论》等著作中，就对交往问题做了诸多论述，提出了丰富的交往思想，形成了马克思科学的交往理论。在现代西方哲学家思想中，交往也有着丰富的内涵、多样的特性和不同的类型。

（一）交往的内涵

"交往"（communication）来自拉丁语的 Communis，它最初的含义是共同的、通常的，现在一般将其理解为分享思想、感觉和交流观念、思想、情感、信息等。历史上的哲学家们对交往理论进行了深入的研究，其中孟德斯鸠的"自然法"交往理论、霍尔巴赫的"功利主义"交往理论、康德的"恶意"交往理论、黑格尔的劳动交往理论、费尔巴哈的以"我—你"关系为核心的交往理论、马克思的实践交往理论、海德格尔的交往理论、雅斯贝尔斯的交往理论和哈贝马斯交往行为理论比较具有代表性。

马克思的交往理论来源于他的实践哲学。马克思在《詹姆斯·穆勒〈政治经济学原理〉一书摘要》中第一次明确谈到了"社会交往"。他在批判资产阶级政治经济学家德斯杜特·德·特拉西时说："我们看到，国民经济学把社会交往的异化形式作为本质的和最初的形式、作为同人的本性相适应的形式确定下来了。"[①] 在《1844 年经济学—哲学手稿》中，马克思提到"人与自然的交往"和"同别人的实际交往"，并将"人与自然的交往"看作是人类生存的基本条件。在《德意志意识形态》中，马克思反复使用"交往"、"交往形式"及"交往关系"等概念，并多次强调"物质交往"与"精神交往"在人类历史发展过程中的作用。他指出："思想、观念、意识的生产最初是直接与人们的物质活动，与人们物质的交往，与现实生活的语言交织在一起的。人们的想象、思维、精神交往在这里还是人们物质行动的直接产物。"[②] 马克思在《致巴·瓦·安年柯夫》的信中，明确地界定了"交往"，"为了不致丧失已经取得的成果，为了不致失掉文明的成果，人们在他们的交往方式不再适合于既得的生产力时，就不得不改变他们继承下来的一切社会形式。——我在这里使用'Commerce'一词是就它的最广泛的意义而言，就像在德文中使用'Verkehr'一词那样"[③]。《马克思恩格斯选集》第 1 卷注释中谈到交往，"交往"（Verkehr）这个术语在《德意志意识形态》中含义很广。它包括单个人、社会团体以及国家之间的物质交往和精神交往。马克思和恩格斯

---

① 《马克思恩格斯全集》第 42 卷，人民出版社 1979 年版，第 25 页。
② 《马克思恩格斯选集》第 1 卷，人民出版社 1995 年版，第 72 页。
③ 《马克思恩格斯全集》第 27 卷，人民出版社 1972 年版，第 478 页。

在这部著作中指出：物质交往，首先是人们在生产过程中的交往，这是任何其他交往的基础。① 马克思在《关于费尔巴哈的提纲》中对交往实质进行了论述，他说"环境的改变和人的活动或自我改变的一致，只能被看作是并合理地理解为革命的实践"②。"全部社会生活在本质上是实践的"③，"交往实践观的确立，使马克思彻底摆脱了费尔巴哈式的抽象人本观，从而为社会主体观——社会化的人类观的建立奠定基础"④。因此，马克思交往的理论实质是一种实践活动。

雅斯贝尔斯认为"交往是我面临的基本任务。按照它在大全的样式中的多种源泉阐明交往，是哲学研究的核心课题。"⑤他认为交往分为"实存的交往"和"生存的交往"。"实存的交往"是我们从经验性的角度所理解的交往，而"生存的交往"是个人作为自主、独立的人在与他人交往时能彼此保持自己的个性、人格、自由，还能把自己的心揭示给他人，做到彼此心心相印。雅斯贝尔斯认为交往实质上是一种精神交往，是自我与他人形成的一种"共生"的关系，生存的交往才是真正的交往。

哈贝马斯认为，交往是以符号为媒介而发生的主体间直接的相互作用的活动，其目的是达到人与人之间的相互"理解"和"一致"。他把人的行为分为"工具性行为"和"交往行为"两类："工具性行为"指的是人与自然的关系，强调人们利用工具达到认识和改造自然界的目的；"交往行为"指的是主体间的相互理解行为。

由此可以将交往归纳为：一是交往是最基本的社会关系，是人的社会属性的本质体现；二是交往实质上是一种实践活动，它产生于劳动生产，并由劳动生产延伸发展到社会生活的各个方面；三是交往经过一定的客体作为中介来完成；四是交往包括物质交往和精神交往两大基本类型。总之，交往是一定历史条件下的现实中的个人以及共同体之间通过中介客体在物质、精神上互相作用、互相影响、彼此联系、共同发展的各种实践活

---

① 《马克思恩格斯选集》第 1 卷，人民出版社 1995 年版，第 790—791 页。

② 同上书，第 55 页。

③ 同上书，第 56 页。

④ 任平：《交往实践在马克思主义哲学中的地位》，《江苏社会科学》1990 年第 4 期。

⑤ 雅斯贝尔斯：《哲学的远见》，人民出版社 2000 年版，第 174 页。

动及其所形成的普遍性的社会关系的统一。①

（二）交往的特性

从交往的内涵不难看出，交往主要具有实践性、主体性、社会性和中介性等特性。

第一，交往具有实践性。交往是处理和形成一切社会关系的实践活动。马克思在提出个人是全部历史的第一前提的同时，强调"首先应当避免重新把'社会'当作抽象的东西同个人对立起来。个人是社会存在物"②。交往构成了人类整体实践，尤其是社会化生产和处理这些社会关系的活动不可或缺的基础性环节。事实上，马克思和哈贝马斯交往理论的立论都坚持了实践的基础地位。不同的是，马克思认为物质生产实践在交往中占有基础地位，物质生产是交往的前提，并决定着交往的形式；而哈贝马斯认为言语行为在交往中占有基础地位，交往与物质生产实践是互相对立的，交往自身具有独立的逻辑发展。

第二，交往具有主体性。主体性是交往的本质特征，这种主体性就是目的性或自觉性、意识性，它把人作为主体的交往关系与生物本能的自然关系区分开来。人们之间的交往像人与自然之间的物质交换活动一样，有意识、有目的地进行。也就是说，人类的交往某种程度上是自觉进行的。主体首先是为了能够同自然进行物质交换才进行这种人与人之间的交往，因为他们如果不以一定方式结合起来共同活动和互相交换其活动，便不能进行生产。

第三，交往具有社会性。交往发生在社会性的人和人群中，交往关系是人类社会所特有的关系，也是人类社会最基本、最广泛的关系。在《致巴·瓦·安年柯夫》的信中，马克思把交往的范围扩展到一切社会活动和社会形式，即交往是发生在社会中的一切活动，以社会为基础和前提。马克思在谈到市民社会时认为，"在过去一切历史阶段上受生产力制约同时又制约生产力的交往形式，就是市民社会"③。在这里他所提到的交往形式就是社会活动和社会关系，这些活动和关系构成市民社会。这些都说明交往是一种社会性概念，交往具有社会性。

---

① 闫艳：《交往视域中的思想政治教育》，人民出版社2011年版，第29页。
② 《马克思恩格斯全集》第42卷，人民出版社1979年版，第122页。
③ 《马克思恩格斯选集》第1卷，人民出版社1995年版，第87—88页。

　　第四，交往具有中介性。主体间的交往关系不像动物性的自然关系那样直接地不借助中介而进行，而是通过中介进行的。生产关系作为人与人之间最基本的一种交往关系，是人与人之间的物质利益关系，它是直接以物质财富为交往中介的。换言之，人与人之间的交往关系在这个基础性层面上是直接为人与自然之间的关系所中介的：即一定的生产力状况中借着人与人之间的交往关系，使之受到限制，成为客观的关系。直接为物质生产活动所中介的交往关系是人与人之间的物质关系的生产关系，它构成了全部人与人之间交往关系即全部社会关系的基础。

　　（三）交往的类型

　　交往有物质交往与精神交往、个体交往与普遍交往、直接交往与间接交往等。本书将重点分析以下五种交往类型。

　　第一，物质交往与精神交往。物质产品是物质交往的主要内容，在一定的历史条件下，人与人之间进行物质产品交流的社会活动称之为物质交往。思想、意识、观念和情绪等精神性的范畴是精神交往的主要内容，在一定的历史条件下，人与人之间进行精神交流的社会活动称之为精神交往。马克思在《德意志意识形态》中第一次明确提出了"物质交往"和"精神交往"，并阐述了两者之间的关系。他说："思想、观念、意识的生产最初是直接与人们的物质活动，与人们物质的交往，与现实生活的语言交织在一起的。人们的想象、思维、精神交往在这里还是人们物质行动的直接产物。表现在某一民族的政治、法律、道德、宗教、形而上学等的语言中的精神生产也是这样。人们是自己的观念、思想等的生产者，但这里所说的人们是现实的、从事活动的人们，他们受自己的生产力和与之相适应的交往的一定发展——直到交往的最遥远的形态——所制约。意识在任何时候都只能是被意识到了的存在，而人们的存在就是他们的现实生活过程中。"[1] 可见，物质交往和精神交往之间既相互联系又相互作用，物质交往是精神交往的根源，精神交往则是物质交往的直接产物，物质交往决定着精神交往。马克思对物质交往和精神交往的区分，为此后哈贝马斯等人构建交往行为理论、探讨话语伦理学问题提供了理论前提。

　　第二，个体交往与普遍交往。个体交往和普遍交往是根据人的存在方式和交往范围来划分的。根据实践主体范围和层次的不同，可以将人分为

---

　　[1]　《马克思恩格斯选集》第1卷，人民出版社1995年版，第72页。

个体、群体和类三种存在形态。同时，具体的人又是个体、群体与类"三位一体"的存在物，简单地说，人是个体、群体和类的辩证统一的综合体。现实的个人是社会存在的主体，因此，交往就可以区别为个体之间的交往、群体之间的交往。其中，个体交往是最基本的形式，普遍交往是建立在个体交往基础上的，没有个体交往就没有普遍交往。从交往的历史形式来看，原始社会以家庭和部落为基础的个人之间的交往是人类最初的交往形式，这种交往带有自发性和偶然性。从交往的范围来看，随着社会发展，地缘交往和血缘交往、民族交往和世界交往等不同形式的社会交往，在交往从近地走向全球的过程中先后出现。近代社会以来，随着商品和市场经济的发展，出现了普遍的交往形式，商品货币是人与人之间的交往的普遍物化的社会化形式。这时，民族交往和世界交往成为社会交往的主要形式。社会关系通过人们彼此交往接触才能建立起来，随着社会的不断进步，交往形式的不断丰富，人类社会关系也变得丰富起来。人总是在一定的社会关系中生存和发展着，"社会关系实际上决定着一个人能够发展到什么程度"[①]。为此，普遍交往得以形成。个体交往是普遍交往的基础和前提，而个体交往必然朝着群体交往、普遍交往发展。因此，普遍交往是个体交往的必然结果。马克思指出，共产主义"是以生产力的普遍发展和与此相联系的世界交往为前提的"[②]。

　　第三，直接交往与间接交往。直接交往是直接同别人交往的社会活动，而间接交往是通过若干中介间接地同别人交往的社会活动，直接交往和间接交往都是社会的活动。马克思在《1844 年经济学—哲学手稿》中指出，"社会的活动和社会的享受绝不仅仅存在于直接共同的活动和直接共同的享受这种形式中，虽然共同的活动和共同的享受，即直接通过同别人的实际交往表现出来和得到确证的那种活动和享受""甚至当我从事科学之类的活动，即从事一种我只是在很少情况下才能同别人直接交往的活动的时候，我也是社会的，因为我是作为人活动的"[③]。这就是说，交往既是直接同他人交往的社会活动，也是通过若干中介间接地同他人交往的社会活动。

---

①　《马克思恩格斯全集》第 3 卷，人民出版社 1960 年版，第 295 页。
②　《马克思恩格斯选集》第 1 卷，人民出版社 1995 年版，第 86 页。
③　《马克思恩格斯全集》第 42 卷，人民出版社 1979 年版，第 122 页。

　　第四，内部交往与外部交往。个体交往和群体交往衍生出内部交往和外部交往。内部交往是社会群体（如氏族、家族、民族、阶级、国家等）内部成员与成员之间的交往，而外部交往是社会群体与群体之间的交往。马克思曾经说过："各民族之间的相互关系取决于每一个民族的生产力、分工和内部交往的发展程度。这个原理是公认的。然而不仅一个民族与其他民族的关系，而且这个民族本身的整个内部结构也取决于自己的生产以及自己内部和外部的交往的发展程度。"①

　　第五，和谐交往与不和谐交往。交往主体双方平等、自由、和平的交往称之为和谐交往，它是一种和谐理想状态的交往，是实现社会发展和人的全面发展的一种交往。而不和谐交往表现为社会交往恶的一面，表现为社会交往的混乱局面。自有人类社会以来，不和谐交往便如影随形。正如马克思所说的，在封建社会末期，"随着工厂手工业的出现，各国进入竞争的关系，展开了商业斗争，这种斗争是通过战争、保护关税和各种禁令来进行的，而在过去，各国只要彼此有了联系，就相互进行和平的交易。从此以后商业便具有了政治意义"②。对于野蛮的民族来说，"战争本身还是一种通常的交往形式；在传统的、对该民族来说唯一可能的粗陋的生产方式下，人口的增长越来越需要新的生产资料，因而这种交往形式越来越被加紧利用"③。

二　交往的价值

　　作为哲学的重要范畴，价值是主体与客体相互作用的产物，是发生在主客体相互作用时产生的客体对主体的作用和影响。广义的价值包含正面价值和负面价值，客体对主体的积极效应称之为正价值，客体对主体的消极效应称之为负价值。当然，我们常说的价值是狭义的价值，它是指客体对主体的积极效应。交往的价值主要体现在对社会发展和人的发展的重要作用两个方面。交往在推动经济、民主政治和文化发展的同时，也在人的自我意识、社会性素质和交往素质的形成中发挥了极其重要的作用。

（一）交往推动了社会发展

　　交往虽然是在主体与主体之间进行的，但它不是"生活"在真空中，

---

①　《马克思恩格斯选集》第 1 卷，人民出版社 1995 年版，第 68 页。

②　同上书，第 109—110 页。

③　同上书，第 125 页。

而是在社会这个大环境中进行的，它对社会发展具有重要的推动作用。可以说，人类交往发展的历史本身就是社会发展的历史。"社会不仅通过传递、通过沟通继续生存，而且简直可以说，社会在传递中、在沟通中生存。①"人类的生产方式以及人们相互之间的交往方式实现了社会的发展变革，交往的方式和水平体现了人类社会的发展程度。"在过去一切历史阶段上受生产力制约同时又制约生产力的交往形式，就是市民社会。……这个市民社会是全部历史的真正发源地和舞台。②"在一定历史条件下，交往范围、交往手段和交往方式的变革必定推动社会的发展。正如马克思所说，"随着美洲和通往东印度的航线的发展，交往扩大了，工场手工业和整个生产运动有了巨大的发展"③。

具体而言，交往推动社会发展主要在于交往在社会的经济发展、民主政治和文化发展等各方面具有重大的价值，为社会提供了源源不断向前发展的动力。

交往对经济发展的价值。社会政治和文化发展的基础是经济发展，经济的发展程度和质量直接影响着社会各方面的发展。交往对经济发展的价值主要体现在以下两个方面。

一是交往为经济发展提供了合理的价值导向。经济发展的价值导向一定程度上决定了社会经济能否健康和谐的发展。经济价值的本质是物质层面的价值，而经济行为的本质是追求利益最大化。如果经济活动仅仅以追求利益为目的，那么它将变为人们谋取自身利益的工具。良性的经济交往提供的合理的价值导向，不仅可以弱化和抑制这些经济活动中的消极作用，增强人们追求物质利益的理性，还能够结合经济交往的外在与内在尺度，实现经济活动合规律性与合目的性的统一。与此同时，良性的经济交往提供的合理的价值导向，能够引导人们着眼于物质与精神生活质量、眼前与长远利益、物质享受与自我提升，为社会经济发展带来生机和活力。

二是交往加强了经济发展的道德规范。道德是一种依靠社会舆论与人们的信念建立起来的精神力量，是社会运转和人的实践活动的准则与秩

① ［美］约翰·杜威：《民主主义与教育》，王承绪译，人民教育出版社1990年版，第5页。

② 《马克思恩格斯选集》第1卷，人民出版社1995年版，第87—88页。

③ 同上书，第110页。

序，是调整人与人以及人与社会之间关系的行为规范。交往可以对经济发展进行道德审视和评判。其实，作为每一个社会个体，在经济发展中追逐利益最大化是每一个个体的目的和追求。但是，如何在社会的规范和道德允许的范围内追逐利益最大化，追逐利益最大化的时候如何与另一方相协调，就是一个道德性的问题。良性的经济交往能够使得人类秉承交互主体性的理念开展社会经济活动，真正实现平等和互助社会交往。良性的经济交往能够使得个人或社会在追求物质利益的时候，遵守道德准则和规范最终形成道德共识。物以类聚，人以群分，道德高尚的人可以正面地影响周围的人，能够秉承互利互惠的原则开展经济交往；相反，那些自私自利、唯利是图的人在良性经济交往中会受到道德谴责，甚至是惩罚。如此，经济交往将会摒弃唯利是图，走向理性。

交往对民主政治的价值。政治所主要处理的就是诸如阶级、民族、国家内部以及阶级、民族、国家之间等国家生活中的各种关系。交往对民主政治的价值主要体现在以下两个方面。

一方面，交往有助于营造安定和谐的政治稳定的氛围，促进社会的和谐发展。人心稳定，则政治稳定；反之，人心动荡，则政治不稳。对于社会而言，人心稳定是政治稳定的前提，而政治稳定则是社会和谐发展的保障。社会经济、政治的发展状况和人们的交往理念，是影响人心安定的重要因素。交往能够合理地调节个体与个体，个体与集体之间的利益冲突，为社会的政治实践提供评价尺度与价值指引，从而实现社会政治局面的稳定与和谐。交往可以凝聚人心，营造安定祥和的政治生活和交往氛围，可以形成一种精神力量，使得人们积极地朝着共同的政治目标和理想去奋斗。

另一方面，交往有助于增强人们的政治自觉性，推进民主政治的进程。社会的每个个体是民主政治的关键，提高人们的政治自主性，培养真正意义上自主、自觉和自治的个人，才能推进政治的发展。对于一个政治自觉性高的人而言，他知道自己享有哪些权利和义务，知道如何去实现这些权利和义务，那么他的政治参与度就会高，就能够推动民主政治的发展。相反，对于一个政治自觉性差的人而言，他不知道自己享有哪些权利和义务，也不知道如何去实现这些权利和义务，更不知道如何维护自身的合法权益，只能被动地参与政治交往。而自身的合法权益一旦不能实现，必将成为社会不稳定诱因之一，影响民主政治的发展。良性的政治交往能够让人们意识到，要把自己当成政治交往的主体，积极主动地参与政治活动，自觉地维护自己的合法权益，平等和谐地与他人进行沟通和交流。从这个角度来讲，交往加强了人们的政治自觉，推进了民主政治的进程。

交往对文化发展的价值。文化是一定社会经济和政治的反映，同时又反过来影响着社会经济、政治的各个方面。文化是社会的秩序和良知，是民族的灵魂与脊梁。作为一种精神力量，文化能够对个人的思想风貌、精神境界和道德情操产生巨大影响，能够对国家的文明程度和进取精神产生巨大影响，进而深刻地影响着社会的发展。这种影响，不仅表现在个人的成长历程中，而且表现在民族和国家的历史中。政治、经济与文化相互融合，在社会发展中的地位和作用越来越突出。

交往对文化发展的价值主要体现在三个方面。一是文化交往引导社会文化的新形态。现代社会享乐主义、拜金主义、个人主义盛行，道德滑坡蔓延，需要文化的引导。先进的文化能够引导人们的精神生活，引导社会积极健康地发展。交往本身作为一种文化，伴随着社会的发展而发展，是历史的传承。交往能够进行社会文化的整合，促进多元文化平等对话，克服现代社会的种种疾病，引导社会文化的新形态，实现社会全方位变革。二是交往能促进文化结构及其要素。任何一种文化都包含着极其丰富的内容，内容与内容之间一定程度上不仅存在着不协调和矛盾，而且不断在变化和更新，让人应接不暇，难以应对。交往能够实现社会文化在科学、道德和审美三个维度和谐统一，能够优化和促进文化构成的各要素，批判和整合文化结构及各要素，实现文化的传承、积淀和内化，为文化发展和变迁提供不竭的动力。三是交往加强了多元文化之间的沟通。现代社会文化正是多元文化，虽然多元文化丰富了人的精神世界和社会的精神领域，但是不同文化间的交流和冲突已不可避免，导致了人们的精神和信仰迷茫，甚至导致了社会整体价值观的分裂。形式各异的交往，本质上就是多元文化的接触和碰撞。正是这种多元文化的接触和碰撞让文化与文化之间相互理解、宽容以及融合，为多元文化的认同提供了接触、交流和对话的机会，并最终实现了多元文化的认同。

（二）交往是人的发展的重要条件

人类的存在是交往基础上的实践存在，交往构成了人的实践基础，人类的交往范围、交往方式、人在交往中所处的地位等影响人的实践，进而影响人的全面发展的基本因素。人们如何交往，决定了人的发展，正如马克思所说："这里所说的人们是现实的、从事活动的人们，他们受自己的生力力和与之相适应的交往的一定发展——直到交往的最遥远的形态——所制约。"① 具体而言，交往对人的发展具有下列重要意义。

第一，交往构成人的自我意识发展的基础。作为符号互动论的创始人，米德曾经系统地研究了交往对个体心理和自我发展的意义。米德认为，人能够用符号像标示环境中的其他成员和客体一样标示自己，这就使得个体在与他人的互动中将自己视为一个被评价的客体逐步建立自我形象和自我观念。人们通过扮演他人的角色，站在他人的角度思考问题，对自我发展有着特殊的作用。个体的角色扮演要经历三个阶段：扮演"有限的他人"阶段、扮演有组织的协同活动中的"群体的人"阶段以及扮演"泛化的他人"的阶段。通过角色扮演，个体能够根据他人的看法和认同以及社会的规范和价值调节自己的行为，使其言行得到他人和社会的认可。可见，社会交往逐步建立了个体的自我意识，不是在封闭的自我中自然生成的。正如歌德《塔索》中的台词所说："只有在人中间人才能认识自己；只有生活才能教会人去认识自己。"马克思认为："人同自身的关系只有通过他同他人的关系，才成为对他说来是对象性的、现实的关系。"② 个人在交往过程中，将自己的世界观、人生观、价值观以及思想情感等展现出来，通过观察交往对象的反应来认识和评价自我；或者以交往对象的眼光和尺度来评价自我。个体正是这样借助他人不断地认识、评价和调节自己，从而逐步建立自我意识。如果个体一旦脱离了他人，个体的自我意识很可能不能成为现实的自我意识，而是虚幻的自我意识。

第二，交往是人的社会性素质形成的主要途径。人类在对象性的活动中形成了诸如操作技能和能力等基本性素质；在交往中形成了诸如品德、语言能力、社会性情感、社会适应力、交往技能、观察力、民主平等意识等社会性素质。当然，人类对象性的活动也能促进这些社会性素质的发展，但是由于对象性活动体现的是人与人间接和相对遥远的关系，导致社会性素质发展呈现在间接和不明显之中。事实上，社会性素质反映的是个体在人际互动和交往中的倾向、水平、方式和能力的素质，其本身在人际交往中才能体现。众所周知，交往是实现人与他人的社会联系的现实形

① 《马克思恩格斯选集》第1卷，人民出版社1995年版，第72页。
② 《马克思恩格斯全集》第42卷，人民出版社1979年版，第99页。

式，通过交流和交往，交往主体能够互相对话、互动和交流，能够互相理解和沟通，最终达成一定的共识。因此，交往主体通过交往能够促进个体社会化，能够形成与他人和社会的和谐关系，能够形成相应的社会性素质。反之，个人语言、行为和交往能力离开了交往，是难以得到形成和发展的；个人的社会性情感和社会性素质离开了交往，也是无法形成的。总的说来，人的社会性素质主要是通过人际交往形成和发展的。

第三，交往是人的发展得以丰富的一种渠道。人可以在交往中学习前人积累的文化知识，可以学习他人的长处和优点，还可以通过交往实现自身的发展。在交往过程中，交往主体能够了解和学习交往对象的世界观、人生观和价值观，将他们好的思维和行为方式吸收到自己身上，将他们发展的多样性、差异性借鉴到自身发展之中，从而丰富自己的知识和内心世界，增加自己内心世界的开放性和多样性，从而让自己达到已有的人类发展水平，避免由于孤立生活而造成狭隘性和封闭性的发展。在马克思看来，人通过交往丰富自己是人区别于动物的一个显著特征："同类而不同品种的动物的特性的天生差别比人的秉赋和活动的差别显著得多。但是因为动物不能从事交换，所以同类而不同品种的动物所具有的不同特性，不能给任何动物个体带来任何好处。动物不能把同类的不同特性汇集起来；它们不能为同类的共同利益和方便做出任何贡献。人则不同，各种各样的才能和活动方式可以相互利用，因为人能够把各种不同的产品汇集成一个共同的资源，每个人都可以从中购买所需要的东西。"① 事实上，在交往过程中，他人的发展成果影响着自己身心素质的形成和发展，也丰富着自身的发展。

与此同时，交往主体要在丰富多彩的交往实践活动中去积累和获得体验、感受和领悟，促进其交往意向与能力等素质的发展，并最终生成相应的素质，不能仅仅局限于只是学习他人的间接经验。社会是人的交互作用的产物，现代社会的信息化、多元化、开放化给教育目标的社会化提出了更高的要求。事实上，儿童社会化在很大程度上是在同伴群体中发生的，同伴及其同伴关系的影响最为突出。现实中的家长和教师权威性居高、儿童依赖性较强与社会发展要求儿童具有独立社会人格是极不协调的。重视和发展同伴关系显得尤为重要。同伴交往学习，使儿童自我目标通过采取

---

① 《马克思恩格斯全集》第 42 卷，人民出版社 1979 年版，第 147 页。

他人的立场，并以他人的观点来评价自己的行为而逐步获得，通过他人的眼睛看自己逐步形成个体的人格，并推动有意义的学习。学生能在体验、探究的学习活动中学会倾听、表达、讨论、争论、合作和竞争等社会基本技能。[①]

　　总之，交往为人的发展提供了可能。人之所以能够不断地丰富和完善自我，主要在于人的能力在社会关系和交往实践中获得发展，人与人的心理和情感在社会关系和交往实践中得到交流。因此，如果一个人能够积极投身到交往活动中，就会同其他人、同物质和精神生产进行交换，摆脱自我的封闭性和狭隘性，丰富自我的社会关系，最终实现自我的发展。正如马克思所说："一个人的发展取决于他直接和间接进行交往的其他一切人的发展。"[②] 自由和普遍交往是人的全面发展的必要条件。生产力的发展，交往的普遍性"是个人全面发展的可能性"[③]。

三　交往的道德蕴含

　　人类生存和发展永恒不变的基本方式是群体。人类在社会交往中逐渐联合起来组合成一个个赖以生存和发展的群体，进而形成社会。正是这样，社会交往作为一种具体的实践活动，促成了道德的产生，并影响着道德的发展和变革。

（一）　交往是道德起源的基础

　　道德从萌芽到形成，是同社会关系的日趋复杂密切联系在一起的。社会关系是在以物质生产活动为基础的社会交往活动中产生的，因此，交往是人的社会关系生成的本质。换句话说，一切社会关系的前提是交往，没有交往，人们的社会关系便无从产生和发展。同时，社会关系又直接影响着交往。

　　交往是道德起源的基础，首先体现在道德的萌芽上。道德是人类特有的社会属性，是人与人之间通过行为活动表现出来的一种特殊的社会关系。交往活动是这里所说行为活动的一个重要部分。人一旦脱离交往活

[①]　吴玉国：《浅析小学生同伴交往学习的教育价值》，《学科教育》2001 年第 9 期。

[②]　《马克思恩格斯全集》第 3 卷，人民出版社 1960 年版，第 515 页。

[③]　《马克思恩格斯全集》第 46 卷下，人民出版社 1980 年版，第 36 页。

动，就只能作为一个孤立的个体而存在，不会与他人和社会发生任何关系，他们的行为也不会具有任何的道德意义，更不会表现出善的或者恶的行为。因此，他们的行为也就不存在道不道德的问题了。人只有在交往活动中，才能与他人和社会发生关系，也才能形成人与人、人与群体、群体与群体之间的社会关系，他们的行为也才具有一定的道德意义。正如马克思所说的，"思想、观念、意识的生产最初是直接与人们的物质活动，与人们物质的交往，与现实生活的语言交织在一起的。人们的想象、思维、精神交往在这里还是人们物质行动的直接产物。表现在某一民族的政治、法律、道德、宗教、形而上学的语言中的精神生产也是这样……现实的、从事活动的人们，他们受自己的生产力和与之相适应的交往的一定发展——直到交往的最遥远的形态——所制约"①。

　　在原始社会初期，劳动使类人猿变成了人类，使他们从动物的世界进入到人的领域。在那个时期，人类由于自然环境恶劣和自身能力的低下，他们不得不以群体的形式共同抵御大自然的侵袭，保障自己的生存，他们不得不以群体活动的方式来获取物质生活资料，并以平均分配食物的方式来维持群体的存在，这便产生了早期的交往和交往活动。在这些交往活动中，人类就产生了群体内部个人与个人、个人与群体的关系。群体的存在和生产交往活动除了自然条件的限制外，不再有任何东西可以约束他们。因此，为了交流彼此的感受，协同交往生产中的行为，保持群体内应有的秩序，就产生了萌芽状态的道德。诚然，这个时候的道德萌芽只是人类的某些行为惯例，但是，它已经能够约束群体内的每个个体，能够直接影响群体的共同生产活动和群体内的相互交往。

　　交往是道德起源的基础，还体现在道德的形成上。道德从直接体现于原始人的行为活动和相互交往中，发展成为社会风尚经历了一个漫长的过程。在这个过程中，分工的出现和发展起了关键性的作用，而分工又是人类为了适应交往的发展需求，而主动进行的。从这个意义上来讲，交往是道德得以形成的基础。

　　在原始社会的中后期，由于社会分工的发展，生产力水平得到不断提高，人们之间的交往活动变得越来越频繁，这就使得社会的组织形式也发生了变化。原来自发和偶然的群体不断产生分离，逐渐形成了以血缘、地

---

① 《马克思恩格斯选集》第 1 卷，人民出版社 1995 年版，第 72 页。

缘、村落为纽带的部落氏族。这种简单的组织，担负起"处理在这样组织起来的社会内部一切可能发生的冲突"①；战争只能用来解决对外的冲突。随着部落氏族的发展，人与人之间的社会关系越来越复杂，个人与个人、个人与部落氏族之间既保持着以前那种和谐和统一的关系，又出现了利益的分歧与冲突，这些关系成为当时社会的主导关系。这就要求部落氏族用某些特殊的传统和风俗习惯来调节这些关系，否则部落氏族的整体就不复存在，个人也无法生存下去。比如，在部落氏族内部逐步形成了比较明确调整个人与整体关系的言行要求，在个人内心里产生了维护整体利益的言行要求。这就意味着道德的初步形成。

随着社会的发展以及交往的扩大，一方面社会分工和私有观念得以出现，另一方面人与人、人与群体之间利益越来越密切，矛盾越来越尖锐。人们意识到原有的自然风俗和习惯已经不能适应社会的发展，需要建立新的原则和规范以应对形势的变化。因为，如果没有统一遵守的行为规范和秩序，群体和社会将面临着瓦解和崩裂。正是在这样的环境下，道德观念和道德情感得以产生，它们一经产生就外在于个人，并对个人行为施加规范和影响，这一种发展成为指导和控制个人日常行为的、社会普遍接受的、稳定的道德原则和道德规范。事实上，良好的社会道德通过交往并在交往中得以保存和遗传下来，而且在社会生活中不断发扬光大。因此，道德是人们在长期的社会交往实践活动中形成的关于善恶、是非的观念、情感和行为习惯，是依靠社会舆论和良心指导来达到人格完善并调节人与人、人与自然关系的规范体系。② 由此道德才最终得以形成。

（二）交往是道德发展的动力

道德的发展和变革与人们社会交往的发展程度有着密切的联系。交往方式、范围、特点等推动了道德的发展与变革，他们内在地需要并产生着道德。

第一，社会交往的广泛性和差异性丰富了道德的内容。道德规范和内容随着社会交往的领域范围不同而不相同；在相同的社会交往领域范围内，道德规范和内容也会随着时间和空间的不同而不尽相同。比如，在经济领域，个人充当的是经济人的角色，其交往的实质是利益性的，这就使得在道德的范围内谋求物质利益最大化成为它的道德规范。然而，经济交

---

① 《马克思恩格斯选集》第 4 卷，人民出版社 1995 年版，第 158 页。
② 魏英敏：《伦理、道德问题再认识》，北京大学出版社 1990 年版，第 7 页。

往的最大特点和本性就是功利性，经济交往主体所遵循的超功利道德本身就是非道德的。相反，在其他领域，个人充当的是社会人的角色，其所遵循的政治道德、文化道德等道德规范是非功利的。因此，这就要求经济交往主体不能将功利的做法带进政治生活、文化生活等方面，而应当遵循非功利的道德规范。在不同的社会阶段，社会交往的对象和范围不同，道德规范和内容也不同。比如，在自然经济时代，社会交往主要集中在血缘、地缘、家族和村落狭小的部落氏族内，其社会交往是封闭而透明的，交往行为是可控的。因此，那时的道德规范和内容只是约定俗成的风俗习惯；在工业社会，交往范围的扩大使得交往主体面对着不同的熟人和陌生人，他们交往角色也更加多样，使得道德多元化的特征变得明显；在信息化社会，随着信息化的迅猛发展，全世界变成了一个地球村，人类的交往冲破了时空的局限，达到了在全球范围内的真正意义上的交往，此时的道德已经属于公共道德领域了，道德的规范和内容，既适用于某一个民族某一个国家，也应适用于全世界各个民族和各个国家。

第二，社会交往的矛盾造成了道德生活的矛盾，促进了道德的发展。社会中的任何一个个体，既是经济人，也是社会人，既从事政治交往，同时还要从事经济、文化等方面的交往活动。这就要求每个交往主体既要遵循经济领域的道德规范，又要遵循政治、文化等其他社会领域的道德规范，否则，作为一个经济人，作为一个社会人，不能在社会中发展。然而，政治、经济与文化等领域交往行为的矛盾，引起了社会道德的矛盾。比如在经济领域，宏观与微观经济行为的矛盾和不协调，造成了社会道德与道德本质的背离。一方面，社会主义市场经济体制的确立和发展，为社会中的每一个个体提供了丰富的物质和精神产品，使得社会道德建立在坚实的经济基础之上，使得社会道德具备了更强的生存和调控能力，为个体追求正当利益提供了道德的合理性，"有利于增强人们的自主意识、竞争意识、效率意识、民主法制意识和开拓创新精神，使社会主义优越性进一步发挥出来"[1]，从而人的价值得以全面实现，"自由个性"得以从可能走向现实，社会道德得到了本质的进步。另一方面，道德在社会发展过程中却出现了某种程度上的"滑坡"和退化。比如现今社会中拜金主义、极

---

[1]　《中共中央关于加强社会主义精神文明建设若干重要问题的决议》，《人民日报》1996 年 10 月 10 日。

端个人主义盛行。但是，我们应该看到，这种"滑坡"和退化是个别现象而不是普遍现象，是局部现象而不是整体现象，是表面现象而不是本质现象，是市场经济赖以存在和发展的代价和共生物，是社会道德发展必须经历的阵痛，更是社会道德发展必须经历的过程。

最后，积极的社会交往与消极的社会交往对道德的构建作用是截然不同的。人与人之间是相互的，在交往过程中，你对别人的态度影响甚至决定了别人对你的态度。在积极的社会交往中，交往主体之间的相互理解、相互信任、相互鼓励可以营造一种积极的道德氛围，从而使得整个社会都呈现出积极向上的发展局面。相反，在消极的社会交往中，交往主体之间的相互猜忌、相互拆台将会营造一种消极的道德氛围，人们的邪恶得以释放，灵魂将会被扭曲，从而使得整个社会陷入恶性运行和畸形发展之中。比如，一个地方的政治生态好，官员与官员之间的交往积极向上，人与人之间的交往也必将是积极的，那么这个地方一定是风清气正，道德水平一定是较高的，社会也呈现的是积极向上的发展局面。

（三）交往实践是检验道德的标准

道德的善良与否，是否适合社会和时代的发展及人们的需要，不是依照某个人的主观意愿而定，而是要在交往活动中进行检验，要用交往实践的过程和效果检验，特别是要用最广大人民群众所参与的交往实践来检验。

认识论首要的和最基本的观点和方法是实践。实践就是人们能动地改造和探索现实世界的一切社会性的客观物质活动，他所包含的是客观对于主观的必然及主观对于客观的必然。主体在对客体的认识过程中所遇到的一切困惑，以及客体在反映主体的过程中所遇到的一切困惑，都能够通过实践解决，都能够在实践中找到答案。交往是人们在物质资料生产过程中产生的，是在人与自然的相互作用基础上产生的，这种人与人的关系是最基本的实践。换句话说，交往既是实践的本质所在，又是实践的前提。道德的本性和交往实践的特点决定了交往实践是检验道德的标准。从道德的本性来看，道德是人们对客观事物及其发展规律的正确反映，主观与客观相符合是道德的本性所在。因此，检验道德善良与否，就是检验社会与人的主观认识同实际现实社会是否相符合，而交往实践是将主观和客观联系起来的桥梁。从交往实践的特点看，交往本身就是人们改造世界的客观的物质性活动，具有直接现实性的特点。人们遵循一定的认识去进行交往实践，就可以引出道德现实的结果，把道德主观的东西变为客观的东西，并可以将道德客观结果与主观认识两相对照。对于一个社会而言，正是在人们的交往实践中，社会的道德水平才能提高。纵观历史，我们不难发现，历代社会所倡导的部分道德内容，在当时适合了社会和时代的发展和人们的需要。然而，随着时间的推移，经过交往实践的检验证明是消极的，阻碍了社会和时代的发展，不再被人们所需要，应该加以摒弃。比如，在封建社会所倡导的"三纲"：君为臣纲，父为子纲，夫为妻纲；"三从"指幼从父、嫁从夫、夫死从子；"女子无才便是德"。随着时间的推移，经过交往实践的检验，已经不能再为我们社会主义所用，与我们现阶段提倡的"平等"相违背。正是在人们的交往实践中，社会的道德从"不平等"走向"平等"。同样地，对于个人而言，交往实践也是检验道德的最好标准。对于一个个体而言，正是在交往实践中，个人的道德品质才能不断地得到优化和提升。

第二节　网络交往内涵、形式与特点

在这个信息时代，网络交往随着互联网发展和繁荣，已经成为人们重要交往方式之一，它是现实交往的延伸和重要组成部分。网络交往作为一种新型的交往形式，与现实生活中的交往既有联系又有区别。

一　网络交往内涵

实践是人类生存和发展的基础，人类的每一个实践活动都跟交往有关，都要依靠交往来实现。交往形式的演变主要经历了农业社会、工业社会和现代信息社会三个阶段。

在农业社会，人们之间的交往纽带主要依靠血缘和地缘，人们之间的交往范围只能被限制在一个狭小的地域，交往活动也只能在这个狭小的地域内进行；在工业社会，交通工具和通信手段的变革，使得交往不再具有地域和民族的性质，使得交往逐步走向开放，与此同时，人的发展也不再受到约束和局限，交往空间和范围相对得到了很大的拓展和延伸。

第三次科技革命的到来，为人类带来了新的科学技术，特别是信息技术。信息技术是信息社会的核心，信息技术的研发与更新使网络技术得以产生，网络技术的应用使整个世界所有国家连接在了一起，成为一个真正意义上的地球村。互联网从最初一间房子里的几台电脑相连，到如今覆盖全球 200 余个国家和地区；网民人数从最初的寥寥数人发展到目前接近30 亿人，约占全球 70 多亿人口的 42.8%。其中，我国网民规模占到了全球网民的五分之一，中国互联网络信息中心（CNNIC）2015 年 7 月发布的《第 36 次中国互联网络发展状况统计报告》数据显示，截至 2015 年 6月 30 日，中国网民数量已经达到 6.68 亿，互联网普及率已经达到48.8%。除互联网规模扩大外，互联网应用领域也走向多元化。最初的互联网应用主要集中在通信和信息传播等方面，互联网用户主要是科技工作者。直到 20 世纪 90 年代初期，万维网问世，它凭借信息量大、查询方便快捷等优势，将无数非学术领域的用户带入互联网世界，而很快被人们所认识和接受。进入 21 世纪，随着多媒体技术的发展和通信业务的开通，电子商务、远程教育、视频会议等互联网新应用深入到社会生活的方方面面。随着急剧增加的网民数量和多元化的网络运用，互联网已经成为影响社会发展、改变人民生活形态的关键领域，成为人类交往的重要平台。

　　网络交往是以互联网为基础、以计算机为中介的人际交往方式，是人的社会本性在计算机互联网时代的拓展和延伸。网络交往，即网络人际交往，是以计算机为中介，以互联网为基础，通过网络聊天、网络寻呼、电子公告牌、电子邮件、网络游戏、网上论坛等形式实现的，是以语言（包括口头、行为、书面等）为主要交往介质，是传统人际交往在互联网的表现，它体现了人的社会性本质。现阶段，网络交往主要是通过即时通讯（比如 QQ、MSN、微信、飞信、视频通话等）、论坛（BBS）、电子邮件（E-mail）、网络游戏（MUD）、社交网站、微博和博客等多种主要形式实现的。

　　网络交往有网络交往主体、中介及客体等三个要素组成。所谓网络交往主体，简单地说就是在网络社会中从事交往的人。这里的人是广义的，他既可以是个体，也可以是一定数量的网络社群。当然，个体是网络交往中数量最多、最活跃的主体，其稳定性较小。网络社群是在个体基础上，当人际互动达到足够的频率和密度时产生的。与现实交往的主体相比，网络交往主体在心态、思维方式和交往行为等方面有着不同的表现。网络交往过程中运载和传播交往主体信息的载体称之为网络交往中介，它具体包括网络交往的手段和方式。网络交往中所依赖的物质工具或条件以及语言符号被称为网络交往手段，比如，计算机和网络技术设施、语音、文字、符号等。网络交往的方式指的是软件技术载体，比如，电子邮箱、聊天软件、社交软件、BBS、虚拟社区等。网络交往方式具有信息交往、情感满足、电子商务、网上购物和休闲娱乐等功能。网络交往客体是相对于网络交往主体而言的，简单地说就是在网络社会中从事交往的人。网络交往是一种对象性实践活动，因此，网络交往的主体和客体都是人。由于人具有双重身份，网络交往的主、客体是确定性和不确定性的辩证统一，个人既是网络交往的主体，也是网络交往的客体。换句话说，在网络交往过程中，主体可以把自己当作交往主体，也可以把他人当作交往主体；客体可以把自己当作交往客体，也可以把对方当作交往客体。也就是说，网络交往的主体就是网络交往的客体，网络交往的客体也是网络交往的主体。事实上，网络交往是一个双向互动的过程，网络交往主体和网络交往客体在交往的过程中不断变换自己的角色，他们不断地影响着对方。

二　网络交往形式

网络交往主要是通过以下七种形式来实现的，事实上，在实际交往过程中这七种交往形式之间也存在着一定的融合和交叉。

即时通信。即时通信（Instant messaging，IM）是网络交往比较流行的通信方式，各种即时通信软件层出不穷，现阶段 QQ、MSN、微信、飞信、视频通话等是使用较多、普及面较广的即时通信软件。即时通信凭借简单易用、效率高、使用便捷等特点受到了用户的普遍爱好，它把人们带进了一个虚拟的网络世界，大大地加深了人们之间的联系。它从单一的文本聊天，到语音聊天以及到现在的图像、视频聊天、短信的发送和在线游戏等功能的开发，即时通信工具不断尝试连接用户生活中的各方面需求，为用户提供出行、购物、理财、信贷、娱乐等多样化服务，大大地拓展了即时通信的概念，它必将成为未来人们通过因特网相互联系和娱乐的主要平台。即时通信已经成为网络交往的最主要形式，根据中国互联网络信息中心2015年7月发布的《第36次中国互联网络发展状况统计报告》数据显示，截至2015年6月，我国即时通信使用者的规模已经突破6.0626亿，使用率已经达到90.8%，使用率高居第一。随着手机即时通信用户的快速增长，作为网民最基础的网络需求，即时通信不仅稳居网络交往第一位，还呈现出使用率稳步增长的态势。

论坛（BBS）。论坛是网络交往的主要形式之一，它的全称是电子公告板（Bulletin Board System），是互联网上的一种电子信息服务系统。论坛一般是由站长创建，并设立论坛管理员、超级版主、版主等各级管理员，他们对论坛进行管理。论坛最早是用来公布股市价格等信息的，早期的论坛主要是为了发布信息以及交流信息之用。近年来，论坛的功能得到了很大的扩充，交往主体在论坛中，不仅可以随时获取各种最新的新闻资讯，还可以在论坛中与他人探讨各种有趣的话题，甚至可以在论坛中发布征友、招聘、求职等各类启事，更可以召集亲朋好友到聊天室内高谈阔论。其实论坛的原理比较简单，论坛提供一块公共电子白板，每个用户可以在上面发表帖子，也可以浏览其他用户的看法和观点，并与他们进行讨论，其工作原理就是"发帖—看帖—回帖"。与即时通信相比，论坛一般不能得到实时反馈，但是帖子可以保留。经过一段时间后，交往主体可以再次打开帖子，查看他人的回帖，并与他们展开讨论，从而达到相互交流的目的。现今，排名前四的论坛有猫扑社区、天涯社区、搜狐论坛、凤凰论坛。

电子邮件（E-mail）。电子邮件属于继时网络交往，它以其速度快、成本低、容易使用、最具灵活性等优点而获得大多数互联网使用者的青睐，成为网络交往强有力的工具。它被视为最基础、最广泛、最常用、最正式的网络交往形式。首先，电子邮件是一种类似于传统的通信手段的人际交往方式，但又有自己的鲜明特点——方便快捷，无论身处何地，只要计算机连接到互联网，就可以进行邮件发送和接收服务，增加了人们的交往频率。其次，电子邮件还有一个吸引人的地方就是不需要交往双方同时在线，在离线状态即可完成交往过程。再次，因电子邮件的匿名程度相对较低，故联系较为密切的互联网群体以及相对比较正式的交往较多采用这种方式交往。

网络游戏（MUD）。MUD 是"Multiple User Dimension"、"Multiple User Dialogue"或"Multiple User Dungeon"的简称，中文简称为网游。网络交往主体可以一个人，也可以多人同时参与游戏，并在游戏中互动从而达到交流、娱乐和休闲的目的。时至今日，已成长为一个相当成熟而庞大的游戏产业。网络游戏带来的快乐体验极大地得到了人们的认可，成为人们打发业余时间的重要方式之一。新技术与设备的多样化正推动着网络游戏的革新，以虚拟现实技术（VR）和增强现实技术（AR）为基础的游戏设备，以其更加真实的互动性和游戏体验使其用户规模不断增长。据中国互联网络信息中心 2015 年 7 月发布的《第 36 次中国互联网络发展状况统计报告》数据显示，截至 2015 年 6 月，网络游戏用户规模已经达到3.80 亿人，占整体网民的 56.9%，比 2014 年增加了 1436 万人。

社交网站。社交网站的英文全称为 Social Network Site，SNS 是它的缩写。社交网站实质上是博客、论坛、视频、游戏等多种网络服务的综合体，网络交往主体只需要一个账号，就可以登录社交网站，并在上面与现实中的人进行交流和互动。早期社交网站主要是通过在线社区的形式呈现出来，用户可以进入社交网站的聊天室进行交流。社交网站的优势在于，更加方便和直接地与现实生活中的亲人和朋友进行交流，也可以寻找现实生活中完全不认识的人，扩大自己的交际圈。社交网站是根据哈佛大学的心理学教授米尔格兰梅（Starlley Mil.）的"六度分割理论"建立和发展起来的，即人际关系脉络方面你必然可以通过不超出六位中间人间接与世上任意先生女士相识。也就是说，网络交往主体最多通过六个人就可以认识世界上任何一个陌生人。根据这个理论，社交网站以认识朋友的朋友为基础，扩展自己的人脉，并且无限扩张自己的人脉，在需要的时候可以随时获取一点得到帮助。Facebook 是全球用户量最多的社交网站。国内比较出名的社交网站有人人网、世纪佳缘网、百合网等。

微博。微博是微型博客（MicroBlog）的简称，微博是基于用户关系信息分享、传播以及获取的平台。用户可以通过各种客户端组建个人社区并以 140 字的文字更新信息，实现即时分享。微博作为一种分享和交流平台，更注重时效性和随意性。微博客更能表达出每时每刻的思想和最新动态，而博客则更偏重于梳理自己在一段时间内的所见、所闻、所感。微博的社交媒体属性逐步得到客户市场和用户市场的认可，并且逐渐成长为社交媒体领域最具备营销传播效果的社会化媒体平台。据中国互联网络信息中心 2015 年 7 月发布的《第 36 次中国互联网络发展状况统计报告》显示，截至 2015 年 6 月，我国微博用户规模为 2.04 亿，网民使用率为30.6%。目前，国内比较出名的微博平台有新浪网、腾讯网等老牌且强劲的国内知名网媒。

博客/个人空间。博客的正式名称应该是网络日志，部落格、部落阁等是它的别称。博客是一个个人网站，是一个网页，也是一个个人的空间，通常是由个人自己管理的。交往主体可以在这个网站上不定期地发表帖子、文章等。而帖子、文章的内容并没有一定的格式和限定，它大到可以是对国际形势、时事政治、国家大事的看法，可以是个人的心得和想法，小到可以是对衣食住行、日常生活的点点滴滴，也可以是基于某个主题发表的长篇大论等等。与网络日记所不同的是，博客具有一定的私密性，也具有一定的公共性，博主可以随意设定，如果设定为公开的，则游客可以随意浏览，并在帖子、文章下方写评论和签留言，和博主进行交流；如果设定为不公开的，则是好友才能进入博客，浏览帖子、文章并在下方写评论和签留言，和博主进行交流。博客正是利用开放互动的特点，扩大了交往对象，形成了固定的博友圈。国内比较著名的博客有新浪、网易等。

三　网络交往特点

网络交往与现实交往相比，虚拟社会在一定程度上改变了现实世界中的人际关系和人际交往的基本要素，网络交往表现出以下几个显著的特点。

网络交往的广泛性。一是表现为时空的广泛性。长期以来，时间和空间一直是限制人们交往的主要障碍。随着互联网的出现，网络打破了传统和物理意义上的时间和空间概念，在网络空间中已经没有了地域时间和时空的限制，影响交往活动实现的现实障碍也基本不复存在。网络把全世界各个国家连成一个统一的整体性社会，世界已经成为一个地球村。人们根据传统方式完成一件事情所需的时间来判断距离不再具有意义，地域不再成为人类生活的重大障碍，全世界不同国家不同地区不同种族的人们可以在同一时间同一舞台，处理同一件事情。空间因交往时间的大大缩减而相对紧缩，各个国家的地理距离已不再存在，许多限制也随之取消。正如尼古拉·尼葛洛庞帝所言："在数字化世界里，距离的意义越来越小。事实上，互联网的使用者完全忘记了距离这回事。"①

二是交往对象的广泛性。现实交往中时空的限制导致人际交往的对象总是有限的，主要是在自己认识的圈子中进行：血缘关系、地缘关系、业缘关系是主要的人际关系形式。随着社会的发展，虽然现实交往可以通过

---

① ［美］尼古拉·尼葛洛庞帝：《数字化生存》，胡泳等译，海南出版社 1997 年版，第 24 页。

不同的途径与陌生人交往并建立人际关系，但其范围和数量都是有限的；虽然现实交往呈现出不断突破时空限制，扩大交往范围的发展态势，但每一次突破都没有互联网给人们交往带来的突破大。网络是一个开放的平台，其开放性体现于网络交往通过互联网建立突破各种限制的人际关系，不同身份、互不相识的人都可以在一起交往。在这里，人们与近在咫尺的家人交往和远在大洋彼岸的朋友的交往都没有交往距离的差异，人们可以通过各种不同的网络交往方式与世界上任何地方的任何人进行交往，而且速度之快令人惊奇。网络交往正是通过互联网建立突破各种物质限制的人际关系，不同身份、互不相识的人都可以在一起交往，交往对象十分广泛。正如尼古拉·尼葛洛庞帝所言："在广大浩瀚的宇宙中，数字化生存能使每个人变得更容易接近，让弱小孤寂者也能发出他们的心声。"[1]"数字一族的行动已经超越了多媒体，正逐渐创造出一种真正的生活方式……这些网上好手结缘于电脑空间。他们自称为比特族（bitnik）或电脑族（cybraian），他们的社交圈子是整个地球。"[2]

网络交往的匿名性。匿名是指不露身份、个人特征或不说明是什么人物，不让人知道自己的真实身份，选举中的不记名投票及匿名举报、匿名信是匿名的典型例子。现实中的交往是人们在场或有明确身份的交往，是一种面对面的交往模式，是一种真实的体验。网络交往中的匿名不是不记名，而是人们使用假名、虚拟名、符号等形式随意设定自己的身份，根据这些名字，人们是很难知道也不可能判断网络背后的真实身份，更不可能知道年龄、性别、相貌等特征。当然，现实生活中的熟人在网络交往过程中一般很少匿名的。网络交往主体个人信息匿名性必然导致交往过程的匿名性。网络交往是一种身体不在场的交往，是一种"虚拟"的交往，在交往过程中，人与人之间是匿名的，不是面对面的，交往过程中不会显现其年龄、性别、地位、学历等，交往主体可以随意设定自己的身份、角色、性别等，让交往对象判断不出真实身份。网络交往过程匿名的特点，导致交往主体行为与现实交往存在很大差异。在网络交往中，交往过程匿名性使得去个性化和去抑制现象的产生，使网络中的任何人都成为网络的

---

① ［美］尼古拉·尼葛洛庞帝：《数字化生存》，胡泳等译，海南出版社1997年版，第7页。

② 同上书，第264页。

组成部分，网络也因此成为一个真正"自由"和"民主"的场所，人们可以抛开束缚，随心所欲；可以感受心跳，体验刺激；可以宣泄生活中的烦恼与苦闷、压抑和孤独，尽情享受自由与潇洒、轻松和快乐，使得交往主体释放面对面交往情境中隐瞒的抑制而不用承担任何行为的责任。同时，网络交往的匿名并没有使人们为所欲为，相反，一定程度上增强了人们的责任感。因为网络交往匿名性的特点大大降低了自我暴露的风险，尤其是自我隐私保护，交往主体可以分享自己内心深处的信仰和情绪反应而较少担心遭遇否定或赞成。

网络交往的虚拟性。在现实交往中，人们扮演着不同的角色，按照每种角色相应的角色期待和角色要求开展活动。虽然角色的来源各式各样，但却是直接的、真实的和稳定的。而网络交往最突出的特点是交往角色的不在场，由于网络交往是一种人与计算机、计算机与计算机之间的间接交往，交往双方可以不必见面，可以不需要面对面、实时地进行交往。这就使得网络空间取代了现实交往所依附的特定物理实体和时空位置，交往主体可以不受任何限制地在网络交往中任意扮演任何角色。事实上，角色扮演主要表现为角色的电子文本化，它可能只是一个单纯而简单的符号，不需要通过任何的认证和审查。比如只需要有网名、昵称等就足够了，不需要填写姓名、年龄、性别等资料，更不需要填写身份、社会地位等，事实上这些角色往往是在现实中不存在的。这种虚拟的角色充分体现了网络的虚拟性，交往双方可以戴着这个"面具"在网络交往过程中充分发泄自己的情绪和压抑，为所欲为、随心所欲地放纵自我，而没有任何心理负担。正像彼得·斯坦纳在1993年绘制的一幅名为"在网上，没人知道你是一条狗"的漫画，这幅刊登在《纽约客》上的漫画成为无人不晓的大作，这幅诙谐搞笑的漫画充分说明了网络交往虚拟性的这一特点。

网络交往的平等性。"人生来是平等的"，这是人们永不停息的追求和目标，但在现实交往中，这种追求基本无法得以实现。因为现实中的社会交往障碍性因素很多，单就交往主体而言，就有不同的社会地位、不同的种族、不同的身份、不同的生活方式以及贫富差别、文化优劣、个人的体貌特征等等。现实交往不可避免地受到现实身份、地位、文化、职业、权力、相貌等因素的影响，再加上人们在交往过程中带着明显的世俗性、利益性和功利性，如此等等导致交往主体难以保持平等的心态进行交往。网络社会的匿名性和开放性的特点，使得人们自由地在网络空间自我呈现，自主地共享互联网信息资源，而不用担心被监督，也不受社会规范的约束，更不用考虑现实交往中的社会地位、身份和职业等，人人都可以实现"自由"和"平等"。在网络交往中，没有权威、没有特权，现实社会中所有附加在人身上的各种自然和社会的特征在网络交往中都被忽略了，不存在由真实世界角色的身体属性、社会属性、阶级属性和地域属性等造成的沟壑。在网络交往中，人人都是平等的，人人可以用平等的身份去和他人沟通和交流。正如网络交往中的每个人都是参与者，又是组织者与管理者，大家在地位上都是平等的，由此也决定了人们网上沟通和交往的特点是绝对的自主，没有人能对其他人进行任意的支配和控制。

网络交往的直接性。网络交往的直接性是指网络交往免去了传统社会交往的多重中间环节，实现了个体与个体的直接交流。网络交往是一种"人—机—人"模式的交往，交往主体和客体通过网络平台，实行一定意义上的"面对面"，一对一或一对多的交往，使得网络交往省去了现实交往的多重中间环节和中介，实现了人与人之间的直接交流。在网络交往中，参与还是退出交往，何时参与或者何时退出交往，交往持续的时间长短或者两次交往之间的时间间隔，以什么样的角色和身份参与交往，都是由网络交往主体直接决定的。网络交往主体来去自由、行动方便，一旦遇到不喜欢的交往客体或遭遇到尴尬局面时便可立即退出，或者以一个新的角色身份重新进入交往中。在思想感情的表达上，网络交往主体不需要拐弯抹角，可以大胆地直抒胸臆，自我暴露，不必像日常生活中那样吞吞吐吐、胆怯害羞和自我掩饰，容易到达交流的较深层次。在交往客体的选择上，网络交往主体可以通过即时通信工具、网络寻呼或征友等方式直接选择交往对象，并利用 QQ、E-mail、微信等方式直接进入交往。在信息传递上，网络交往的各种不同形式都能及时、方便、快捷地传递交往信息，这就更加强化了网络交往的直接性。应该引起我们注意的是，网络交往的直接性直接导致了交往中的人们交往行为的随意性，对于一些不自律的人们来说，在网络交往过程中不诚信、不道德、欺诈甚至犯罪等行为时有发生，而结果却是没有压力也没有受到应有的惩罚和制裁，这就加剧了网络交往行为的肤浅化和道德失范现象的发生。

总之，在网络社会没有政治统治，没有经济地位的差别，也不存在种族歧视，它充分地体现了开放、独立、自由、自主和平等。网络交往使得人类的交往范围更加宽阔和自由，交往内容更加丰富，人们在网络交往中找到了现实交往中暂时无法实现的生活方式和体验，这就是人们迷恋网络交往的主要原因所在。

第三节　网络交往内在动力

人是社会的存在物，交往是人类生存必不可少的活动。在网络高度发达的今天，人们更加注重于网络空间之中的交往。在主观方面，人类自身对于交往深入的需求以及突破现实限制的渴求是行为发生的动力因素之一；在客观方面，由于网络本身的广泛性、匿名性、虚拟性等特点，使其较现实中的交往行为而言更加具有吸引力。客观和主观二者之间的众多要素的互动构成了网络交往的内在动力。

一　网络交往动力因素

人类的需要是网络交往得以产生和发展的前提与基础。从需要对象的角度来看，人类存在交往需要、精神需要和物质需要等等。因此，对交往、物质和精神的需求成为人类网络交往的动力因素。

（一）交往的需求

社会是由各种错综复杂的人际关系组成的网络，人一来到这个世界上便成为这个社会的一分子，就与他人发生着千丝万缕的关系。人还处于婴幼儿时期的时候，便想着与他人来往、与他人亲近，希望得到他人的关心、爱护、接受、赞许、友谊与合作。交往需要是个人想与他人交流思想、联络感情和沟通信息的需要，它的具体表现有交友、亲人团聚、参加各种社会实践活动等。

人之所以需要交往，主要在于两个方面：一方面，交往是体现人的本质的重要力量。马克思认为，人是自然存在物，又是社会存在物，是一切社会关系的总和。人是具体的人而不是抽象的人，具体的人是类、群体与个体的存在物，现实的个体是社会存在的主体。另一方面，交往是人的发展的重要条件。人的发展主要包括人的能力的发展、人的社会关系的丰富和发展以及人的个性的发展，人类的交往方式、交往范围成为影响人的社会实践，进而影响人的发展的基本要素。

与现实交往相比，网络的特殊性使得交往需要成为网络交往的动力因素。网络空间的虚拟性、构造性、兼容性以及交互性等特点，为人们提供了一个全新的交往工具。网络交往相较于现实社会的交往而言，其近乎为零的交往成本与极其便利的信息流通方式使得交往活动变得十分简便与有效。网络是人类通过数字化技术模拟出的平行空间，而不断发展的技术已经足以让使用者最大限度地隐藏自己的信息，使得网络交往主体之间充满了神秘的诱惑性，主体的自主性最大限度地削弱了权威与制度的框架，人们有着充分的自主选择性，他们可以自由选择交往对象、交往内容、交往方式与空间。网络的交互性能够轻易地使得交往对象从个体扩展到群体甚至整个社会，能够最大化表达自己的声音。而客体的无限与低限制性则为交往的深度与广度提供了坚实的保障，人们轻松地跨越时间与空间的距离，让在现实中能够造成交往障碍的血缘、种族、性别、地位等因素荡然无存，真正地做到天涯若比邻。网络的构建性可以让使用网络的人们通过自己的智慧来构建新的社会系统，从而延展了人类的生存和交往空间，人类可以在这个空间中获得新的灵感与启迪，寻觅到在现实社会交往中无法想象的创造力与机遇。

与此同时，与传统交往的媒体单向或双向性相比，网络交往平台为交往主体提供了多元化的交流和交往通道，它既可以把信息放射性地迅速扩散，也可以收到信息反馈，在这个交互过程中，参与者可以同时扮演多重角色，他既可以是信息的接受者与操作者，也可以是信息的发布者，可以随时对信息进行搜寻与索取，发掘出对自身需求的、有益的信息，丢弃不相关的信息。人们在网络交往中创造或追寻自己需要的信息的行为成本相对于现实交往大大降低。

网络平台是网络交往的活动场所，其虚拟、交互、广泛、低物理限制性等特征，对网络交往活动起到保障作用，没有网络平台的交往活动必将不存在。同时，网络平台对于交往活动也存在制约作用，使其不能无止境地疯狂扩展。网络平台的广泛性与交互性，使得网络交往主体往往会把自己的信息和资源贡献给他人而不求回报，即使很多时候在完全不知道相互身份的匿名情况下依然会如此。这种近乎于无私的信息共享行为既是利他的也是利己的，人们依靠这种方式来进行信息交换与关系构建。网络交往主体也可以用自己的信息换取他人的信息，而与现实中不同的是，信息交换后依然会存在于自己手中，不会像实物那样消失或转移。因此，这样的行为会使得人们的关系更加紧密，会形成大大小小的朋友圈和关系圈。但是，也有交往主体单方面索取共享的信息或他人的信息，而不把自己的信息拿来参与共享甚至还会把获得的信息进行有偿地出售，这种做法会破坏网络交往的公平原则，从而导致关系的解构。当然，网络交往虚拟性与低物理限制性特征也会导致负面行为的产生。比如，网络交往中的不诚信现象，网络交往的匿名性让人们觉得没有必要讲真话，谎言便会时刻存在，因为谎言对于说谎者来说不会受到实质性伤害，更不会受到惩罚，这就导致交往者可以按照自己的意愿和喜好进行网络交往。而在现实社会交往中，交往主体对于和陌生人的交往具有很高的警惕心理与理性思量，他们在说谎的同时会尽量考虑仔细与周全，尽可能地减少被揭穿后受到的伤害和惩罚。

（二）精神的需求

精神需要是人类生活所特有的，也是不可缺少的需要。所谓的精神需要，是人们对精神生活的需求，是人们在精神上的欲望和追求。精神需要包括尊重、友谊、爱情、审美、道德、求知、才干、理想等方面，它具体表现为求知需要、审美需要、实现自我价值需要等。

人类的任何行为都有相应的内在动力作为支撑，根据马斯洛的需求理论，生理需要是推动人们行动最首要的动力，人们只有在生理需求得到满足后，才会追求更高层次的需求。现代社会，人们的生理需求基本上已经得到了充分满足，因此，人们网络交往的动机应当是对更高层次的需求，比如友情、爱情、归宿感以及社会认同感等。当人们被某种需要主宰时，其未来的世界观、人生观和价值观也会随之发生变化。对于一个寒冷的人来说，拥有充足棉衣抵御寒冷就是他最大的满足，同样，对于网络交往主体而言，能够追寻到自己在现实中所需求却无法得到或满足的东西，比如社会地位、存在价值、经济利益，甚至只是单纯得到他人认同；比如，自己的观点与行为被他人所注意、自己的行为在某种程度上被他人认可、他人的观点与言行受到自己行为的影响，甚至是他人的行为被自己意志支配，等等。

在现实社会中，人们社会地位的确立主要受到身份、职业以及家庭背景等众多先天性因素的影响，一般情况下无法改变与隐藏。但是，在虚拟化的网络空间里，网络交往主体匿名身份的构建将现实交往中权力和社会地位最大程度地屏蔽起来，人们开始使用虚拟身份构建新的社会关系，这为权力角逐提供了空间，为现实社会中的相对弱势群体创造了全新价值定位的可能。也正是这个虚拟身份，打破了人们在时间中的连续性和空间中的统一性，形成了无数个自我，让人们在网络交往中进行了多重自我认同。在虚拟化的网络空间里，网络交往主体可以轻易进入一种角色扮演的状态，他们创造新的身份与他人进行生活与交往。这样的角色扮演行为，会使得网络交往主体将现实社会中的理想和追求暗示不断地融入到自己在网络中扮演的角色中，最终可能使得自己的梦想在网络交往中得以实现。因此，人们乐此不疲在网络交往中扮演着自己想要的角色，寻求支持者与仰慕者，填补心中对于地位的认同和价值的渴求。

　　人是社会的人，人的需求与其社会历史条件相符，它随着社会的发展而发展。在原始社会阶段，人们最主要的需求是食物，食物使他们得以生存和延续。虽然，在当时的历史条件下个体生存能力十分脆弱，人们交往以血缘和氏族为基础，在一个很小的范围内进行，但是，为了生存和延续他们进行着各种交往活动。尽管当时物质条件极其匮乏，交往范围和对象十分有限，他们还是积极追求着精神需要，那些洞穴上遗存的符号与图案是人类精神交流需求最好的证明。在农业经济时代，虽然人们在食物上基本可以自给自足，但是人们对于精神需求更甚于前，对精神交流的内容和形式有了更高层次的追求。在那个时代，人们的交往范围还是很小，所能接触的交往对象也十分稀少，多数是自己的亲戚和乡亲，交往也依然是依赖面对面的直接互动。然而，人们已经和经常交往的对象形成了一个个狭小的共同体，无数的共同体组成了整个社会的交往行为，尽管因为血缘、地缘的原因，部分共同体内部发展有序，但是，一旦放大到整个社会，不同的共同体之间又往往会产生众多的隔阂与矛盾。在工业社会阶段，由于生产力快速发展，社会得到了巨大的进步。在物质方面，开始出现生产分工和产品部分过剩，人们在物质利益驱使下开始不断扩大交往范围，追寻无止境的市场与金钱；在精神方面，直接的面对面的交往、狭小的交往范围以及稀少的交往对象越来越成为人们交流的障碍和枷锁，阻碍着人们的交往。因此，人们开始不断地向外流动与扩张，他们通过商品来与别的共同体进行交往，并认识和了解对方，处理获得的信息，开始间接交往。

　　随着信息时代的到来，社会生产力空前膨胀，而新兴的互联网为人们提供了崭新的交往平台，人们在现实交往中追求物质满足感，在网络交往中追求精神需求。在现实社会中，纷繁复杂的法律与规则约束着人们的行为，让社会整体有序地运行。但是，相对于可以被约束的物质需求，精神需求则需要打破现实社会的条条框框和繁文缛节，而网络社会恰好提供了这样的平台，它将人们进行间接依赖型的精神交往推向顶峰。

（三）物质利益的诱惑

作为自然生命个体，人是物质性实体存在。因此，物质需求是人的第一层次的需求，是人"生"的需求，也是人本性的最基本需求。人的物质需求既包括对水、空气、阳光、营养等自然物的需求，也包括对器物、工具等人工物的需求；既包括吃、穿、住、用、行诸方面，也包括物质财富、物质利益等其他方面。具体而言，物质需求主要表现为：一是生理需要的物质，比如，粮食、蔬菜、水果等；二是娱乐和精神生活需要的物质，比如，扑克、体育器材、书本等；三是行动和生产需要的物质，比如，汽车、火车、锄头等；四是生活用品，比如衣服、房屋等；五是空间领地，比如房屋、土地等。

物质需求之所以成为人们网络交往的动力因素主要在于三个方面。一是人对物质的需求是为了自身的生存。物质是维持人的生命和生存的最基本的东西，是最基本的需求。没有物质的补充，人的生理运行将得不到保障，只有源源不断的物质对人体的补充，才能保证人自身肌体的正常运转，人才能得以生存下来。二是人对物质的需求是为了人自身发展。人类追求物质的过程，实质上是追求生产和劳动的过程，人通过生产和劳动推动了社会生产力和生产关系的发展，最终促进了人的发展。三是人对物质的需求是为了追求更高的精神生活，获得人生幸福。精神需求是以物质为实体的，人如果不能满足物质需求，精神生活也将不能得到满足。

马克思在交往理论中谈到物质交往是一切交往的基础，交往最初的产生就是为了物质生产活动能够顺利进行。同样在网络交往中，当人们的帮助性需求得到满足后，人们并不会止步不前，他们会回归到获取物质利益上面来。事实上，网络交往为人们掘金拓宽了渠道，微商、电子商务和网上购物都是人们通过互联网正当地获取物质利益的新平台。商家可在网上搜寻商业信息，宣传自己的企业和产品，寻求客户的反馈信息。普通网民也可在网上交流和获取供求信息，进行网上和网下相结合的购物和物品交换活动。比如，网络交往主体之间可以一起合作开展对双方都有利的活动，例如开设网络商店，人们利用网店实现各自的物质利益。对于网店的开设者来说，租金的降低、中间过程的减少将交易成本降到最低；对于买者来说，网络市场能让其在最短的时间内寻找到最需要的产品，并且能够以比现实社会中更便宜的价格购得，也是实现自己的物质利益。随着网络技术的不断发展，网络交往的功能性日益强大，将平台运用到工作中的不再仅仅是单个的网络交往主体，还有政府机构、企事业单位、社会团体和大大小小的公司，网络问政的出现与发展为市民实现公民权力与义务提供了便捷的通道，各种网络平台的出现为人们办理相关事务提供了便利。从这些角度来看，网络交往不仅仅在于满足人们的需要，更多的时候已经成为保护利益与追寻物质利益的新途径。

当然，物质利益的诱惑是网络交往的动力，还表现在网络交往在提供正当地获取社会利益的机会同时，也为一些人提供了不正当地获取社会利益的机会。有的网络交往主体利用网络的虚拟性、匿名性和隐蔽性，采取不正当的手段攫取物质利益，甚至通过非法手段获取物质利益。比如，恶意制造并传播病毒的黑客，通过买卖病毒赚取财富；还有人通过植入木马窃取他人信息、网络诈骗、网络犯罪、有偿删帖回帖等形式获取物质利益。这些行为给人们带来了新的烦恼和麻烦。

二　网络交往直接动机

动机是推动人从事某种活动，并朝一个方向前进的内部动力。对于网络交往而言，其直接动机主要表现在以下七个方面。

一是信息沟通、交流。现实生活中，由于受到时空和交通等因素的限制，朋友圈不能无限扩大，也无法便捷地与亲人、朋友、同学面对面的沟通与交流，在面对委屈需要诉说时不方便或缺少倾诉对象。与此同时，人们越来越注重隐私的保护，而现实生活中稍不留心，隐私就会被宣扬得尽人皆知。网络交往弥补了这些缺陷，他不仅扩大了交往范围，让与陌生人交往成为一件极其简单的事，可以认识不少朋友，而且在与人交往的过程中，可以畅谈人生不怕隐私被宣扬，可以把现实中的委屈等向他们诉说。不仅拉近了与亲人、朋友、同学的时空距离，而且可以和他们随时随地联络、沟通和交流。网络交往的便捷、方便与安全，让很多人得到满足。网络交往在信息获取上也突破了现实的交往束缚，可以让人们通过互联网得到所需要的任何信息。

二是情感满足。现实生活中与人进行情感交流或与异性交往不是件容易的事，由于交友范围狭窄导致现在的"剩男剩女"遍地开花，情感无处安放。网络交往大大满足了与人进行情感交流的需要，包括宣泄情感、获取情感支持等。网上论坛、网上聊天室给网民的情感宣泄提供了一个极佳天地，他们可以尽情挥洒自己对人对事的不同看法，表达自己的喜怒哀乐。通过网上交流和友谊的获得，也为网民获取情感支持提供了新的更为便捷的途径。同时，网络交往范围的扩大让寻求异性朋友或生活伴侣成为一件相对容易的事，人们通过即时通信等工具结识异性朋友，尽情地与自己喜欢的人交流感情、体验家庭生活，满足并弥补了交往主体在现实情感交流的遗憾和不足。

三是工作学习、提升自我。"三人行，必有我师""听君一席言，胜读十年书""独学而无友，则孤陋寡闻"，这些古话都充分说明交往是促进个人成长、完善自我的一种很好的方式。因为个人的力量毕竟是有限的，如果只通过个人努力来改善这一点，效果可能会相当缓慢而且不明显。网络交往可以弥补现实交往的许多限制，让人们可以在任何时间、不必外出、不必花费太多的金钱就能实现交往。他们或是到 BBS 网上电子公告板浏览和参与某些专题讨论，或是寻求一些志同道合的人进行在线交流，从而实现快速拓展知识、丰富阅历、促进个人成长的愿望。

四是获得他人认可。在现实生活中，人们都渴望通过人际交往来向对方展现自我，并希望能够得到他人的认可和肯定。但是，由于现实环境和个人人际交往能力的限制，这些愿望的实现往往不是那么容易。而网络交往较少受这样的限制，在网络上人人都平等，无论你的外貌、学历、经济条件、家庭背景如何，只要你学会打字，就可以在网络上顺利实现交往，充分表达自己的思想和感受；或任意选择兴趣爱好、志同道合的人来交往，寻求人际支持，甚至在网络中还有一些专用的"聊天帮手软件"、"情书软件"等，能让你在只点击几次鼠标的时间内找到最适合的话拷贝下来，迅速地发送过去，弥补交际能力的限制，提升自我形象。

五是休闲娱乐。休闲娱乐是网络交往的又一重要主题。现代人在生活中难免会遇到各种各样的困难、矛盾或不愉快的事情，但不是所有的事情都方便与自己周围的朋友诉说，一些人或缺乏倾诉对象，或缺乏诉说的勇气和信心，因而借助网上聊天、玩网络游戏来摆脱烦恼成为一种可行的选择。人们在网络上可以任意虚构自己的身份而不必担心真实身份被暴露，所以宣泄心中烦恼也比较安全、自如、毫无顾忌，如果遇到能理解自己的网友更是能缓解自己心中的苦闷。置身于网络游戏之中也可以帮助人们分散一下注意力，体验游戏带来的欢娱，不良情绪也可以得到适当缓解。但也要把握一个度，有人借"网"消愁愁更愁。

六是获取物质利益。网络交往为人们掘金拓宽了渠道，微商、电子商务和网上购物都是人们通过互联网正当地获取物质利益的新平台。商家可在网上搜寻商业信息，宣传自己的企业和产品，寻求客户的反馈信息。普通网民也可在网上交流和获取供求信息，进行网上和网下相结合的购物和物品交换活动。网络交往在提供正当地获取物质利益的机会同时，也为一些人提供了不正当地获取物质利益的机会，通过木马窃取他人信息、网络诈骗、"五毛党"、网络有偿删帖等成为他们获取物质利益的新手段，也给人们带来了新的烦恼。

七是消磨时光。人们在现实生活中有时会觉得无聊、没事干、或在工作之余想轻松轻松/或已经事业有成、无忧无虑、想消磨一下时光。现实生活中消磨时光的方式比较有限，比如，发呆、睡觉等。而网络交往为消磨时光提供了好的去处，刷刷微信、上上QQ、打打网络游戏、写写微博、逛逛网店、浏览论坛和网页都是不错的选择，人们在消磨时光的同时，获得了快乐，找到了乐趣。

网络的虚拟性与开放性，为人们的网络交往提供了崭新的舞台，但是，在这看似无限的空间之中仍然存在着它的内在动力，正是这些内在动力为网络交往行为提供源源不断的动力的同时，也约束着其前进的速度与方向，使其不至于完全脱离理性与秩序、现实与传统的轨道。

第四节　网络交往对社会发展和人的发展的影响

互联网的发展过程就是全球网络化、信息化的过程，伴随它而产生的网络交往已经成为我们生活中不可缺少的一部分，为我们的社会发展和个人发展带来了巨大的影响，这些涉及经济、政治、文化以及人类个体等方面的影响应该引起我们的重视和思考。

一　网络交往对社会发展的影响

在经济全球化和现代信息技术的冲击下，网络交往对经济、政治、文化以及社会管理等领域的影响巨大，它推动了人类社会各个领域的深刻变革，为社会发展既带来了积极影响也带来了消极的影响。

在经济领域，互联网技术的崛起、网络交往的出现，为经济又好又快地发展做出了积极的贡献。一方面，网络交往催化了社会生产力。历史上的任何一次技术革命都推动了社会生产力的发展，互联网技术也不例外，以互联网技术为核心的信息技术革命对社会生产力的发展产生了巨大推力。与以往不同的是，对人类社会客体的改造是过去所有技术革命的重点，而提高人类社会主体的能力则是此次以互联网技术为核心的信息技术革命的使命。伴随着互联网技术而产生的网络交往改变了人们对拓展了时间、空间和知识的理解，在网络交往中知识，并为全社会所共享，打破了时间和空间的障碍得到，人们可以轻松地将集体智慧变为个人智慧。因此，网络交往的普遍应用充分发掘人类智力资源，使得劳动者本身的素质和能力得到提高，劳动者这一生产要素的提高必将对其他生产要素产生积极的作用。

另一方面，网络交往为市场营销和生产方式带来了巨大的变化。数字信息化是互联网技术的本质和核心，人们对于数字信息的使用，会将其转变成物质，进而影响到经济发展中的各个领域。网络化和数字化时代使得网络空间应运而生，网络空间不仅促使传统的生产方式和经营理念发生了变化，而且极大地扩大了经济活动的范围。近年来，互联网技术的的重要性已经引起企业的高度重视，他们已经开始利用互联网信息技术塑造企业自身形象，开拓市场，努力扩大市场份额。经济的直接化是互联网技术的另一个特征。传统的经营与发展模式存在很多中间环节，机械设备、厂房、原材料等是企业在生产过程中必不可少的，批发商、零售商、代理商和经纪人等中间商是企业经营过程中必须要经过的。而以互联网技术为载体和以网络交往为基础的电子商务的交易模式和经营理念与传统模式发生了翻天覆地的变化，电子商务使得企业直接与客户"面对面"，省去了中间环节，实现了企业与客户之间的零距离沟通，客户的需求直接转化为企业的生产。比如，网络著名的"双十一"购物节，从 2009 年开始，在每年的 11 月 11 号，天猫、京东、苏宁易购等大型电子商务网站会进行大规模的打折促销活动，以刺激销售和消费。目前，"双十一"已经成为中国互联网最大规模的商业活动，成为购物者的狂欢节。据媒体报道，2014 年 11 月 11 日，仅阿里巴巴集团旗下的电子商务网站，"双十一"全天交易额为 571 亿元，占到整个社会全部销售额的一半，网络对经济发展的影响势头不可阻挡。

在政治领域，网络为民意表达、公众参与和民主政治提供了有效的渠道。一是网络交往的平等性和直接性使得网络交往主体可以像政府管理者一样平等地获得信息、发布信息和传播信息，打破了传统的垄断式的信息控制，同时，网络交往主体可以绕开报纸、电视、电台，在论坛、微博、博客等媒介中发布自己的信息。正如尼葛洛庞蒂所言："在网络上，每个人都可以是一个没有执照的电视台。"① 二是网络交往为政府和公民之间的交流和沟通提供了平台。网络交往主体可以通过网络交往直接与政府官员交流沟通，发表自己的看法与观点；同时，政府可以通过网络交往解决争端、听取民意、倾听最基层广大人民群众的呼声。这样有利于民主政治的发展，对社会的稳定和发展具有重要的意义。

网络交往拓宽了监督渠道。网络的出现为政务公开提供了一个监督平台，政府信息公开是现代政治的发展趋势，公开政府信息，人们能够便利地获取政府信息，真切地了解到政府的运作过程，使得政府在政策、决策的制定和执行过程透明化，有效地监督政府的行为，有助于政府为人民群众提供优质的服务。间接监督是以往社会监督的主要形式，而信息的不对称和监督过程中诸多不确定的干扰因素，弱化了对政府以及政府官员的监督。互联网和网络交往的出现克服了传统的监督模式，在网络世界里政府以及政府官员就像个"透明人"，公民可以随时随地地监督他们。近年来，网络交往在揭露政府官员腐败犯罪方面发挥了巨大的功能。比如，最近几年比较著名的一些网络反腐事件，都是网友通过一定的网络交往形式举报并得到有效的惩治。2012 年 8 月 26 日，时任陕西省安全生产监督管理局局长杨达才在检查一起交通事故的时候，因为一个微笑而被网友"人肉"出拥有多块价值不菲的世界名表，事后，"表哥"杨达才被免职并被以受贿罪和巨额财产来源不明罪数罪并罚判处有期徒刑 14 年。2012 年 11 月 20 日，雷政富的不雅视频迅速成为网络热点话题，事后，雷政富被免去重庆市北碚区区委书记职务，被以受贿罪判处雷政富有期徒刑 13 年，剥夺政治权利 3 年。最为著名的是《财经》杂志副主编罗昌平 2012 年通过微博实名举报时任国家发改委副主任、国家能源局局长刘铁男。后经组织调查，刘铁男道德败坏，并存在严重的违纪违法行为。事后，刘铁男被判处无期徒刑。网络交往打开了全民监督的大门，大量的腐败官员在网络交往巨大的声势下得到了震慑。

---

① ［美］尼古拉·尼葛洛庞帝：《数字化生存》，胡泳等译，海南出版社 1997 年版，第 21 页。

　　在文化领域，网络交往改变了传统的文化传播方式。"互联网络可以囊括以往传统新闻传媒的一切表现形态和特点，同时具备它们所不具备的特点。"① 图像、文字、声音是传统的文化传播方式，而网络不仅能够传播声音、图像、文字，而且能够通过超文本，将声音、文字、图像进行自由转换。这种多样化的传播方式，彻底改变了传统的文化传播方式。现实社会中，信息主要以书籍、杂志、报纸和录像带等为主要载体，这些载体的优点在于具有坚强的稳定性，其缺点在于传播速度和过程漫长，并且遇到偶发因素，便会被损坏而影响有效地传播。相比较而言，网络通过对数字技术的处理，克服了客观的自然环境的限制，使得信息能够迅速传播，方便快捷。与此同时，网络突破了传统传播载体版面和时间的限制，它以信息容量大、体积小而受到人们的欢迎，网络所传播的内容不受版面、时间和地点的限制，其内容更加丰富、存储更加方便、携带更加便捷。

　　网络交往扩大了文化的交流。世界各国由于地理环境、历史背景、发展过程等因素的不同，导致文化也存在一定的差异性。这些差异性反映了各国文化的特点，是全世界的财富，正是在这些差异性文化的碰撞过程中，文化得到了相互吸收和借鉴，从而推动了世界文化的大发展，促进了人类的发展。过去，由于时间、空间的限制，世界各国的文化交流只在有限范围内进行。随着互联网的发展，网络打破了传统的时间和空间限制，网络交往使得人们的交往领域得到了延伸，世界各国的文化在一定程度上得到了广泛的交流，它们在网络交往中迅速传递和交会、碰撞和融合。同时，网络交往使文化得以频繁的交流。随着信息高速公路的迅速发展，电子图书馆、电子出版物以及远程教育得以产生和发展，各国文化之间的相互影响得以迅速的扩大。"信息高速公路将打破国界，并有可能推动一种世界文化的发展，或至少推动一种文化活动、文化价值观的共享。……可以促进文化多样化，以与那种单一的世界文化发展趋势相对抗"② 。在网络社会，由于信息的畅通无阻，人们可以在网络交往中自由地交流，文化得以频繁地交流。

　　在社会管理领域，网络交往不仅促使政府的管理方式发生了巨大的变

---

　　① 明安香：《信息高速公路与大众传播》，华夏出版社1999年版，第112页。

　　② ［美］比尔·盖茨：《未来之路》，辜正坤译，北京大学出版社1996年版，第327页。

化，还促使政府的办事效率逐步提高。传统的政府管理是金字塔式的，是自上而下的。而网络的出现促进了人民群众的民主意识、参政议政意识，也打破了少数管理层垄断信息的局面。这就要求政府管理者及时调整策略，将传统的管理方式向网络型的管理方式转变。与此同时，互联网技术被广泛地运用到政府的管理和对公众的服务之中，使得行政的成本降低了，为公众服务的办事效率提高了。

然而，网络交往在给人类社会发展带来便利的同时，也存在消极和不利的影响。一是网络交往一定程度上弱化了政府对社会的控制和管理。二是存在着网络霸权、网络殖民的现象。"由于网络发端于美国并盛行于美国，它的构建方式是由美国人所设计并符合美国文化的特点，英文是网络上的主流语言，网络上流动的信息主要来自美国。因此，它实际上也就要求任何一个入网者必须学会美国的语言、适合美国式的思维方式和熟悉美国的文化。在这种情况下，全球网络化的过程更像是一种美国文化的全球化过程，或者说是以美国文化为代表的英语文化的殖民过程"①。三是文化冲突凸显。网络的开放性使得全球文化自由交流，正是这样，西方发达国家凭借其技术和文化优势，将自己的意识形态和文化凌驾于他国之上。这种强势的文化渗透对他国的文化发展形成严重的冲击。四是网络交往也使网络犯罪呈逐年上升趋势。网络经济犯罪、网上诈骗、网络黑客、网络色情等屡见不鲜，这些即时网络问题也是社会问题。网络犯罪的出现严重危害着他人的利益和国家的安全，应引起全社会的关注。

二　网络交往对人的发展的影响

人总是在一定的社会关系中生存和发展的，"社会关系实际上决定着一个人能够发展到什么程度"②。网络交往促进了社会关系的发展，进而影响着交往主体的思想、心理和行为等各方面，正如尼葛洛庞帝所言，"随着电脑日益普及而变得无所不在，它将戏剧性地改变和影响我们的生

---

① 冯鹏杰：《延伸的世界——网络化及其限制》，北京出版社 1999 年版，第290 页。

② 《马克思恩格斯全集》第 3 卷，人民出版社 1960 年版，第 295 页。

活品质，不但会改变科学发展的面貌，而且还会影响我们生活的每一个方面"①。

网络交往一定程度上实现了交往实践的变革。马克思主义认为，交往实践和生产活动一样重要，他们都是人类所特有的生产、生活和存在方式。交往是社会生产的前提，是人的发展的重要条件。网络交往对于交往时间的变革主要体现在两个方面。一是网络交往突破了时空的障碍。社会地位、社会身份和社会角色等因素制约着传统的社会群体的构成和社会关系的形成，人们的交往范围基本局限在亲人、朋友、同学以及与其社会地位、身份、角色相匹配的群体，交往方式以面谈、书信、电话等为主。数字信息化是互联网技术的核心，网络的发展使得数字信息技术在社会各个层面得到全方位的应用。在网络交往方面，数字信息技术突破了时空的限制，为交往主体提供了范围更大、更加方便的交往机会，使得人的社会性得到空前的延伸和发展。人们在这个高度信息化、自动化的网络社会中，可以足不出户就能实现工作、学习、旅游、交友，还可以充分地体验网上办公、网上学习、网上购物、网上就医和网上支付等。网络交往为人们的工作、学习、生活、娱乐带来了便利、提供了享受，使得人们的精神生活极大地得到丰富，生活质量得到了显著的提高。

二是网络交往突破了传统的社会属性障碍。社会地位、社会身份和社会角色等社会特有的属性是传统社会交往的主要因素，一定程度上制约着人与人的联系与发展，制约着社会群体的构成、社会关系的形成和社会的发展。网络交往的出现，使得社会地位、社会身份、社会角色、经济收入和宗教信仰等不再成为交往的障碍，网络交往主体之间的关系完全是平等关系，他们完全是脱去了灵魂外壳的符号，可以不管对方的职业、地位、权势，可以彼此平等的交往。比如，在网上专辟的聊天室，人们可以一次同数十个人聊天，还可以用卡通人物、文字、图像等作为符号出现在网络交往中。交往对象的社会地位、社会现实生活中无法回避的因素等不再需要网络交往主体考虑，世俗间的偏见和利益冲突也不再需要顾虑，正是这样，网络交往很好地避免了现实生活中的危机和压力，缓解了面对面的冲突，为人们开阔视野、更新观念，提高并显示自己的聪明才智开辟了广阔

---

① ［美］尼古拉·尼葛洛庞帝：《数字化生存》，胡泳等译，海南出版社 1997 年版，第 264 页。

的前景。

网络交往一定程度上实现了人们生活方式的变革。生活方式是人类社会生活的总形式，马克思曾经说过，在社会生活的每一个时代"这些个人的一定的活动方式，是他们表现自己生活的一定方式、他们的一定的生活方式"①。互联网的产生与发展，使得网络与人们的学习、工作、生活、娱乐紧密联系在一起，网络交往成为人们的一种重要的生活方式，改变了人们生活的方方面面。尼葛洛庞帝曾经说过："电子邮件作为一种生活方式，对我们的工作和思考方式都产生了重大的影响。一个具体的结果是，我们的工作和娱乐节奏改变了。渐渐地，每天早上9点到晚上5点、每周工作5天、每年休假2周，将不再是商业生活的主流步调。星期天和星期一不再有那么大的差别。"② 与此同时，网络及网络交往极大地提高了劳动生产效率，人们得以从繁重的脑力和体力劳动中解脱出来，劳动时间随之大大地减少，人们全面发展所需要的时间得以增加。

网络交往对人的影响还体现在对交往主体的全面发展方面。互联网时代是个人与个人、个人与群体、群体与群体相互依存的时代，个人与个人、个人与群体、群体与群体的生存和发展空间变得异常广阔。对于交往主体而言，网络交往"极大地增强了人的本质力量，提高了人的认识活动的效率，扩大了人的认识范围，增长了人的知识创新能力，促进了人的思想观念乃至认识方式和思维方式的变革"③，强化了人的认识和实践活动。

一方面，网络交往提升了人们的认知能力。网络时代，互联网技术是生产力的重要标志，并使得人们的实践方式发生了根本性的变革，也使得人们的认知能力得到了提升。与以往的传统交往相比，网络交往打破了时间、空间和地域性限制，使得全世界变成了一个地球村，不同国家、不同民族、不同社会地位和身份的人摆脱世俗间的偏见，在这里畅快地交流、沟通，不同国家、不同民族的文化和精神产品丰富了人们的精神世界，使得任何人都可以在"信息高速公路网中和任何国家、任何地方的人直接

---

① 《马克思恩格斯选集》第1卷，人民出版社1995年版，第67页。

② ［美］尼古拉·尼葛洛庞帝：《数字化生存》，胡泳等译，海南出版社1997年版，第4页。

③ 杨富斌：《信息化认识系统导论》，军事科学出版社2000年版，第136页。

沟通，能够在全球范围内实现知识共享"，① 改变着人们的认知能力。正如奈斯比特所说的，"随着我们从工业社会进入信息社会，我们要用脑力而不是用体力来创造，而今天的技术又将扩大并提高我们的智力"②。在网络交往中，人们可以随心所欲地共享信息套餐，然而，这些信息有真也有假，有精华也有糟粕，有正面价值也有负面价值，需要人们去判断、去辨别。这些纷繁复杂的信息既给人们的认知带来了挑战也带来发展和提高。保罗·莱克森曾经说过："数字世界给我们的选择，的确比最大的书店或图书馆都要多得难以计量。但是，它给我们提供的新型导航系统——越来越先进的搜索引擎——也在日益增加。这些引擎帮助我们从网上浩如烟海的信息中寻觅符合手头任务的数据。"③ 人们在处理信息的时候，自己的认知能力得到了提高。

　　另一方面，网络交往为人的主体能力的发挥奠定了基础。时间对人的发展具有重要的作用，在马克思看来，"时间实际上是人的积极存在，它不仅是人的生命的尺度，而且是人的发展的空间"④。时间的获得通常有两种方法，一是发展生产力和科学技术，提高生产效率，以此来缩短必要劳动时间，增加剩余劳动时间。发达的生产力和高效的劳动生产率，能够减缩整个社会的劳动时间，为社会中的每一个个体的发展腾出大量的时间。二是节约劳动时间，增加自由时间。马克思曾经说过："真正的经济——节约——是劳动时间的节约。"⑤ "节约劳动时间就等于增加自由时间，即增加使个人得到充分发展的时间，而个人充分发展又作为更大的生产力反作用于劳动时间。"⑥ 那时，"真正的财富就是所有个人的发达的生产力"，⑦ 人的发展与社会的发展达到完全的协调一致。在网络时代，科

---

① ［美］迈克尔·沙利文等：《信息高速公路透视》，程时端等译，科学技术文献出版社 1997 年版，第 126 页。

② ［美］约翰·奈特比斯：《大趋势——改变我们生活的十个新方向》，梅艳译，中国社会科学出版社 1984 年版，第 257 页。

③ ［美］保罗·莱克森：《数字麦克卢汉：信息化新纪元指南》，何道宽译，科学技术文献出版社 2001 年版，第 106 页。

④ 《马克思恩格斯全集》第 47 卷，人民出版社 1979 年版，第 532 页。

⑤ 《马克思恩格斯全集》第 46 卷下，人民出版社 1980 年版，第 225 页。

⑥ 同上。

⑦ 同上书，第 222 页。

学技术的迅速发展，使得新技术和新工艺得以迅速推广，最终促进了生产力的发展。反映在网络交往中，交往主体只有获得丰富的自由时间，人的自由全面发展才获得了可能。正如马克思所说："这个自由王国只有建立在必然王国的基础上，才能繁荣起来。工作日的缩短是根本的条件。"①由于"直接把社会必要劳动缩短到最低限度，那时，与之相适应，由于给所有的人腾出了时间和创造了手段，个人会在艺术科学等等方面得到发展"②。

　　不难看出，网络交往中的每一个个体所表现的行为都可能产生广泛的社会影响，他的任何成就都可以被整个社会和人类所共享。当个人的智慧结晶传向全世界、自己的思想观点得到广泛的交流，并能满足社会需要时，个体的存在价值得到了重视，个人想象力和创造力得到了极大的激发和充分的发挥。网络所具备的广泛信息流通渠道，使得各种思想和观念在这里碰撞，使得人的思维在这里得到激发，从中演化出创造性的能力。也促使交往主体通过接触丰富和纷繁复杂的信息，使得自我的思维结构得到不断的改变，从而为人类朝着更新、更高的目标发展提供了新的可能。从这个意义上看，网络交往能够帮助人们在一个比之前更加广泛的社会环境中学习和积累优秀文化成果，为成为一个不断完善、高素质发展的世界历史个人创造条件。

　　诚然，网络交往在促进人的全面发展的同时，也给人类发展带来了一定的消极影响，就像马克思所说的那样，"在我们这个时代，每一种事物好像都包含有自己的反面。我们看到，机器具有减少人类劳动和使劳动更有效的神奇力量，然而却引起了饥饿和过度的疲劳。……技术的胜利，似乎是以道德的败坏为代价换来的。随着人类愈益控制自然，个人却愈益成为别人的奴隶或自身的卑劣行为的奴隶。甚至科学的纯洁光辉仿佛也只能在愚昧无知的黑暗背景上闪耀。我们的一切发现和进步，似乎结果是使物质力量成为有智慧的生命，而人的生命则化为愚钝的物质力量。现代工业和科学为一方与现代贫困和衰颓为另一方的这种对抗，我们时代的生产力与社会关系之间的这种对抗，是显而易见的、不可避免的和毋庸争辩的事

---

① 《马克思恩格斯全集》第 25 卷，人民出版社 1974 年版，第 927 页。
② 《马克思恩格斯全集》第 46 卷下，人民出版社 1980 年版，第 219 页。

实"。① 比如，网络信息泛滥使得交往主体无所适从，也制约着交往主体的发展；网络交往的虚拟性使得出现人际信任危机；网民网上网下角色的转变使得交往主体容易出现人格分裂；甚至网络交往使得人们的道德品质问题日趋严重；等等。

---

① 《马克思恩格斯选集》第 1 卷，人民出版社 1995 年版，第 775 页。

第二章　网络交往与道德修养的内在联系

随着社会的发展，互联网已经成为人们交往的重要平台，网络交往也随之成为交往的一种重要方式。网络交往是一把双刃剑，在给人们的工作与生活带来便利的同时，也带来了这样或那样的问题，尤其是网络交往异化问题，成为网络社会管理的难题。良好的道德品质是网络交往有序开展的重要保障，它能真正助推社会进步与人的发展，而通过行之有效的途径和方法进行道德修养是网络交往的必然要求。

第一节　道德修养的交往途径

道德是人需要的产物，道德的获得主要依靠个体孜孜不倦的修养，而并非一日之功，需要长期而艰苦的努力。交往是道德修养的重要途径，个体在交往过程中掌握行之有效的修养方法是道德修养取得成效的关键因素。

一　道德修养的内涵与特点

道德修养是一个非常复杂的过程，也是一个艰苦的过程。正确理解道德修养的内涵，了解道德修养过程和特点对每个修养者至关重要。

（一）道德修养内涵

道德修养是一个非常复杂的概念，从道德修养一词的构成来看，它是由"道德"和"修养"两个词构成的。"道德"一词在日常生活中出现的频率颇高，"道"与"德"两个字起初并不连用，它们是一对基本范畴。"道"的原意是人行的道路，通常是指事物运动变化必须遵循的普遍规律，也指世界万物的本源或本性。"德"与"得"相同，是指具体事物得之于"道"的特殊性质。从伦理学角度来讲,"道"是指共同遵循的普遍原则,"德"是指合乎"道"的行为与品德。所谓道德,就是指人类社会生活中所特有的,由经济关系决定,以善恶为评价标准,依靠人们的内心信念、社会舆论和传统习惯所维系的一类社会现象。① 换句话说,道德就是以善恶为评价标准,以人的内心信念、传统习惯和社会舆论维系的价值观念、心理活动、行为规范的总和。

　　所谓"修养",是指人们在政治、思想、道德品质和知识技能等方面,经过长期锻炼和培养所达到的一种能力和品质,或特指在待人处事方面逐渐养成的正确态度。在我国传统文化中,"修养"有"修犹切磋琢磨"和"养犹涵养熏陶"两方面的意思。"修"就是"切磋琢磨",即按照一定的规格和要求进行磨制、修整和提高,使之完美。《诗经》说,"有匪君子,如切如磋,如琢如磨",② 形容君子的品格犹如经过雕琢的金石美玉;"养"即"涵养熏陶",就是涵养、培育和陶冶,进行养成、培养、充实和完善。随着社会的发展,"修养"也有了新的内涵。我们现在所理解的"修养",是一个含义广泛的概念,可用来表示人们思想意识方面的陶冶,德行举止方面的整饬,也可指理论知识、工艺技能的造就等,"修养"是自我完善的必经之路。

　　国内许多学者从各个学科的角度对道德修养内涵作了比较完备的论述。从伦理学的角度来看,道德修养是伦理学理论中的一个重要内容,它是道德活动的一种形式。在伦理学者们看来,所谓道德修养,主要是指思想品质,思想意识方面的"自我锻炼"和"自我改造",其中不但包括依照无产阶级道德原则和规范而进行的反省、检查、自我批评和自我解剖,而且也包括在革命和建设的实践中所形成的情操以及应达到的境界。③ 教育学理论认为,道德修养可以用自我教育或自我修养等概念代替,自我教育和自我修养是个人在道德上的努力,是道德行为主体在其品德发展中自觉能动性的表现,个体在自我意识基础上产生进取心,为形成良好的思想品德面向自己提出任务,进行自觉地思想转换和行为控制。④ 从心理学的

① 田秀云:《社会道德与个体道德》,人民出版社 2003 年版,第 7 页。
② 程俊英:《诗经译著》,上海古籍出版社 1985 年版,第 99 页。
③ 罗国杰:《马克思主义伦理学》,人民教育出版社 1982 年版,第 520 页。
④ 南京师范大学教育系:《教育学》,人民教育出版社 1984 年版,第 290 页。

角度出发，所谓道德修养，主要是指思想意识和道德品质方面的自我锻炼、自我教育、自我陶冶及由此而达到一定的道德境界和水平。①

从上述论述中，我们可以概括出道德修养的定义，它主要是指在个人的道德意识和道德行为等方面，自觉按照一定社会或阶级的道德要求所进行的自我锻炼、自我改造、自我提高的行为活动以及经过这种努力所形成的相应的道德情操和所达到的道德境界。② 具体而言，道德修养的这一定义包含了以下几层含义。

一是道德修养是个人的道德活动形式之一，是个人自觉地将一定的社会道德要求转变为其道德品质的内在过程，是个人把社会道德内化为个人品德的自我努力、自我完善的过程，道德修养亦可称为个人品德修养。二是道德修养的意义在于，它推动了个体从"自然人"向"道德人"的转化，鼓励个体不断地完善自己的人格、超越自我，实现个人和社会的统一。"一个人要求得进步，就必须下苦功夫，郑重其事地去进行自我修养"③，社会所有成员都可以通过自身努力，修身养性，培养出良好的个人道德品质。三是道德修养的过程本质上是一种人性向善的自我规范和自我改造的过程，是一个充满曲折和反复的过程，甚至是一个需要忍受精神的、肉体的痛苦和磨难的过程。自觉地以理导欲、解决理欲矛盾是道德修养的重要内容，这就要求个体能够以道德理性驾驭自然情欲，合理调节和控制理性自我与感性自我、理想自我与现实自我之间的关系。四是道德修养是一个长期的思想磨炼过程。道德观是以世界观为理论基础的，世界观的转变是道德观转变的思想前提，对任何人来说，世界观的转变都是一个长期的和艰苦的辞旧迎新的过程。世界观转变的标志之一，是思想、感情和立场的根本转变，不可能是顿悟，更不可能是"放下屠刀、立地成佛"的突变。毛泽东同志在《在延安文艺座谈会上的讲话》中，曾以自己为例子说明过这个道理，强调思想道德的改造，必然是一个"长期的甚至是痛苦的磨炼"过程④。所以，道德修养就是要求个体时刻警惕旧思想品

---

① 白先同：《教育心理学教程》，广西师范大学出版社1992年版，第88页。
② 杨鲜兰、彭菊花：《交往与青少年道德修养》，中国社会科学出版社2013年版，第65页。
③ 《刘少奇选集》上卷，人民出版社1981年版，第109页。
④ 《毛泽东选集》第3卷，人民出版社1991年版，第851页。

德的侵袭，任何时候都不能放松对思想品德的改造。

（二）道德修养过程与特点

道德修养是一个充满曲折和反复的过程，也是一个长期和艰苦的过程，修养者并非一日之功就能达到修养目标，需要经过长期而艰苦的努力。道德修养的这个过程大致可以分为道德认识、道德认同、道德践行三个阶段。

道德认识阶段是修养主体了解和认识社会道德要求的阶段。在这个阶段中，修养主体在社会对道德宣传、道德教育、道德评价和道德赏罚等活动的开展过程中，了解到社会提供的正确道德价值信息，认识到道德的必要性、重要性和对自己行为的关联性。同时，修养主体通过和正确的道德价值信息进行比较，认识到自身的道德状况、道德水平及与道德之间的差距。这些内容为个体开展道德修养活动提供了相关的道德知识储备。道德认同是指"道德主体在原有道德图式的基础上不断同化社会道德规范于自身的道德结构，同时又不断改变自身的道德结构以顺应社会道德发展的过程"①。不难看出，道德认同的阶段实质就是修养者内化社会道德原则和规范的阶段。在这个阶段中，修养主体在道德认识的基础上，从思想上对社会道德体系中诸多规范的认可和接受，并在情感上形成相应的趋向，从而确立相应的道德修养目标和理想的道德品质。可以说，道德认同是实质性的道德修养活动的开始。道德践行也称道德实践，在这个阶段中，修养主体把自己所确立的修养目标和理想道德品质付诸自己的实践活动中，用内化的社会道德原则和规范来指导自身的实践活动，外化自己的日常行为。这个阶段作为主体修养活动的现实展开，是主体思想斗争表现得最集中、最激烈的阶段，也是道德修养能否达到目标的决定性阶段。

需要指出的是，道德修养过程的这种阶段划分并不是绝对的，在实际的道德修养过程中，道德认识、道德认同、道德践行这三个阶段常常相互渗透，相互联系在一起。道德认知和道德认同只有在道德践行中才能更具体、更深刻，道德践行的过程不仅始终以对社会道德原则和规范的认知和认同为前提，而且也是一个检查、修正和升华道德认识和认同的过程。一

---

① 何建华：《论社会转型期的道德认同》，《中共浙江省委党校学报》1996 年第 6 期。

个具体的修养过程的完成，并不代表着道德修养活动的终结，道德修养过程是个反复和漫长的过程，人的道德水平的提高是道德认识、道德认同和道德践行互动互促，循环往复的无止境的过程。总之，道德修养就是这样一个内心思想斗争与现实行动相统一的个人道德活动过程，个体只有通过长期的、坚持不懈的修养，才能达到自己追求的道德境界。

作为人类对自身道德生活的自觉省思，道德修养主要有以下几个显著的特点。

第一，道德修养的最重要的特征在于它的自觉性。道德修养贵在自觉，严于律己是提高自我道德水平的关键，没有高度的自觉性，道德修养根本就无从谈起。道德修养是一个非常复杂和艰苦的自身磨练过程，这个过程离不开自觉性。一方面，对于社会要求的道德原则和规范，能否为个体所接受并内化为个人的道德品质并在实际生活中加以实践，关键在于自觉性；另一方面，个体在社会实践中，把不断提高自身道德水平作为发自内心的主观能动力量，才能自觉地按照社会要求的道德原则和规范进行自我修养。因此，个体进行道德修养，最重要的就是提高道德修养的自觉性。

第二，道德修养具有自律性。这里的自律是相对于他律而言的。一方面，道德修养是一个过程漫长和艰苦的过程，在这个过程中，自律性强的个体便能按照社会要求的道德原则和规范严格要求自己，成为一个道德的人；反之，则成为一个令人厌恶的不道德之人。另一方面，道德的基础是人类精神的自律，道德修养不在于外在的强制，而在于内心的信念，一个确立了高尚的道德信念的人，在实际生活中随时能够择善而行，同时也能随时疾恶而不为，即使是在只有一个人的情况下也能自律，不做不道德的事。

第三，道德修养具有实践性。实践性是道德修养的一个重要特点，道德修养实质上是一个实践性的活动，离开实践，道德修养只能缘木求鱼，锻炼和提高自身道德品质将成为一句空话。具体而言，个体要想真正认识、磨练、提高和完善自己，要想真正地把握和适应社会和道德的需要，要想使自己真正地完成道德化，要想使自己达到与社会发展要求相一致的道德境界，只有通过具体的道德实践才能实现。正如马克思和恩格斯所说的那样："只有在革命中才能抛掉自己身上的一切陈旧的肮脏东西，才能成为社会的新基础。"①

最后，道德修养具有持久性。道德内容的社会性、可变性和修养的反复性决定了道德修养的持久性。一个能够坚持不懈地进行道德修养的人，才能成为一个道德品质高尚的人。同时，道德修养不是一朝一夕，也不是一蹴而就的过程，而是个体长期反复磨炼的过程。

二　道德修养的环节与方法

正确的修养方法能够获得好的道德修养效果，古今中外很多思想家都提出过自己的道德修养方法，有很多好的经验和体会值得我们认真学习、体会、借鉴和传承。

（一）道德修养的环节

道德修养是一个系统工程，要经历内省、立志和实践三个重要环节，这三个环节是一个从内化到外化的发展过程，是一个从思想到行动的过程，更是一个从"内心做功"到"躬身践行"的发展过程。

中国从古到今都非常注重道德的修养，先贤们把"修身"与"齐家、治国、平天下"放在一样重要的位置，并把"修身"视为它们的基础。儒家的思想家们十分重视内省的修养方法，并把它作为修身的根本途径。孔子的"内省不疚，夫何忧何惧"、曾子的"吾日三省吾身"等就是最好的例证。"慎独"是道德修养的理想境界，而内省则是到达这一道德境界的重要修养方法。当然，仅仅只注重内省是远远不够的，道德修养也不可能取得好的效果。因此，我们必须从两个方面认识内省：一方面，内省是道德修养的认识前提，是道德修养的愿望和冲动，更是道德修养的动力，离开了内省，道德修养是不可能实现的；另一方面，道德修养仅仅只依靠内省是远远不够的，内省是一个"内心做功"的过程，它只是实现道德修养的一种可能性，实现这种可能性还必须依赖道德实践。因此，道德修养经过内省环节后，还必须进入到躬身践行环节。

立志和实践是道德修养躬身践行的重要内容。立志是指个人设立一个道德修养目标，它是道德修养的起点和驱动力。立志对道德修养有重要的意义，明代哲学家王阳明在《传习录》中曾说过："志不立，天下无可成之事"，孔子认为"三军可夺帅也，匹夫不可夺志也"。个人立志的过程

---

① 《马克思恩格斯选集》第 1 卷，人民出版社 1995 年版，第 91 页。

仅仅是其内心愿望、目标确立的过程，要真正实现这个愿望和目标，还必须付诸到实践活动中去。道德实践是个人道德修养成败至关重要的一个环节，它对道德修养有决定性意义。一是道德实践是达到道德修养理想境界的唯一途径，唯有通过道德实践活动才能提高道德认知、磨炼道德意志、培养道德情感。离开了道德实践，任何"内省""坐忘""面壁"等都只是镜花水月，道德修养的目标永远实现不了。二是道德实践是检验道德修养正确与否的标准。这里面包含了检验立志的正确与否和检验是否知行合一两层含义。道德实践俗话说，"无志恒立志"，是指那些从来只会夸夸其谈理想抱负，从不去实践的人。没有实际行动的立志只是一种"无志"的表现，道德修养的实践性对这些"无志"之人来说显得特别有意义。第三，道德实践是推动道德修养不断提高的动力。道德修养是一个曲折和反复的过程，也是一个复杂而长期的过程，不可能一蹴而就。人们不断道德修养的过程，正是通过道德实践推动的。

　　道德修养内省、立志和实践环节告诉我们，人们只有经过内省、立志和实践等三个环节，才能达到道德修养的理想境界，才能成为一个道德品质高尚的人。

　　（二）道德修养的基本方法

　　道德修养需要借助正确而有效的方法才能实现。在现实生活中，虽然有些人有提高自己道德境界的强烈愿望，但是却陷入了误区。他们把道德修养当作心理活动，相信那些所谓"静坐""练功"等"修炼"方法，结果不但没有达到道德修养的目的，相反却坠入精神异常、行为怪异的状态。由此可见，正确科学的修养方法十分重要。正确科学的修养方法应该是建立在前人发展和总结的修养方法基础上的。纵观那些先贤圣人道德修养的实践过程，有几种修养方法是行之有效的。

　　勤学。勤学就是人们通过对道德知识的学习，提高自己的道德认识和道德判断能力，主动将道德规范内化于心、外化于行。勤学是道德修养的前提，只有首先知道了"是什么"，才能解决道德修养"怎么做"的问题。学习和掌握各种道德知识是勤学的第一个内容。事实表明，学习道德知识和做人的道理是非常必要的。一个文明和高尚的人，必定是一个道德知识丰富、文化素养高的人；而一个愚昧无知、不学无术的人，一定是一个野蛮、不讲道理的人。对于修养者而言，道德知识不仅对道德实践起着先导作用，而且对道德行为起着指导作用。学习道德典范和他人的道德经验是勤学的第二个内容。道德知识不仅在书本中，而且也在他人的行为中。因此，人们不仅要学习道德知识和做人道理，而且还应学习道德典范和他人的道德经验。正如《论语·述而》中所言，"三人行，必有我师焉"，学习道德典范和他人的道德经验就是要学习先进、效仿榜样。苏联教育家苏霍姆林斯基曾经说过"人只能用人来建树"①。榜样的力量是无穷的，先进道德典型的优良品质和榜样的示范具有极大的感召力和感染力。"一个人在努力向模范人物学习、作出高尚行为的时候，从而也对自己从情感和道德上作出了深刻的评价"②。以道德品质高尚的人作为自己的学习榜样，见贤思齐、积极仿效，循序渐进、从小事做起，从而塑造自己优良的道德品质。

勤学还应掌握正确的方法。一是要勤于学习，善于学习，取长补短，既增进知识，又促进个人品德修养；二是结合自身的道德经验学习，并积极地思考，使学习所得内化为自己的思想外化为自己的行为；三是要坚持学与思相结合相统一，打好道德修养的思想认识基础；四是虚心学习，择善从之，采纳他人的正确建议，选择好的修养方法，制定好的修养计划并加以实施。如果修养者既能了解勤学的内容，又能掌握勤学的方法，他便能走好道德修养的第一步。

省察克治。省察克治是要求人们能够发挥主动精神，用道德标准检查、反省自己内心深处的思想和行为，找出坏毛病、坏思想和坏念头，并加以克治。自觉和自省是省察克治的实质。对于一个自觉的修养者而言，他能够发现内在自我、创新外在自我，能够不断认识、解剖和纠正自己，主动地锻炼自己的道德意志，规范自己的道德行为。反之，对于一个不自觉的修养者而言，得过且过，做一天和尚撞一天钟，修养的结果注定是失败的。曾子是孔门弟子中非常重视个人道德修养的一个，他曾在《论语·学而》说，"吾日三省吾身——为人谋而不忠乎？与朋友交而不信乎？传不习乎？"这句话告诉我们，如果一个人每天能够用"忠不忠""信不信"和"习不习"来自觉检查自己，那么他在这些方面的长进也就

① 湖南教育编辑部：《苏霍姆林斯基教育思想概述》，湖南教育出版社 1983 年版，第 173 页。

② ［苏］瓦·阿·苏霍姆林斯基：《青年一代的道德理想教育》，陈炳文等译，湖南教育出版社 1984 年版，第 12 页。

毋庸置疑了。

自省是我国传统道德中的一个基本修养方法，也是道德修养的一个不可或缺的过程。孔子非常重视自省的方法，他不提倡闭门思过，而是提倡随时随处都要有自省意识。"见贤思齐焉，见不贤而内自省也"，"三人行，必有我师焉。择其善者而从之，其不善者而改之"。见到贤德之人就要向他学习，努力达到他人的高度，见到不贤之人就要反省自己是不是也有这样的情况，如果做得不好就赶紧改正。把不贤的人或者一个人身上的缺点当作反面教材，通过比照和反思进行学习，一定程度上比从正面的典型和经验中学得还要多、提高得还要快。孔子的这些思想符合唯物主义，它开拓了学习和修养的视野，有利于人们时时处处地进行学习和提高。当然，省察克治不是抽象的、也不是空洞的，而是具体的实在的，只有置身于丰富多彩的现实生活中，才能发现自己的问题，找到自己的差距，同时也只有在身体力行的实践活动中，才能省察克治，才能锤炼个人的品德，提高个人的修养。

积善成德。所谓积善成德是指在平时生活中，积累点点滴滴的善行，使之聚集在一起，进而巩固、强化、扩张、升华，逐渐汇聚成一种高尚的品德。积善成德充分阐释了量变引起质变的规律，是善行积少成多的表现。正如哲学家黑格尔所说的："一个人做了这样或那样一件合乎伦理的事，还不能说他是有德的，只有当这种行为方式成为他性格中的固定要素时，他才可以说是有德的。"① 勿以善小而不为，勿以恶小而为之，积善成德要从小善开始，只有不弃小善，才能积成大善。荀子曾在《荀子·劝学》中说过："积土成山，风雨兴焉；积水成渊，蛟龙生焉；积善成德，而神明自得，圣心备焉。故不积跬步，无以至千里，不积小流，无以成江海。"养成高尚的道德人格和道德品质，绝非一夜之间或者一朝一夕可以实现，而要经过一个长期漫长的积累善行过程。只有经过长期的积小善、众善过程，才能成为一个道德人格和道德品质高尚的人。在现实生活中，人们应该从身边的事做起，从小事做起，不在乎琐碎，经过长期不断地积累后，自己的道德行为必将形成一种道德习惯，并内化为自己的思想，进而形成高尚的道德人格和道德品质。

---

① ［德］黑格尔：《法哲学原理》，范扬、张企泰译，商务印书馆1961年版，第170页。

　　积善成德贵在坚持。道德的养成和完善是一个从点到面、由浅入深的过程，也是一个日积月累的渐进过程，这就决定了修养者在道德修养过程中要有毅力和恒心，贵在坚持。荀子曾经认为，圣人不是天生的，也不是自然形成的，圣人之所以能够成为圣人是因为他们能够做到目标专一、锲而不舍并不断积德行善。《荀子·劝学》中的"积善成德，而神明自得"就是这个道理。由此可见，道德修养并非一日之功，不可一蹴而就，但也不是高不可攀、遥不可及，而贵在积累，贵在坚持。当然，在坚持的过程中，还应正确看待道德实践中出现的错误。人非圣贤，孰能无过，犯错误不可怕，可怕的是犯了错误不反省不改正，"过则勿惮改，过而不改，是谓过矣"。

　　知行合一。知是道德认识、道德认知，行是道德行为、道德实践。道德修养的特点决定了道德修养的过程是一个知行合一的过程，道德修养要坚持理论与实践相结合，知行统一，不能闭门造车。大圣人孔子曾经说过"君子耻其言而过其行"，他认为一个道德高尚的人一定是个言行一致的人，道德高尚的人把言行不一致当成最可耻的事情。事实上，一个人只有道德知识而不重视道德实践，一定不能成为一个道德品质高尚的人。因为，道德认知并不能产生道德行为，放在内心孤芳自赏而不参与到实践中的道德认知，即便多么正确、多么高尚也没有任何实际意义。儒家的思想家们认为，虽然道德认知对于良好道德品质养成固然重要，但是只停留于思想层面而不付诸实践活动的道德认知毫无道德意义。同样，一个人只重视道德实践而缺乏道德知识作指导，也一定不能成为一个道德品质高尚的人。虽然道德行为是以正确的道德认知为前提的，但是道德认知之所以能够指导道德行为，是经过了一系列的转化过程。道德认知转化为道德行为的过程是一个从内到外、从知到行、从想到做的过程，是一个需要修养者自愿自抉和努力的过程。

　　知行合一贵在知与行的统一。道德行为是一种自觉、自知的行为，也是一种理智的行为，而理智的行为必须是以正确的道德认知为前提的。道德修养中的知与行，在道德行为实践的基础上得到了统一。孔子和孟子非常重视道德修养的知行合一，孔子倡导君子欲讷于言而敏于行，主张敏于事而慎于言；孟子认为道德实践造就了人的理想人格，当然只有把道德知识运用到道德实践，并实际地参与道德实践活动，这个结论才能够成立。因而人们在培养道德修养的时候，既不能只注重道德认知，也不能只注重道德实践；既不能道德认知多一些，也不能道德实践多一些，而应该将知和行统一起来，把正确的道德认知转化为道德实践，并在实践中升华自己的道德认知，做到知行合一。令人担忧的是，现在有不少的人知行脱节，不能做到知行合一，他们要么光唱不练，要么光说不做，这样要想锤炼道德品质是不可能的。

慎独。"慎"是小心谨慎，随时戒备；"独"是独行，独自行事。"慎独"是指在个人独处、无人监督的情况下，也能坚守道德信念，对自己的言行小心翼翼，自觉地按照一定的道德规范行动，不做不道德的事。慎独是儒家思想中的一个重要概念，也是儒家自我修身的一个重要方法。《中庸》中说："天命之谓性，率性之谓道，修道之谓教。道也者，不可须臾离也，可离非道也。是故君子戒慎乎其所不睹，恐惧乎其所不闻。莫见乎隐，莫显乎微，故君子慎其独也。"它告诉人们在无人监督的时候，要坚定自己的道德信念，所言所行都要小心谨慎，不能够因为恶小而为之。《大学》中说："所谓诚其意者，毋自欺也。如恶恶臭，如好好色，此之谓自谦。故君子必慎其独也。小人闲居为不善，无所不至。见君子而后厌然，掩其不善，而著其善。人之视己，如见其肺肝然，则何益矣。此谓诚于中，形于外。故君子必慎独也。"它是说，内心有什么样的德性，就必然会在自己的言行上表现出来，所以人们应该意念真诚，内心坦荡荡。

应用慎独的方法应做好以下三点：一是道德信念要坚定。坚定道德信念是道德修养的根本，它在将道德认知转化为道德行为的过程中，起着重要的作用。一个道德信念坚定的人能够自觉地抵御外界的名、利、情等私欲的诱惑，能够扼杀来自内心坏的、恶的、邪的诸种杂念，为道德修养铺平道路。二是重视提高道德境界。道德修养是一个动态的实践过程，需要人们不断地追求和完善。在这个动态的过程中，确立道德修养目标很重要，目标确立后，就应该严以修身、提高道德境界、激发内在动力并朝着这一目标奋斗，在实践中逐步升华自己的道德品质，达到道德的至善境界。三是在"隐"和"微"上下功夫。"勿以善小而不为，勿以恶小而为之"，细微隐蔽之处方能见真功夫，最隐蔽的东西和微小的地方更能显示一个人的品质。所以，人们在道德修养过程中，应始终坚守自己的道德信念，对自己的言行小心翼翼，特别是在别人看不到、听不见、管不着的地方自觉按照道德规范行事，不做任何不道德的事，始终做到独善其身。

守志。守志是指坚定自己的道德信念不动摇。《劝学》中说："守志如行路，有行十里者，有行百里者，有行终身者；行十里者众，行百里者寡，行终身者鲜。行十里者不知也不得，行百里者略知、微得，行终身者知，必定是'志存高远'也一定志在必得！"行路不难，每个人每天都要走不少路，但是要认定一个目标，坚定不移、信念不改、不畏任何艰难险阻地一直走下去就像长征一样。立志不难，很多人从少年就立下鸿鹄之志，但是到老能坚持下来的寥寥数人。守志和行路一样，看似简单，坚持下去却很难，要持之以恒终生以奉更是难上加难。没有豪言壮语，没有轰轰烈烈，只有坚持和忍耐，但是风雨过后终会有彩虹，坚守过后一定能到达心灵的彼岸。道德修养过程不仅会受到各种内在条件的制约，而且还会受到各种外在因素的干扰。在这种情况下，我们应该笃定守志，耐得住清贫、守得住寂寞；要知所趋赴、目标明确，以圣贤达人为榜样，投身道德修养实践中去专心致志、千锤百炼，练就过硬本领。在这种情况下，我们就更应该努力地培养和铸造自己坚强的意志力，坚守自己的志向，并朝着这个方向一步一个脚印，坚持走下去，只有这样才能克服一切困难，实现自己理想中的道德修养境界，创造自己的辉煌人生。

三　道德修养的意义

道德修养是人的道德活动形式之一，它对于人们有比较重要的意义。具体而言，道德修养在保持人们身心健康、实现人的和谐发展方面具有比较重要的意义。

（一）道德修养能够保持人们的身心健康

我国众多传统论述中都谈到了道德修养能够保持人们的身心健康。儒家创始人孔子特别强调道德修养对人身心健康的影响。他不仅从伦理学视角系统地指出了人们所应该具备的道德品质，还提出"仁者寿"的理论，从心与身的关系出发，阐述了良好的道德品质对人身心健康的影响。"大德必得其寿""知者动，仁者静，动者乐，仁者寿"，之所以仁者、德者容易长寿，是因为仁者、德者拥有着种种美德，这些美德影响着人的价值观，使得他们身心愉悦。这就是说，人们只要心底无私，对待任何一个事物和事情都能够宽容，能够海纳百川就会身心健康、寿命延长。《黄帝内经》是我国传统医学四大经典著作之一，书中认为美德在养生中占有首要的位置，而道德是人的精神食粮。《黄帝内经·灵枢》中曾指出："天之在我者德也，地之在我者气也，德流气薄而生者也。"① 这段话充分揭示了道德之于人类生命的重要性。

　　为什么道德修养能够保持人们的身心健康呢？一方面，良好的道德修养能使人时刻保持开朗和乐观的心态。道德修养与人的生命状态息息相关，正像我国一句俗语所说的，"高职不如高薪，高薪不如高寿，高寿不如高兴"，时刻保持高兴、开朗和乐观的心态比金钱和职位都重要。道德和道德修养的力量是巨大的，是无穷的，在恶劣的自然和生存条件下，道德可以使人开朗、乐观，可以提升人的精神境界，使人做到不以物喜、不为己悲。另一方面，道德品质高尚的人总能够保持身心健康。君子坦荡荡，小人长戚戚。一个拥有高尚道德品质的人，总能心胸宽广、乐观进取，具有强烈的事业心和责任感；相反，一个道德品质低下的人，时常被贪婪、猜疑、妒嫉和怨恨的心理包围，他们对现实生活总是不满，心情郁闷，容易积累成疾。这就告诉人们，做人要有坦荡豁达的胸怀、乐观向上的生活态度，始终保持一份恬静、愉悦的心情，从而达到"乐而不淫，哀而不伤""饭疏食饮水，曲肱而枕之，乐亦在其中矣，不义而富且贵，于我如浮云"，而进入积极和乐观的精神和心理状态，这正是修身、养性中最重要的一环。

　　道德修养能够保持人们的身心健康，也得到了医学界和医务工作者的研究和验证。世界卫生组织早在 1989 年就将道德健康纳入健康的范畴，该组织所认定的健康是躯体健康、心理健康、社会适应良好和道德健康等四个方面，这是有一定科学依据的。因为一个道德品质高尚的人拥有良好的心理状态，而良好的心理状态能促进人体内分泌更多有益的激素、酶类等，这些激素、酶类能把血液的流量、神经细胞的兴奋调节到最佳状态，从而增强机体的抗病能力，促进人们健康长寿。而一个道德品质低下的人精神负担一定很重，沉重的精神负担必然引起人体神经中枢、内分泌系统的功能失调，干扰各种器官组织正常生理代谢过程，削弱免疫系统防御能力，损害人的健康。巴西医学家马丁斯的研究是一个很好地佐证，马丁斯研究发现，屡犯贪污受贿罪行的人，易患癌症、脑出血、心脏病、神经过敏等病症，这些病症是减少他们的寿命的元凶。现代心理卫生理论也认

---

　　① 　罗国杰：《中国传统道德（理论卷）》，中国人民大学出版社 1995 年版，第 71 页。

为，一个人精神健康状况与其道德修养之间存在密切的联系。该理论认为一个人对自身以及各种社会关系的正确认识和把握，是个体心理健康的重要来源。事实上，一个道德品质高尚的人往往能遵循社会规范行事，从而减少生活中的矛盾、冲突和挫折，保持心理健康；相反，一个道德品质低下的人，现实生活中总不能正确认识自己和处理各种社会关系，导致个体对外部环境的适应性困难，常常被贪婪、充满嫉妒和怨恨的心理包围，容易发生心理障碍和疾病，影响心理健康。

（二）道德修养能够实现人的和谐发展

人不是抽象物，现实中从事物质生产活动的人，是一种社会性的存在。人具有自然和社会两种属性，是一个多维的存在物。因此，人的发展也是多维的。具体而言，人的和谐发展包含三个方面的内容。

一是人与自然的和谐相处。人和谐发展的前提是人与自然的和谐相处。这就要求人们能够正确地认识和改造自然，按照自然规律开展活动。人与自然的和谐相处能够加强人类对自然的认识，并将这个认识内化为人类的智力结构，增强人类的主体性和本质力量，促进人的和谐发展。不难想象，如果人与自然之间的关系不和谐甚至恶化，生态、资源、人口、粮食危机等种种社会难题将会出现，并严重威胁着人的日常生活、生存和发展。因此，人与自然的和谐相处不仅是人的和谐发展不可或缺的外部条件，而且是人的和谐发展的一个重要内容。

二是人与社会的和谐相处。人与社会的和谐相处是人和谐发展的根本，人要实现和谐发展必须从根本上正确处理好个人与个人、个人与社会之间的关系，这就是要求人们本着合目的性与合道德性的原则，正确地认识和改造社会。人们与社会的和谐相处，能够增强人对社会的认识，并将这个认识内化为人的意志结构，增强人的主体性和本质力量，促进人的和谐发展。不难想象，人与社会之间的关系不和谐甚至恶化，精神空虚、道德堕落、尔虞我诈、违法犯罪活动等社会弊病将会增多，并严重危害到人的日常生活、生存和发展。因此，人与社会的和谐相处不仅是人的和谐发展不可或缺的外部条件，而且是人的和谐发展的一个重要内容。

三是人的身心和谐发展。人和谐发展的核心和根本保证是人的身心和谐。这就要求人们正确地认识人的身心结构及其发展规律，保持良好的心态，积极地接纳自我，有效地控制自我，较好地适应环境。同时，还应按照人的发展规律来构造、改造和完善人的身心，实现个人从认知、意志到情感的升华，保证个人身与心、现实与理想等各方面的和谐。不难想象，如果一个人身心不和谐，即便他与自然、社会多么的和谐相处，即便他已经为人的和谐发展创造了良好的外部环境，他仍然会身心失调，甚至出现人格分裂。如果这样的话，那么人的和谐发展就成了一句空话。总之，人与自然、人与社会、人的身心的和谐发展构成了人的和谐发展的基本内容。

道德素质的提高，是人和谐发展问题中的应有之义。加强道德修养，提高道德素质，既是人和谐发展的内在要求，也是促进人和谐发展的有效手段。事实上，在社会生活中，人要自由和谐地发展，以最大限度地实现人生价值，就需要不断促进道德修养。道德素质是人和谐发展的重要内容。人的综合素质的提高是人和谐发展的基础。道德素质是人的综合素质之一，道德修养是提高道德素质的必由之路。因而，道德修养的最终目的是促进人的和谐发展。

道德使人的生命存在更高尚而自由，使人变得更美好，生活更幸福、快乐。正如阿拉伯格言所说："有道德的人，即使没有金钱，还是有人尊重他……没有道德的富翁，虽然家资百万，依然免不了受人轻视。"① 所以，人是不能没有道德的，而且人完全有可能通过有意识的自我完善达到较高的道德水平。做一个有道德的人，自觉践行道德规范，这是做人的基本要求。如果每一个人都能做一个有道德的人，不仅改善了人与人之间的关系，而且也完善了全社会的道德。讲究道德修养目的就是为了实现社会生活中的互相尊重和理解，从而达到人与人之间的快乐与和谐。良好的道德修养可以转化为一个人内在的性格和情操。一个人的道德修养水平就是一个人品德与魅力的展现，它是一个人对他人和社会的认知水平、尊重程度的体现，更是一个人学识、修养和内在价值的体现。被人尊重的前提是这个人能够尊重他人，只有在这种互相尊重的过程和环境中，人与人之间的和谐关系才会逐步地建立起来。

四　交往是道德修养的根本途径

个人品德的结构和形成表明，道德修养可以通过提高道德认识、陶冶

---

① 人生哲学宝库编委会：《人生哲学宝库》，中国广播电视出版社 1992 年版，第 941 页。

道德感情、锻炼道德意志、确立道德信念、实践道德行为、养成稳定的行为习惯来实现。这些内容的获得不能止于理论知识的说教和灌输，而应通过思想交流、行为实践和境界提升，使得道德修养内化于心、外化于行。正确的交往在这个过程中具有重要的作用，它是践行这些内容和道德修养的根本途径，把握住交往就把握住了道德修养的关键。

道德修养是一个动态的、连续的、积累的过程，修养者在每个阶段的成长都有赖于交往实践，以实践为本质特征的道德修养只有通过交往才能具有生命力。道德修养若不与交往实践相结合，实现个体成为有德性的人，提高生活质量将成为天方夜谭。交往不是使修养者被动地适应社会，更不是牺牲一切来融入这个真善美、假丑恶的享乐社会，而是借助教育获得道德认知，剥去各种不道德现象的繁华外衣认清道德本质，并运用教育过程所构建的道德知识，去努力追求和道德性的生活。通过交往实践，让修养者对现实社会中的不道德行为产生厌恶，并运用自己所学的道德知识，消除社会中不道德习气，净化社会空气。具体而言，在交往实践过程中，修养者按照自身所学的道德知识规范自身行为，通过交往让其慢慢认识到现实社会真实生活中道德修养的为难之处，权衡道德和不道德行为的利害关系，进而将道德规范不断地具体化和生活化。与此同时，修养者在交往实践中，能够积极吸取先进价值元素充实到自己的道德知识中，实现道德修养与社会价值相统一。

（一）交往有助于提高道德认知

道德认知是对现实道德现象、道德规范和道德主体本身的认识、直觉以及主观反应，掌握道德概念、训练道德判断能力和确立道德信念等是道德认知的主要内容。它是将社会的道德要求转化为个人道德修养的首要环节。

道德概念是对社会道德现象一般特征和本质特征的概括反应，是人们在已有的道德表现基础上，通过一定的道德情境对相关道德知识的学习而形成的。修养者在道德实践过程中应按照社会的道德规范和准则，加强对这些道德规范和准则的认识，形成其相应的道德概念。道德概念的掌握对形成和提高道德认知具有十分重要的作用。道德判断是人们根据已经掌握的道德概念、道德规范和准则对自己或他人的行为作出判断和推论。柯尔伯格认为，"在个体的道德认知过程中，最能体现道德认知水平的是道德判断，因为道德判断是道德情感、道德意志和道德行为的前提，引导、规定和驱动一个道德个体采取一定的道德行为"①。道德判断力的高低是衡量一个人道德水平的重要标志，人们通过道德判断可以加深对道德的认知，促进道德信念的形成。道德信念是人们在认识和了解道德规范、道德准则的基础上，以自身强烈的道德情感为驱动，对道德行为产生的强烈责任感。人们在内心对某种道德理想、道德准则和规范的确信，是道德活动的理性基础，也是道德品质的重要内容。人们一旦形成道德信念，便具有相对稳定性和持久性。

道德认知能力的养成和提高不能仅仅依靠道德灌输，还需要从人际交往的角度出发，在交往中提高人们的道德认知能力。交往有助于提高人们的道德认知能力主要表现在两个方面。

一是交往有利于修养者领悟道德规范和准则的内涵，掌握道德概念。传统灌输教育可以使修养者在较短时间内学习到较多的道德规范、道德准则等相关道德知识，从而达到教育者的目的和意图。但是，灌输教育的最大缺点就是忽视了人们在道德知识学习过程中的主体能动性和创造性。人们通过双方交往活动在实践过程中学习，可以弥补传统灌输教育的这种不足。比如，教育者在讲解道德知识的时候，受教育者可以就自己不懂的问题提出自己的观点和看法，并与教育者讨论、辩论和商榷；教育者在发现受教育者的行为不当的时候，告诉他们应该怎样做而不要怎样做，等等。修养者通过这种学习才能更加深刻地领悟道德规范和准则的内涵，掌握道德概念，并从内心深处认同它们。

二是人际交往有助于提高道德判断能力。人们对道德知识的学习，不仅仅是要了解这些道德知识和概念，更重要的是要能够运用这些知识去分析和判断，并在实际生活中解决困难和问题。也就是说，学习道德知识的目的在于提高道德判断、道德推理和道德评价能力。交往在道德判断、道德推理和道德评价能力的形成与发展中起着十分重要的作用。人在一个封闭的自我环境中，是不能形成道德判断、道德推理和道德评价能力的，只有在开放的环境，在与他人的互动和交往中才能形成和养成。在与他人交往的过程中，修养者会比较与他人的观点、优势和差距，思考和判断存在的社会道德现象，并与他人进行交流。正是经过了这些过程，修养者才能

---

① ［美］L. 柯尔伯格：《道德发展心理学》，郭本禹译，华东师范大学出版社2004年版，第1—2页。

形成和发展自己独立的道德评判、推理和评价能力。

（二）交往有助于培养道德情感

道德情感是指人们依据一定的道德标准，对现实生活中的道德关系和道德言行等所持有的一种主观态度。道德认知是道德情感的基础，人们的道德认知推动了道德情感的产生和发展，因此，道德情感又是对社会存在和道德认知的一种主观态度。道德情感也是一种内心体验和情感体验，是人们根据社会的道德规范进行道德活动时，所产生的好或恶、爱或憎等稳定而持久的内心体验。不难看出，道德情感有着十分丰富的内涵。一是道德认知是人们道德情感得以产生的基础，是基于人们道德观念、道德经验和道德标准之上，对道德行为活动进行评价进而产生的一种心理体验；二是道德情感表现了人们在道德关系、道德活动和道德行为等方面的情绪和态度；三是道德情感是人们心理体验的情绪反应。因此，道德情感存在着直觉的道德情感、想象的道德情感和理性的道德情感等三种形式。

道德情感是连接道德认知和道德行为的桥梁，道德认知与道德情感的结合产生了道德动机，道德动机又促进了道德行为，道德情感要在社会实践和社会交往中逐渐形成，因此，修养者通过与他人交往，在提高自己道德认知的同时，也有助于自己道德情感的培养。

第一，交往过程中的情感交流，激发了个体对道德情感的体验。道德认知转化为道德信念的必要条件是道德情感，产生道德意志和行为的内在动力也是道德情感，因此，增强道德情感是道德修养的重要内容。交往是交往双方双向交流的一个过程，交往客体情感性质和特点深深地影响着交往主体的情感状况。在现实交往中，人的情感具有强烈的感染力，人们最容易被个人的真挚感情所打动，也最容易接受他人的思想。交往客体在交往中对交往主体显现出来的真挚情感能够激发他们对他人和社会的亲切感和信任感，从而使得交往主体乐于接受交往客体的感染和促动。在交往过程中，交往客体所流露出来的道德情感，可以激起交往主体相应的道德情感体验，能够对他们的道德修养过程产生深远而有意义的影响。

第二，在交往过程中有关美感的交流，拓展和丰富了道德情感的内容。全方位交往和交流，不仅包括学习交流、工作交流，还包括生活交流。生活交流是一种美感交流，自然美感、社会美感、生活美感和艺术美感在生活交流的过程中自然而然流露出来。自然的美感与道德感情融为一体，可以激发人们对家乡的热爱，对祖国的热爱。现实生活中的美感可以使人们更加热爱生活、热爱自己、热爱他人，有利于塑造美好心灵，抑制丑恶行为。美感交流在给交往双方带来视听享受的同时，还可以激发人们向往未来，充实精神生活，净化心灵，陶冶道德情操，丰富道德情感内容，从而提高道德情感。因此，人们在交往过程中应该广泛阅读优秀文学作品，不断充实、丰富自己的学识和文化素养；应该树立正确的审美观，提高自身的审美能力，加强审美修养，不断提高自己的美感。

（三）交往有助于规范道德行为

从伦理学的角度来看，道德行为是道德主体在一定道德意识支配下，表现出来有利或不利于社会和他人的行为。道德行为一般包括道德的行为和不道德的行为两类，道德的行为是人们表现出来有利于社会和他人的行为，即善行，比如，善良、正直、诚实、守信等。不道德的行为是人们表现出来不利于或有害于社会和他人的行为，即恶行，比如，自私、冷漠、放纵、贪婪等。

道德行为是人们道德认识和道德品质的外在表现，主要有两个方面的特征。一是道德行为一定是出于对社会和他人利益的自觉认识。人们生活在现实社会之中，他人和整个社会的生存和发展是个人生存和发展的基础。在生存和发展过程中，人与人、人与社会之间的利益和义务总是掺杂其中。因此，只有充分认识到这种利益和义务关系，自觉地将其变成个人的愿望和意志，并付诸于行动，才能构成道德行为。当然，这种自觉的态度可能是正确的，也可能是不正确的，但是不论正确与否，都是构成道德行为的前提。二是道德行为必须是人们自由选择的结果。道德行为是人的自觉行为，表现着人特有的意志，是带有目的性的选择。因此，只要是在自己意志基础上，经过自觉选择做出的行为，都具有道德意义，负有道德上的责任。

在现实生活中，评价一个人道德水平的高低，不仅仅看他道德认知水平、道德情感，更重要的是看他有没有履行道德行动，以及履行了什么样的道德行动。交往作为人最主要的一种活动方式，为规范道德行动提供了一个很好的平台。

第一，交往能促使修养者形成道德的行为。古希腊有句名言："用道德的示范来造就一个人，显然比用法律来约束他更有价值。"榜样的力量是无穷的，树立道德榜样是道德修养的好方法。人们通过交往可以发现很多有道德的人，并把他们当成自身修养的榜样，从这个角度来说，交往无形地在道德修养过程中产生着重大影响。"近朱者赤，近墨者黑。"一个自尊自爱、勤劳节俭的交往对象，一个品德善良、诚实守信的交往同伴，无疑能够对修养者产生积极的影响，能够使得修养者模仿和仿效其一言一行，也能够在相互交往的过程中引导修养者自觉生成相同的品质、态度和行为。同时，通过与这些道德榜样开展直接的语言交流，听他们讲述修养经验，能够激励修养者反省自己，思考人生，重新审视自己的一言一行；能够拷问自己的灵魂，找到差距，使之受到洗礼；能够找准目标和前进的动力，使得他们在面对复杂情况的时候，能够自觉养成道德的行为。

第二，交往能及时矫正修养者不道德的行为。修养者由于受到自身的限制以及外界不良因素的影响，很容易养成一些不道德的行为，很容易在不自觉中表现出不利于或有害于社会和他人的行为。如果一个人不与他人交往，不与他人交流，将看不到自己身上存在的道德问题，也不知道自己不道德的行为给社会和他人所带来的不好影响，更加不能及时地矫正自己不道德的行为。反而会让修养者觉得自己的行为没有什么不对，会加剧不道德行为的危害。如果修养者经常与他人交往和交流，可以使其发现自己身上存在的道德问题，也会意识到自己不道德行为给社会和他人所带来的不好影响。同时，交往对象也可以及时指出修养者的不道德行为，使其道德行为趋于规范。

第二节　网络交往异化与道德诉求

网络交往虽然表面上看起来充满活力、风光无限，但是，事实并不是那么美好。网络空间并不能脱离现实社会而存在，现实社会所具有的一切，不论是阴暗和丑恶的现象，还是人与人之间一切矛盾和冲突，网络空间几乎全部囊括进来了，甚至还变本加厉地出现，如此这些问题都不可避免地给身处其中的人们带来伤害，异化了他们的网络交往，也增加了人们对网络交往道德的渴望。

一　网络交往异化的内涵及表现

异化源自拉丁文 alienatio，有转让、疏远、脱离和受别人支配等意思。异化是黑格尔哲学中的一个十分重要的概念，黑格尔异化理论充满了唯心主义色彩，他认为异化是联系主体与客体之间关系的纽带，他主要用异化来说明主体与客体的分裂和对立。费尔巴哈从人本唯物主义立场出发，批判了黑格尔的唯心主义异化观，他认为感性存在的人是异化的主体，宗教中的上帝和黑格尔的绝对精神都是人本质异化的产物。马克思批判地继承了黑格尔和费尔巴哈的异化理论，他认为，异化是人的生产及其产品反过来统治人的一种社会现象。马克思谈的异化重点是劳动的异化，因此，他把私有制和社会分工固定化看作异化的根源。不难看出，异化的实质就是主体所创造的客体成为了主体的对立面，变为一种外在的异己力量，反过来支配和统治着主体。

网络交往异化是异化理论在互联网人际交往中的拓展，是作为人对象化客体的网络对人主观意志的背离。法兰克福学派代表人物赫伯特·马尔库塞认为，技术的发明和全面使用，造成了人们对技术过度的崇拜，造成科技异化，网络信息技术越进步就越能主宰和支配人及其社会生活，同时也越会促进人们频繁的网络交往，异化也就更加突出了。因此，我们可以将网络交往异化定义为：由于互联网技术和网络信息技术的发展，数字化信息和虚拟化信息的产生，加上网络社会先天特性诱惑和互联网内外各种因素干扰，使得人们在依靠网络语言为媒介进行交往时，高度依赖虚拟互联网，过度沉迷网络交往，导致网络交往成为交往主体的对立面，变成一个外在的异己力量，反过来又支配和统治着网络交往主体，从而使得人的自我控制能力丧失，反而被网络交往支配和控制。在现实生活中，网络交往异化具体表现在网瘾、恶搞文化和信息综合症等三个方面。

(一)　网瘾

网瘾，又称为"网络沉溺"或"网络综合症"，是一种整天沉迷于网络空间、沉溺于网络技术而不能自控、无法自拔、病态地使用电脑或网络的综合征。① 网瘾蔓延迅速，已经严重危害了身心健康，而且很难根除。网瘾主要体现在中青年群体。中国青少年网络协会发布的《中国青少年网瘾报告（2009)》数据显示，我国网瘾青少年人数大约为 3329.9 万人，网瘾已经严重影响了他们的正常生活、学习和工作。网瘾的表现和类型很多，总体看来大致有以下几种类型。

第一，网络游戏成瘾。这是最普通、最常见的网瘾。随着互联网技术不断发展，各种五花八门的网络游戏层出不穷，大型网络游戏英雄联盟、

---

① 孙伟平：《论信息时代人的新异化》，《哲学研究》2010 年第 7 期。

魔兽世界、传奇等是其中的佼佼者。网络游戏以其 3D 在线角色扮演、优美画面、震撼场景等特点吸引着众多网民痴迷其中，也推动了社会经济的发展，据媒体报道，目前我国网络游戏产值已经突破 5000 亿元人民币。然而，由于网络游戏的真实虚拟性和诱人刺激性，特别是智能化手机的普及，使得部分网民沉迷其中甚至成瘾。根据《中国青少年网瘾报告（2009）》数据显示，网瘾青少年中的 47.9% 的人属于"网络游戏成瘾"，是网络游戏成瘾群体中的主力军。这些网络游戏成瘾者在面对压力和挫折的时候，不是选择正确面对，而往往是消极地、逃避性地回归电子游戏，通过游戏胜利换取内心和精神上的暂时满足。

第二，网络交往成瘾。人之所以为人是因为社会属性，交往是人的内在需要。自从网络交往出现以后，网上交友、泡论坛、热衷社交网站等成为网络交往主体最喜欢和热衷的事情。他们在网络世界里摆脱了一切内在和外在的束缚及责任，在这里可以找寻一种平等的交往，使得网络交往主体乐不思蜀地与这些虚拟"符号"打交道。网络交往不再是一种源自于人内在需要的交往，而变成了为交往而交往的病态交往模式，甚至转变为回避现实交往，沉溺于虚拟交往而无法自拔。根据《中国青少年网瘾报告（2009）》数据显示，13.2% 的网瘾青少年沉迷于网络聊天或交友，这是网络交往成瘾的典型表现。

第三，网络色情成瘾。它是指人们不能很好地控制自我而长时间沉迷于网络色情活动中。需要和欲望支配着一个人的行动和行为，网络世界充满有益知识和信息的同时也充斥着各种各样的垃圾信息，色情信息和资源就是其中的重要内容。在网络世界里情色信息和服务种类繁多，可谓应有尽有甚至已经达到泛滥的程度，这给人们接触色情带来了绝好的机会。人们通过网络可以轻易地搜索、浏览和下载到各类色情信息和资源，甚至轻易地参与到裸聊、虚拟性爱等互动活动中。据媒体报道，那些自律性不强的人，一旦置身其中便会沉迷其中难以自拔，进而影响正常生活，甚至走上犯罪的道路。

第四，网络购物上瘾。随着电子商务日益发达，网络购物以其方便、快捷、丰富等特点日益被网络交往主体接受和追捧，于是滋生了一个新的问题——网络购物上瘾。这种与人生活需要相关的购物上瘾，内在根源在于人类无止境的贪欲和占有欲。由于二十四小时网上商场、专卖店、大卖场以及网民之间物物交换等便利，购物变得更加方便快捷轻松了，无论何时何地，只要通过网络购物平台，就可以随意浏览无穷无尽的商品信息，查看琳琅满目的各种各样商品。在新鲜刺激的广告、令人心动的促销面前，一些网络交往主体抵挡不住原始的占有欲，轻轻松松点击一下鼠标，就能完成一次又一次地购买行为；而且网上购物都能提供送货上门服务，还省去了拎着大包小包劳碌奔波的辛苦。只是如此轻松购买的商品，往往是一大堆或许有用，或许根本用不着的"好东西"。许多网络交往主体经常花费大量时间光顾购物网站，不停浏览商品信息，沉浸在商品价格变动的情绪体验中。

网瘾背后一方面反映的是大众追求享乐主义。网络社会的开放、自由和跨地域导致对自我要求放松，助长了交往主体追求享乐主义之风的蔓延。在互联网这个虚拟社会中，网络交往主体以自我的需要和感受为价值尺度，以尽情地追求物质、精神上的享受和肉体上的快乐为目标。为了追求享乐，交往主体们想尽一切办法、用尽一切手段刺激自己的感官，甚至不惜把自己的快乐建立在别人的痛苦之上。

另一方面反映的是大众自律意识弱化。在极具隐蔽的网络世界里，交往主体的一言一行主要依靠自身的内心信念加以维系。然而，网络社会解除了现实身份的束缚，使得交往主体摆脱现实社会的诸多伦理和道德约束，得以"隐形人"的身份在网络中自由行走。同时，在缺乏外力监督的情况下，面对网络社会的各种诱惑，交往主体的自律意识减弱，在网络世界里沉迷游戏、交友、色情等，放纵自身行为，忘却社会责任，不再规范和约束自身言行而随心所欲。

（二）恶搞文化

恶搞文化本质上是一种胡闹娱乐文化，通过解构主题而形成一定的喜剧或讽刺效果。恶搞文化常见形式是将一些既成话题、节目等改编后再次在网络中发布，属于二次创作的一种手法。"恶搞"一词来自日语的 Ku-so，是一种经典的网上次文化，它由日本传入台湾，再由网络传到中国香港，最后风靡中国内地。恶搞文化的制造者们在已有作品的基础上，运用各种图像处理技术，充分发挥想象将这些作品改编成搞怪的、搞笑的小影视产品，并上传至互联网中，达到网络恶搞的目的。中国的网络恶搞文化开始于改编自陈凯歌著名电影《无极》的"一个馒头引发的血案"。自此以后，中国互联网出现了一波恶搞热潮，从影片到图片、从视频到歌曲、从英雄到娱乐名人，均无一幸免。随着网络交往的发展，恶搞正在成为一种流行性娱乐。这种畸形的情感表达方式，却成为文化发展的"时尚"，在中国受到了追捧。

网络恶搞文化还有一种表现形式就是语言表达"无厘头"。网络语言暴力化、粗俗化、戏谑化是语言表达"无厘头"的主要表现。在网络社会，交往主体以制造偏离逻辑、语法和修辞规范的"奇言怪语"为时髦，以发表粗制滥造、肆意恶搞的"胡言乱语"为潇洒，以传播黑色、黄色、灰色信息为乐趣。"无厘头"的语言表达正在改变和颠覆着传统社会阅读、写作、思考、生活的固有模式。泛滥成灾的不规范、不文明的网络语言使得网络言行变得越来越无目的和意义，以至于人们失去了正常的语言表达和书写能力，思想和规范也失去了语言这个基本的物质外壳，负面影响不容小觑。

网络恶搞文化的最高表现形式就是肆意解构、诋毁英雄人物。近年来，网民们在网络中解构、诋毁英雄人物的现象比比皆是，他们纷纷以歪曲和诋毁我国的英雄人物为荣，"前赴后继"，这些人有草根，更有像北京大学某知名教授之流。比如，有人在互联网上发帖质疑雷锋，质疑雷锋的日记是伪造的，图片是摆拍的，事迹是策划的，而达到妖魔化、丑化英雄人物雷锋的目的；我们"生的伟大、死的光荣"的英雄人物刘胡兰也难逃被解构和恶搞；就连抗美援朝英雄邱少云也被少数人质疑，认为邱少云违背生理学，人不可能在烈火中控制自己不动，忍受剧烈疼痛也不翻滚。这些年，被网民们在网络中任意解构、恶搞的还有救火小英雄赖宁、托起炸药包的董存瑞、堵枪眼的黄继光、抗日小英雄王二小等。对这些英雄肆意调侃、抹黑、诋毁与质疑，实质上是以此来颠覆英雄、消解崇高、解构历史，甚至是欲去其史。这样恶搞的后果是可怕的，也是严重的，不能不引起全社会的重视。

恶搞文化的背后一方面反映的是大众价值取向"非主流"。网民以不同身份在网络中随心所欲体验不同的生存状态，任意扮演和转换角色，自主决定游戏人生，而不受传统价值观束缚，为价值取向"非主流"提供了繁衍的土壤。他们受到西方价值观和自由思潮的网络影响和渗透，把"非主流"当作时尚和耍酷，当作追求新奇刺激、找寻心灵慰藉的工具和逃避现实、推卸责任的借口，把堕落以自诩的艺术形式表现出来并以此引以自豪，而把社会主义核心价值观束之高阁，对当前意识形态冲击极大。

另一方面反映的是大众审美情趣"娱乐化"。网络在给文化带来繁荣的同时，也对经典的审美意境和深度意义进行肆意解构，它将价值理性、人文关怀和社会责任拒之门外，将快餐化、平面化、拷贝化和恶搞化引进门来。这种审美情趣"娱乐化"导致网民只追求自我个性、休闲轻松、新潮时尚和欲望，而不遵循价值感和历史感，它前所未有地冲击着主流价值观和经典文化，导致他们审美情趣功利化、世俗化和享乐化，使得经典成为笑谈、高尚渐行渐远、修养变得肤浅。

（三）信息综合征

信息综合征是高度信息化时代的产物，是一种身心障碍性疾病。它的症状主要表现为失眠、焦虑、烦躁、健忘等，严重的还伴有恶心、呕吐等症状。网络世界的大量信息，尤其是垃圾信息海量地出现，将人们淹没在信息的海洋中，使得他们成为信息爆炸的奴隶，继而出现信息综合征。下列三个方面是引发信息综合征的最主要的原因。

一是信息泛滥。当今社会是个信息爆炸的社会，面对网络世界中扑面而来的海量信息，人们已经没有时间和精力去认真思考这些信息和知识是否是他们真正需要的。甚至，人们的思维模式还没有调整到可以接受过量信息的阶段，便丧失了反思和判断能力，成为信息爆炸的奴隶，被信息的大海所淹没，被信息洪流所异化。他们长期大量被动吸收信息，一旦接受的信息超过其自身所能接受的极限，再加上没有合理地安排好作息时间，适当地给自己放松，经常加班、熬夜，人为地引起自我紧张和压迫感，极易诱发信息综合征。

二是信息崇拜。人们对网络和信息的认知水平、认知能力是信息崇拜的主要原因。面对网络世界中扑面而来的海量信息，认知能力强的人能够思考和判断什么是有用的信息、什么是垃圾信息，进而做出适当的选择，精华部分吸收过来为我所用，糟粕部分坚决舍弃。认知能力弱的人来不及甚至没有能力去思考和正确地判断，什么是有用的信息、什么是垃圾信息，而全盘接受并为我所用，进而拜倒在信息的"石榴裙"下。当然，海量的网络信息一定程度上会减弱人们的主体性和自主性，削弱他们的自制力，进而诱发信息综合征。

三是信息恐慌。网络世界中大量的、五花八门的信息充斥在社会的各个角落，在信息洪流中人们担心不能及时、有效地掌握信息而导致竞争劣势，以致其通过网络不停地搜索专题信息，收集各种有用的或无用的、迫切需要的或可有可无的资料。大量地查找、收集、整理信息，但越是如此，越是觉得信息闭塞，由此产生一种心灵的失落感，陷入了对信息的恐慌中。同时，面对铺天盖地，又瞬息万变的海量信息，人们花大量时间来搜集资料，以至于忘记思考，影响了正确的价值取向。因此，面对网络信息他们会心事重重，进而出现惶恐不安、失眠健忘、食欲不振、心悸气短，甚至会消极地躲避学习等信息恐慌的现象。

信息综合征的背后一方面反映的是大众本领恐慌。高速发展的互联网已彻底改变了当今世界，改变了传统的政治、经济、文化以及生活方式。然而，面对纷繁复杂的互联网环境和网络交往，不少人可能面临着一个不适应的问题。他们不会运用网络这个新手段和新方法，面对网络世界迎面而来的大量信息，面临着老办法不管用、新办法不会用、硬办法不敢用、软办法不顶用的情况，不能将这些信息和知识为我所用，不能成为网络交往的行家里手。网络引发的这种大众本领恐慌，通过传统媒介甚至通过网络本身被不断放大，从而加剧了网络引起的社会恐慌。

另一方面反映的是大众不自信。网络世界是一个没有硝烟的战场，面对这个纷繁复杂的网络世界，我们只有拥有一双"火眼金睛"，才能够辨别哪些信息是善意的，哪些信息是恶意的；才能辨别出哪些信息对我们有利，哪些信息对我们有害；这双"火眼金睛"就是自信。然而，令人遗憾的是我们的网民，特别是年轻网民，不仅对自己缺乏自信，对我们的民族和国家也缺乏自信，对我们的道路不自信、理论不自信、制度也不自信，对我们的政治不自信、经济不自信、文化也不自信。正是这些不自信，才使得面对网络信息的时候，出现崇拜或者恐慌的心理。

二　网络交往异化的实质

从网络交往异化的内涵和具体表现不难看出，网络交往异化实际上是人的异化，而网络交往异化的实质是网络交往主体自我异化和网络交往主体社会关系的异化。

（一）网络交往主体自我异化

网络交往主体自我异化是指网络交往主体自我沉浸在网络空间中，痴迷于网络社会的虚拟生活，而导致自我控制能力的减退或丧失。网络空间的虚拟性和自由性使得部分人对网络产生了依赖，甚至上网成瘾。常见的情况是轻度依赖，即习惯了上网的人一旦无法上网就会有一种失落感，而另一部分人的依赖程度较深，进一步表现为沉迷甚至沉溺。沉迷会导致轻度的"强迫性沉迷异常"症状，可能导致一系列网络自我异化现象，还可能使人丧失某种程度的自主性。事实上，网络空间中的许多活动仅仅是一些重复性乃至缺乏真正创造性的活动；然而人们依然陷入其中难以自拔。原因在于网络空间给人以易于控制环境和表达自我的感觉，以及网络空间中有一种类似于博彩的强迫机制。这两种因素使得缺乏决心的网络沉溺者很难摆脱上瘾状况，而失去了自主性，削弱了人的责任感，部分或全部丧失了分辨真实与虚拟的能力，甚至出现暂时的精神分裂，严重者甚至沉溺于网络世界无法自拔而导致轻生。

具体而言，网络交往主体自我异化存在下列几种情况：一是人格异化。理性是人们把握客观世界、控制现实存在的重要工具。由于网络是一个自由、开放而又缺少监控的世界，它在使网络交往主体的个性得到极大的张扬，人格得以健全发展的同时，也使人的劣根性暴露无遗，甚至个体的理性丧失。传统伦理道德规范很难约束他们的网络行为，从而导致人格异化。同时，网络交往角色的虚拟性和交流的间接性，也可能使网络交往主体消除承担任何责任的心理负担，表现得异常直接和毫无顾忌。而一旦网上经常性的表现逐渐固定下来，并与现实具有很大差异时，就会造成网络交往主体的双重人格或多重人格现象，出现心理危机，从而造成人格的分裂，导致人格障碍。实际上，"一个被异化的人与自己失去了联系，正如他与任何其他人失去联系一样……他虽然有各种感觉和认识，但是同时却与外部世界失去了有机的联系"①。

二是角色异化。角色异化指的是社会角色的错位、失调、退化、变异。角色错位是指从事不相干甚至有害自身角色的活动；角色失调是指在异常心理的驱使下，不按规律办事，导致行为失调；角色退化指角色功能的减弱或降低；而角色变异则是指人的社会角色发生了质变。交往主体在网络交往中获得的虚拟角色具有一定的匿名性和虚拟性，同时还有极大的随意性，这些特点使得人们可以随心所欲地尝试任何角色，以获得现实交往无法获得的满足感。正是因为这样，在面对虚拟与现实角色的转换与调适过程中，如果网络交往主体转换与不当调适便会引发角色冲突和错位，导致个人角色认同混乱，甚至会出现心理危机、人格分裂和多重人格障碍

---

① ［美］埃里希·弗洛姆：《健全的社会》，孙恺祥等译，国际文化出版公司2007年版，第106页。

等角色异化现象。

三是能力异化。能力异化主要表现为思考能力退化和选择能力、解决问题能力弱化。互联网被喻为世界上最大的图书馆，网上信息门类齐全、无所不有，方便快捷。网络交往主体在遇到难题和困难的时候可以通过网络交往寻找答案，使得解决问题能力得到了增长，能力发展得到了促进。同时，人性的惰性也得到了助长，惰性的凸显削减了人的思考力，最终导致人类思考能力的退化。虽然现实生活中人们在面临多种可能性时也会犹豫不决、难以选择，但是这只是有限地选择和放弃。在网络交往过程中，一方面，网络交往主体在面对扑面而来的海量信息的时候，常常犹豫不决甚至无法选择，弱化了他们的选择能力。另一方面，网络为那些遭遇人生坎坷和磨难的人提供宣泄和释怀的精神家园的同时，也使得他们产生了从现实转向虚拟逃避的倾向，从而降低了他们解决现实问题的能力。

网络交往异化可以看成是技术异化的一种，因此，网络交往主体自我异化实质上是由人类自身对技术不正当使用而造成的。我们知道，人创造了技术并把技术应用到各个领域，而不是技术自己创造和应用自己，由此看来技术异化最终还是取决于人本身。从人类历史长河来看，人类为了不断满足自身的物质需求，为了生存和发展发明一项又一项新技术，并把它作为人的全面发展和人类进步的有力工具和手段。互联网技术和信息技术也不例外，自人类发明互联网技术和信息技术以来，它们大大地促进了社会和人类的发展与进步，也阻碍了社会和人类的全面发展和进步。在现实交往中，即使人们在法律和道德的约束下，在舆论的监督中，仍然有人为了追逐利益和权力而不正当使用技术。更何况在虚拟性、隐匿性较强的网络交往中，置身其中的人们在面对道德虚无主义和伦理规范多元化的时候，难以实施道德评价和道德监督，这就使得不正当使用技术的现象更加普遍。在互联网这个虚拟社会中，急功近利等人性的弱点得到了膨胀和放大。因此，在利益和欲望驱使下，误用和滥用互联网及信息技术大量出现，负面效应日益凸显。

互联网原本是人类探索未来、创造美好生活的工具，但网络异化却消解了人作为主体之生存与发展的信心和意义，它将人性的弱点在网络交往中暴露无遗，消除了原本属于人丰富多彩的特性，使得网络成为人的对立面。正如海德格尔在演讲稿《世界图像的时代》中所说，现代的基本进程乃是对作为图像世界的征服过程。这一进程的一个标志是，庞大之物到处并且以最不相同的形态和乔装显现出来。当然，人类对虚拟技术和信息技术存在的认识局限性，也是网络交往主体之所以误用和滥用互联网及信息技术的原因之一。

（二）网络交往主体社会关系异化

在现实生活中，各种各样的社会关系把人与人联系在一起，构成了社会生活的方方面面。在网络社会，人与人之间形成了一定的社会关系，随着互联网技术和信息技术的发展和进步，人与人之间的交往也更加畅通。然而，由于网络交往的匿名性、虚拟性、不确定性等特点，导致了人们在交往中存在虚假和欺骗的现象，影响了人们正常的交往和沟通，异化了网络交往主体的社会关系。

具体而言，网络交往主体社会关系异化存在下面几种情况。一是人际交往异化。人是社会的产物，每个人只有通过各种各样社会关系的累积才能够成长。现实生活中相对复杂的人际关系和蕴含的激烈竞争，让许多网络交往主体措手不及、无法适应和接受。因此，当他们遇到挫折和失意的时候，不能积极调整心态，甚至选择逃避和放弃，脱离集体生活，消极回避现实的不如意，在网络交往中寻求安慰。然而，网络世界里存在的社会关系都是通过一些网络符号和网络数据加以虚拟、臆造出来的，这种虚拟的人与人之间的关系，使得网络交往主体沉溺其中，缺少了现实中人与人之间的互动与沟通，脱离了现实社会的轨道，当他们回到现实世界中进行交往的时候就会很难适应现实社会中的这种交往节奏，最后又被迫回到虚拟世界中去了，这样循环的结果，最终会导致网络交往主体在现实生活中人际关系的淡化甚至恶化，一味地投身于虚拟的世界之中，导致了人际关系的异化。此外，这种网络交往产生的虚拟情境疏远了人与人之间的距离，没有了交往的真实存在感，在这种缺乏真实感和确定性的环境下，网络交往主体会越来越远离身边的朋友，甚至是亲人，长此以往，他们也会对朋友和家人丧失信任感、亲近感，人与人之间的间隙越来越大最后出现自我封闭，与世隔绝，严重影响其在现实生活中的生存能力与适应能力，更有甚者将会严重影响个人的社会化进程和社会功能的发展。

二是信任感异化。网络社会的去中心化和超地域性，网络交往的数字化和虚拟性，使得网络成了管理监督的"真空地带"，使得网络交往主体的行为失去了约束。网络交往中的每个人不再是活生生的个体，而化身成为虚拟的、抽象的数字或符号。在这种状况下，很难让人相信网络世界的信息是真实的，造成整个网络大环境的信任危机，就使得网络交往主体在虚拟世界"见人说人话，见鬼说鬼话"的情况普遍存在。网络交往关系的随意性使得人们不好好珍惜交往机会，获得或丧失对于他们而言已经无关紧要，弱化了彼此之间的信任感。同时，网络交往的自发性、自主性使青少年很容易在网络中流露真实情感，构建起虚拟的人际关系。但是这种感情的流露更多的是一时激情冲动，人与人之间的相处不是靠一时火花碰撞闪耀，而是一种互相了解信任所产生感情的细水长流。与真正的感情比较起来，网络交往中的感情脆弱而又虚假，到了现实生活中往往不堪一击，这也是将网恋称为"见光死"的原因。网络诈骗不时发生，使人们常常将网络与虚假、欺骗、谎言、不安全等表达负面情绪的字眼联系在一起，这种心理恐慌使得人人自危、杯弓蛇影的情绪在虚拟世界蔓延，进一步激化信任危机。虚拟世界的信任危机，容易被自制力不强、意志力不强的青少年带入现实生活，增加其在现实生活人际交往的困难，最终造成是非观念不明、信任指数下降的结果，甚至产生报复社会的想法。

三是道德缺失。任何交往中都存在伦理道德问题，网络交往也不例外。网络世界是一个"陌生人社会"，网络交往主体在这里摆脱了现实世界和熟人社会人际关系的种种束缚和制约，远离了各种社会监控和道德、法律规范，这就使得部分人错误地以为网络世界没有约束和限制，是个绝对自由的空间，导致他们在网络交往中为所欲为，随心所欲，行为也变得不再那么道德。在网络营造的虚拟世界里，大家被性别、角色、身份这种可以混淆的东西吸引，而这种吸引恰好是现实生活中所没有的，因此网络世界开始散发它的负能量，网络也成了人们施行恶行的夜行衣，将一切污秽和罪恶掩藏在虚假的身份信息之后。面对冰冷的屏幕和键盘，人们往往会释放内心中最阴暗、丑恶的想法，以发泄现实生活中遇到的挫折和不满。这种倾向是隐蔽的、小范围的、在短时间内不会危害社会，却又是致命的罪恶萌芽。

网络是一个信息的宝库，也是一个信息的垃圾场。由于网络的开放性和缺乏有效的监管，网络中的信息良莠不齐，网上色情、暴力等负面信息大行其道。对于那些自我调控能力不足、不能抵御不良信息的人来说，长期徜徉在这样鱼目混杂的网络信息中，很容易在不知不觉中受到负面影响，受到腐蚀。网络世界的价值取向具有多元性和去中心化，不同的政治文化、道德观念、价值取向和生活方式会严重冲击着人们的头脑，网络中多元文化、价值观念使得网络交往主体的价值选择趋向盲点，出现道德意识淡漠、道德选择失衡，发生一些不道德的行为。

网络交往主体社会关系异化的实质是价值关系的异化。物质利益恶性膨胀，使得网络交往主体精神追求得到了弱化，他们为了追求物质利益而使得网络交往变成了名利场，变成了赤裸裸的物欲和情欲关系；交往主体在网络社会中所追求的精神生活，一定程度上掺杂了物欲和情欲，从而把网络交往的精神范畴变成了物质追求的附属品，异化了良好的精神交往性质，使得网络交往成为一种异化的交往。总之，网络交往主体的社会关系被物的关系手段化了，这就使得交往主体原本和谐的社会关系变得不再和谐，甚至是紧张，加剧了人与人之间、人与社会之间的不适应和脱离倾向。

三　网络交往的道德诉求

网络交往中形形色色的异化问题已经成为网络社会管理的难题，引起了全社会的关注和重视。网络社会需要什么样的规范，网络交往需要什么样的道德，需要有一个比较明确的答案。网络交往道德是在网络环境作用下，通过智慧选择形成的公认为好的、善的品质。良好的网络交往道德对交往主体具有很好的规范和导向作用，也能够很好地解决当下网络交往异化的问题。

（一）爱国守法是网络交往的首要道德

爱国守法是人们在网络交往中首先需要具有的道德品质，是网络社会的道德底线，是每个公民必须遵守的最起码的道德水准。

爱国是公民应有的道德品质，是中华民族的优良传统，也是社会主义核心价值观的重要内容。"没有国哪有家，没有家哪有我"，国家为社会中每个个体提供了生存和发展的物质条件以及精神家园；个人一旦失去了国家的保护便是一个无家可归的流浪儿，无依无靠，生存都成问题更谈不上发展；纵然，国家在发展过程中总存在这样或那样的问题不能令人满意，但是"儿不嫌母丑"，人们应该怀着一颗包容的心去爱她。这便是每个公民理应爱国的原因。爱国的范畴很广，对家园、民族和文化的爱都是它的内容。这种爱渗透着公民对国家前途命运的深切关注和自我价值的肯定，爱国主义一旦形成便具有较强的稳定性和现实性，每当国家发生重大变化的时候，爱国主义便形成一种强大的凝聚力和向心力，使得国家历尽沧桑而不倒。从古到今，我国的发展史就是一部爱国史，面对外敌入侵时，为了争取民族独立与解放，为了保卫国家主权和领土完整，一代代中国人表现出极大的爱国情怀，浴血奋战、抵御外敌；面对国家发展和建设困难重重时，一群群爱国人士本着"天下兴亡，匹夫有责"的崇高精神，慷慨解囊，忘我地投入国家各项建设事业中。

爱国必须守法，守法是爱国的必然要求。法是国家意志，是判断人们行为的标准，也是公民基本的行为准则。法建立的目的在于保护公民权利和自由，体现广大人民的意愿和根本利益。守法是每个公民的道德底线，是国家对公民的起码要求，也是一个文明国家和社会文明建设和法制建设的重要内容。守法范畴比较丰富，它既包含遵守法律禁令、履行法定义务、享受合法权利，也包含知法、懂法、遵法的要求。具体而言，公民守法就是要尊重他人、社会和国家的利益和意志，树立法律参与的热情和正确的权利义务观念、社会责任观念，并使之成为生活的一部分。爱国和守法总是相互促进，公民正确的权利义务观念和责任观念的增强，必然会促进爱国主义情感和主人翁意识的增长，促进公民道德建设的全面发展；而公民爱国观念的增强，必然会促进守法观念的增长，促进法制建设的全面实施。爱国守法是崇高而重要的，是我国精神文明和道德建设的基石，也是我国精神文明和道德建设的首要内容。

网络作为一个公众平台，因其天高任鸟飞、海阔凭鱼跃的开放性，导致捏造事实、颠倒黑白、损害国家利益、触犯法律的现象大量存在。人们在网络上的一言一行就要时刻警惕，不能被他人利用，更不能危害到国家安全和国家利益。因为，我们不光是网民，更是中华人民共和国的公民。诚然，我们的国家还处于发展过程中，存在着这样或那样的困难和问题，但应该看到党和政府致力于完善、致力于和谐的决心。网络既然是一个开放的平台，那么我们就不反对民众在这个平台上发表批评的言论。但是，请记得我们每一个人在网络上的一切言论必须以法为度，用法律去丈量自身在网络平台上的言论是否合法。网络交往主体不经意的言论和转发的谣言会成为一些别有用心的人扰乱社会治安、影响社会稳定、污蔑国家，甚至危害国家安全的帮凶。网络交往主体爱国守法就是要维护民族自尊心、自信心和自豪感，维护和争取祖国的独立、统一、富强和荣誉，就是要知法、懂法、遵法，还要把法律意识转化为法律行为，使自己的言行合乎法律的规范。具体而言，就是交往主体在网络上的一言一行不能危害到国家安全和国家利益，在网络上的一切言论必须以法为度，用法律去裁量自身在网络平台上的言论和行为。

（二）文明和谐是网络交往的基本道德

马克思在吸收前人成果的基础上，从科学的实践观出发，给文明作出了初步规定，"文明是实践的事情，是一种社会品质"①。也就是说，文明是人类生产实践的产物，它受社会形态制约而具有社会性。文明首先是实践的事情，是人类实践活动创造的成果，是人类为了自身生存和发展而进行的长期艰苦的劳动创造的结果。② 人们文明与否反映了一个民族的进步和一个国家的强盛，是社会发展和进步的风向标。相对于精神愚昧、思想保守、文化落后，文明指的是精神上的进化、思想上的进步和文化上的先进。就我国而言，先进的文化是社会主义文明建设追求的目标。能够反映先进生产力的发展要求、符合最广大人民的根本利益、有利于社会进步与和谐的文化形态便是先进的文化。改革开放初期，邓小平一再强调，两手抓、两手都要硬。江泽民也重申，社会主义不仅要使人民物质生活丰富，而且要使人民精神生活充实。建立以马克思主义为指导，以文明先进为目标，既与优秀的传统文化相承接，又与时代要求相吻合的文化价值观念体系，是建设社会主义先进文化的目标。党的十八大强调，我们一定要坚持社会主义先进文化前进方向，树立高度的文化自觉和文化自信，向着建设社会主义文化强国宏伟目标阔步前进。深刻认识社会主义本质，能否从社会发展总体目标的高度、从人的全面发展角度去提升文化内涵、发展现代文明，直接关系到我国社会主义的兴衰成败，关系到我国在 21 世纪的发展走向。文明是社会主义核心价值观与社会主义先进文化建设实践的重要内容，这就要求我们不断提升人民群众的科学文化素质和思想道德素质，创造出比资本主义更高层次的精神文明，不断丰富人们的精神世界。

和谐是中国特色社会主义的本质属性。"和"是和睦的意思，"谐"是调和、协调的意思。和谐有着丰富的内涵，小到个人身心和谐，中到人与社会的和谐，大到人与自然和谐。个人身心和谐能够使一个人生理和心理处于健康和协调的状态，进而促进个人生存和发展。人与社会的和谐，包含邻里关系和谐、社会关系和谐等内容。人与社会的和谐能够促进社会

---

① 《马克思恩格斯全集》第 1 卷，人民出版社 1956 年版，第 666 页。
② 许启贤：《世界文明论研究》，山东人民出版社 2001 年版，第 7—9 页。

安定祥和、增强社会的创造力、营造良好的社会氛围，进而促进社会发展。人与自然的和谐就是人与自然和平共处，就是与自然共生、共赢、共荣，而不是征服、改造和索取。只有这样，才能创造优美的生产和生活环境，实现人和社会的全面发展。"人心齐，泰山移"，只有每个公民都成为"和谐因子"，社会才能成为和谐社会，人和社会全面自由的发展才能得以实现，伟大的中国梦才能最终得以实现。

文明的网络交往是和谐网络的应有之义，是社会文明和谐的重要组成部分。如同人类其他许多发明一样，网络也是一把双刃剑，运用得当可以促进人类健康、和谐和迅速地发展，运用不当则可能阻碍甚至破坏人类文明发展。网络文化开放的特性，显露出网络交往某些消极因素，如色情网站频繁出现、网络金融犯罪、垃圾邮件泛滥、网络诈骗及网络暴力等，影响着网络健康发展，影响着和谐社会的构建。促进先进文化发展，营造文明健康、和谐的交往氛围，是文明和谐网络交往的主要表现。党的十六届六中全会作出的《中共中央关于构建社会主义和谐社会若干重大问题的决定》中明确指出："加强对互联网等的应用和管理，理顺管理体制，倡导文明办网、文明上网，使各类新兴媒体成为促进社会和谐的重要阵地。"这就要求网络交往主体要进行文明网络交往，做文明网民，创文明网络交往环境，共建和谐社会。

（三）自由平等是网络交往的重要道德

自由的本意是不由外力，自己做主，这里谈到的自由是一种法律保障下的权利和义务的自由，是一种受法律限制的自由。具体而言，自由主要是指公民在法律规定的范围内，自己的意志活动有不受限制的权利。自由是人类向往和追求的一种美好价值形态，从"己所不欲，勿施于人"到"真正的自由，并不意味着可以随心所欲，而是可以自由地做正确的事情"；从"生命诚可贵，爱情价更高，若为自由故，两者皆可抛"到"自由是全部精神存在的类的本质""人的类特性恰恰就是自由的有意识的活动"等，都充分体现了人类对自由的认识和追求。实现和维护人民自由是中国共产党一直以来的目标和任务。比如，党的七大将"建设一个独立的、自由的、民主的、统一的、富强的新中国"作为奋斗目标。《宪法》也对公民的自由做出了规定，公民享有言论、出版、集会、结社等自由，以及宗教信仰自由、通信自由等诸多自由。我们现在所倡导的自由，是社会主义条件下的自由，具体而言，就是公民在经济上有共同占有生产资料的自由，在政治上有共同享有平等权利的自由，在生活上有最广泛的自由权利。

"平"是不凸凹、均等的意思，"等"是相同的意思，平等原义是指数量一样，地位一般高的意思。我们这里所谈的平等是人与人之间相等，它是人与人之间的一种关系。具体而言，平等是指人们在经济、政治、文化等方面享有同等的权利。平等是一种法律保障下的权利和义务的自由，是一种受法律限制的平等。平等的内涵十分丰富，它既包括权利的平等、机会的平等和结果的平等，也包括起点的平等和规则的平等。平等是人类社会的终极理想状态，也是社会主义社会的重要准则。从"不患寡而患不均"到"等贵贱、均贫富"；从"平等就是穷人不占富人的便宜"到"一切人生来都是平等的"；等等，都充分体现了人类对平等的认识和追求。追求和实现人人平等是中国共产党一直以来的目标和任务，中国共产党一大通过的《中国共产党纲领》提出的"消灭社会的阶级区分"是当时社会环境下的一种平等；《中国共产党对于时局的主张》提出的"保障人民的各种民主权利，承认妇女平等权利等"也是一种平等；平等在我国《宪法》中也有体现，"各民族一律平等""公民在法律面前一律平等"。只有相对平等，没有绝对平等，我们所倡导的平等，是法律面前的人人平等，是受宪法和法律限制和保障的。社会主义平等的具体内容是公民享有平等的权利、利益和尊重。

自由与平等是网络交往存在的价值基础，也是建立在网络交往方式基础上的重要德性。网络社会作为一个失去某些强制、他律因素的自由时空，一个淡化社会包袱、社会控制因素的自由平等的社会，使得遮掩的人性得以淋漓尽致地体现，让人们在网络社会中自由"冲浪"，甚至为所欲为。因此，网络交往主体必须确定自己为自己负责、自己为自己作主、自己管理自己。自由平等就是在充分表达自己意见和观点的同时，不得干涉别人的行为，压制别人言论自由；就是无论现实中主体本身具有什么社会地位、职务，也不管民族、文化程度，对于每个人都应一视同仁，不会因为现实中的地位而给予特殊权利。交往主体只有具备了自由平等的网络道德，才能在网络社会自由平等地遨游。

（四）诚信友善是网络交往的核心道德

诚信是个人的立身之本和必备的道德品格。"诚"是真心、实在的意思，"信"是诚实、不欺骗的意思，诚信是以真诚之心，行信义之事的意思。人而无信，不知其可也。如果一个人不诚信，这个人就不可能做成任何事情，更不可能在社会上立身处事。诚信乃为人之本。只有诚信的人才能获得别人的信任和尊重，才能有所作为。诚实、诚恳、信用是诚信的主要内容。其基本内容，也就是以诚恳待人，靠诚取信于人。诚信是道德的基础和根本，它可以保证一个人事业成功；诚信是一种良好的道德品质，它可以保证一个人的形象和声誉。诚信具有丰富的范畴，它不仅是对公民的道德要求，也是对政府行事准则的要求；它不仅包括人与人之间的约定，也包括大到国与国之间的条约。从国家层面来讲，诚信是社会发展和建设的基本要求，是维系和谐社会的纽带，是文明社会的标志；从个人层面来讲，诚信应该从小事做起，从"我"做起，只有这样，诚信才能真正地根植于人心，人与人之间才会更加和谐。

友善是一种品格。顾名思义，"友善"的"友"是友好的意思，"善"是善良的意思。友善是一种对人的态度，它有着丰富的内涵，善待亲友、他人、社会、自然等都是友善的重要内容。友善有着重要的作用，它能够促进人自身身心和谐、家庭关系和谐、人际关系和谐、自然环境和谐等。一个人友善与否，体现了一个人道德水平的高低，也体现了一个社会素质的高低。我国是一个友善的国度，自古以来友善的个人和事迹层出不穷，并代代相传。近年来，感动中国人物、全国道德模范等无数友善人物的感人事迹，充分展现了中华民族的友善美德，体现了精神文明建设所取得的成果，为社会主义现代化建设提供了凝聚力，为和谐社会的建设贡献了力量。

诚信友善作为社会主义核心价值观对公民个人提出的要求和准则，蕴含着中国优秀传统文化的价值精髓，凝聚着社会主义新时期的道德精华，它是公民的立身之本，是一个优秀民族和一个积极向上国家所必备的品质。在虚拟开放环境中运行的网络，诚信友善是不可回避的话题，诚信友善意识的淡化，各种不诚信不友善言行的泛滥，导致网络社会充满虚假、不信任及冷漠。网络交往诚信友善问题其实是市场经济条件下现实生活中诚信友善问题的延伸，主要症结在于交往主体诚信友善观念缺乏。网络的前途和发展依赖诚信友善，网络交往的各个主体间必须建立在诚信友善的基础上。诚信友善的网络道德有助于增进交往主体情感、发挥社会凝聚力，对消除网络交往中不良社会现象、改善不良社会风气有着积极的作用。

（五）自律慎独是网络交往的关键道德

律者，本意是法则、规章，引申为约束管制。自律，是指在没有人现场监督的情况下，通过自己要求自己，变被动为主动，自觉地遵循法度，拿它来约束自己的一言一行。它强调的是不为情感所支配，按照伦理原则去追求道德目的，所体现的是不受外界约束，依靠良心来规范自己的行为。所谓外界约束，就是坚持法、德、纪的原则，排除人们的私欲和不正当的行为，力求使其符合社会标准，维护社会秩序。自律是一种自我约束，只有时刻做到自重、自省、自警和自励，才能自觉抵御自私自利的欲念，才能做到防微杜渐。自律的基础是人伦道德，需要理想和信念，没有坚定的理想和信念是难以做到自律的。英国哲学家培根曾经说过，保持了自制力，就保持了自己的优势。自律就是要用人伦道德的准则和规范约束自己的人生，知之利他之善而可为，违背伦理道德的就不可为。自律是调和当今社会时弊的良药妙方，使人们抵制各种不良行为诱惑和侵蚀的堤坝，能够使其端然正己，不为物倾侧。自律是一种美德，人们如果失去了自律，将消极颓废失去斗志。

慎独是一种自律，是自律的最高层次，反映出一个人的道德情操和品德修养。"慎独"是儒家的一个重要概念，"慎独"一词最先出自《礼记·中庸》一书，"君子戒慎乎其所不睹，恐惧乎其所不闻。莫见乎隐，莫显乎微，故君子慎其独也"。意思是说，最隐蔽的东西和最微小的地方最能体现一个人的道德品质，一个道德品质高尚的人即便在独自一个人的时候，也会严格要求自己，不会做任何不道德的事情。慎独是一种情操，是一种良知，是一种修养，更是一种境界。一个人最难能可贵是，在独处和没人监督的情况下，在别人听不到、看不到的场合仍然能够约束自己的言行，不做任何不道德的事。慎独，有别于被动的自律和被迫的检束，是人格美的一种崇高境界。在现代社会，尤其市场经济条件下，讲究道德自律的"慎独"具有非常重要的现实意义。面对一些人信仰迷失和道德缺失，更需要加强社会主义核心价值观的教育，进行更深理性层次的道德内省和道德自律，自觉进行自我约束，做出正确的道德选择，走出道德困惑，在变动的社会环境中保持高尚的道德情操，发扬慎独的精神和境界。

一般来说，网络社会的虚拟性使得交往主体在无监控的自由时空领域迷失自我，其网络言行成为脱缰之马，缺乏自律和慎独的德性。网络社会如何加强自律和慎独，取决于交往主体自身，取决于交往主体的道德自觉性和真诚性。目前，网络社会道德规范是非强制性的，只能靠交往主体的内心信念维系。因此，网络道德自律和慎独就显得尤为重要了。网络社会中，自律慎独可以提高网络交往主体的道德认识、激发网络交往主体道德情感、磨砺网络交往主体道德意志、确立道德信念和强化道德行为，可以化解当前网络交往的道德难题，使其做到慎欲辩、慎隐微、慎言行、慎省思、慎始终。

第三章 大学生网络交往现状、差异性及相关性分析

随着互联网的发展，电脑和智能手机的普及，网络在大学生成长成才中发挥着越来越重要的作用，并成为影响大学生交往最重要的因素。本章通过对大学生网络交往现状、影响因素及相关性进行分析，探讨影响大学生网络交往的主要因素，形成对当代大学生网络交往情况的基本判断。

第一节 大学生网络交往基本情况及现状分析

在大学生网络交往调查中，基本情况和现状是研究的基础。厘清当代大学生网络交往现状，对大学生网络交往的差异性和相关性分析有至关重要的作用。

一 调查的基本情况

本部分将对大学生网络交往调查的目的、内容、对象及方法，数据分析及处理情况进行简要概述。

（一）调查的目的、内容及对象

在大学生网络交往过程中，现状怎么样？样本特征对大学生网络交往基本情况、动机、对象、方式和行为的影响如何？大学生网络交往动机、对象、方式和行为之间又会有怎么样的联系？围绕这些问题，笔者编印了《大学生网络交往情况调查》问卷，问卷主要围绕网络交往基本情况（包括工具、地点、频率、时间和自我认知）、网络交往动机、网络交往对象、网络交往方式、网络交往行为（包括积极行为和消极行为）等五部

分内容展开。

　　本次调查通过抽样的方式，在全国选取 10 所不同类型的高校，前后历时 3 个多月。共发放问卷 4000 份，回收 3720 份，回收率 93%，其中有效问卷 3630 份，有效率 90.75%。在本次问卷调查样本中，男生 1681 人，女生 1944 人，分别占总人数的 46.31% 和 53.55%。一本、二本、三本和高职高专院校学生分别为 1262 人、1498 人、484 人和 386 人，所占比例分别为 34.77%、41.27%、13.33% 和 10.63%。政治面貌为中共党员和共青团员的分别为 453 人、2962 人，所占比例为 12.48%、81.60%，其他政治面貌的学生 214 人，占 5.90%。家庭住址为城市、乡镇和农村的分别为 1019 人和 1069 人、1535 人，所占比例分别为 28.07%、29.45% 和 42.29%。大一、大二、大三和大四学生分别为 1104 人、1586 人、655 人和 281 人，所占比例分别为 30.41%、43.69%、18.04% 和 7.74%。学科类别为理科、文科、工科和商科的学生分别为 1149 人、1169 人、853 人和 447 人，所占比例分别为 31.65%、32.20%、23.51% 和 12.31%。样本特征具体分布如表 3—1 所示。

表 3—1　　　　　　　　　　　　　样本特征分布

项目	类别	人数	比例(%)	项目	类别	人数	比例(%)
性　别	男	1681	46.31	政治面貌	中共党员	453	12.48
	女	1944	53.55		共青团员	2962	81.6
	缺失	5	0.14		其他	214	5.9
学校类别	一本	1262	34.77		缺失	1	0.02
	二本	1498	41.27	家庭住址	城市	1019	28.07
	三本	484	13.33		乡镇	1069	29.45
	高职高专	386	10.63		农村	1535	42.29
	缺失	0	0		缺失	7	0.19
年　级	大一	1104	30.41	学科类别	理科	1149	31.65
	大二	1586	43.69		文科	1169	32.2
	大三	655	18.04		工科	853	23.51
	大四	281	7.74		商科	447	12.31
	缺失	4	0.12		缺失	12	0.33

（二）调查方法、数据分析和处理

本次调查主要采用了问卷调查法。为保证编制的问卷能较好地达到研究目的，笔者做了以下几方面的工作：首先，根据初步确定的研究框架对国内外的专著、核心期刊论文进行全方位扫描，找出比较成熟的问卷和理论；其次，为保证问卷的信度和效度，在原有问卷基础上，根据自身研究的需要，结合相关理论及调查对象的访谈，自行开发一些选项，弥补现有问卷的不足。最后，在某高校学生中发放 100 份问卷进行实测，根据实测结果再次修改问卷，最终确定问卷所有选项。

问卷主要包含五部分内容：第一部分，网络交往基本情况，包括使用的工具（台式电脑、笔记本电脑、手机、其他）、交往频率（每天，每周一次、每周两次、每周三次、不定期）、每次交往时间（少于 2 小时、2—4 小时、5—7 小时、多于 8 小时）、网龄（1 年以下、1—4 年、4—8 年、8—10 年、10 年以上）和网络交往自我认知（用网有道、完全在自己的控制之中、偶尔懊悔、时常后悔、难以自制）；第二部分，网络交往动机包含情感满足、获取社会利益、工作学习提升自我、信息沟通交流、休闲娱乐、获得他人认可和消磨时光 7 个方面的内容，选项采用 5 点计分，1 表示"完全符合"，5 表示"完全不符合"，所有项目得分相加即为总分数，总分数除以选项个数即为平均数；第三部分，网络交往对象包括家人和亲戚、朋友、现实生活中熟人和在网上偶遇的人 4 个方面的内容，选项也采用 5 点计分，1 表示"很多时候"，5 表示"从不"；第四部分，网络交往方式包含即时通信（QQ、MSN、微信、飞信、视频通话等）、论坛（BBS）、电子邮件（E-mail）、网络游戏（MUD）、社交网站、微博和博客/个人空间 7 个方面的内容，选项同样采用 5 点计分，1 表示"很多时候"，5 表示"从不"；第五部分，网络交往行为包括积极行为和消极行为，积极行为包括看到有关违反网络道德的东西向有关部门举报，关注、宣扬正能量，跟帖反对或抨击那些不文明的帖子或信息，对一些不负责任的言论予以抨击，参与诸如"爱国主义"主题的活动，帮助他人解决疑惑，参与社会公益活动，慎独自律，言行一致和遇到网络欺骗信息向有关部门举报等 10 个方面的内容；消极行为包括欺骗网友、玩游戏时作弊、有意隐瞒自己性别或其他信息、使用多个身份与他人交往，匿名发布不实信息、转发或转载过尚未证实的留言或文章、参与人肉搜索、偷窥他人隐私、频繁地结交异性朋友以及用"BT"等用语，在论坛中"灌水"，围攻或诋毁他人和盗取他人账号、密码或信息等13个方面的内容。选项同样采用5点计分，1表示"完全符合"，5表示"完全不符合"。

　　笔者借助SPSS17.0统计软件对回收问卷进行数据统计和管理，采用描述性统计分析、因子分析和相关性分析等方法分析数据。

二　大学生网络交往现状分析

　　本部分将结合问卷调查的相关数据及图表，详细分析大学生网络交往基本情况、动机、对象、方式及行为现状。

（一）网络交往基本情况

　　笔记本电脑和智能手机因娱乐性和便捷性特点，深受大学生群体欢迎，并成为其进行网络交往最主要的工具。调查发现，高达85.24%的大学生主要使用笔记本电脑和手机进行网络交往，使用台式电脑的仅11.9%。大学生网络交往频率高、单次时间和网龄长。每天和不定期网络交往的比例占到70.7%，而每周一、二、三次分别为13%、11.29%、4.93%；7.24%的大学生沉迷于网络社会中，每次用多于8个小时的时间从事网络交往活动而不能自拔，每次网络交往时间在5—7个小时之间和2—4个小时之间的分别占18.6%和47%；从大学生网龄来看，大学期间开始上网仅占10.96%，中学时代开始上网的竟高达83.59%。

　　深陷网瘾的大学生虽然数量少，但不能忽视，它是困扰大学生的一大问题。从笔者对网络交往自我认知和评价的调查来看，7.8%的大学生深陷网络交往，长时间上网而完全不能自拔也不能自我控制，他们深受网瘾的折磨而不能自控，需要教育者的关注、关怀和关爱；其次，48.32%的大学生也不能很好地控制网络交往时间，他们会偶尔懊悔或时常后悔网络交往时间过长；令人欣慰的是，43.8%的大学生有较强的自控力，能很好地控制网络交往时间，具体数据如图3—1所示。

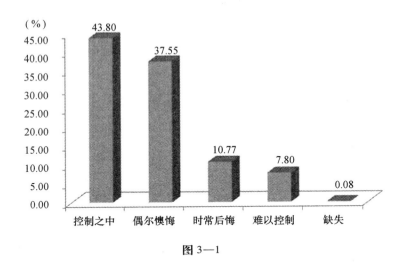

图 3—1

（二）网络交往动机、对象和方式现状分析

动机是激励和维持人的行动，并将行动导向某一目标，以满足个体某种需要的内部动因；通过激发和鼓励，使人们产生一种内在驱动力，使之朝着所期望目标前进的过程。笔者列出了情感满足、获取社会利益、工作学习提升自我、信息沟通交流、休闲娱乐和获得他人认可和消磨时光等七个方面的网络动机。从情感满足来看，50.91%的大学生网络交往为得到情感满足，24.6%的大学生网络交往不为得到情感满足；从获取社会利益来看，41.19%的大学生网络交往为获取社会利益，36.53%的大学生网络交往不为获取社会利益；从提升自我来看，67.88%的大学生网络交往为了工作学习、提升自我，12.12%的大学生网络交往不为工作学习、提升自我；从信息沟通交流来看，77.41%的大学生网络交往为了信息沟通交流，仅9.64%的大学生网络交往不为信息沟通交流；从休闲娱乐来看，73.7%的大学生网络交往为了休闲娱乐，11.9%的大学生网络交往不为休闲娱乐；从获取他人认可来看，36.28%的大学生网络交往为了获取他人认可，38.51%的大学生网络交往不为获取他人认可；从消磨时光来看，56.42%的大学生网络交往为消磨时光，23.11%的大学生网络交往不为消磨时光。不难看出，大学生网络交往动机排名由高到低依次是信息沟通交流、休闲娱乐、工作学习提升自我、消磨时光、情感满足、获取社会利益和获取他人认可。大学生网络交往最主要动机集中体现在工作学习提升自我、信息沟通交流和休闲娱乐三个方面，比较符合现代大学生的形象和特点。

　　网络交往主要对象分为四类：家人亲戚、朋友、现实生活中熟人和网上偶遇的人，用5等分级别设置选项，即很多时候、较多时候、有时、很少和从不。关于网络交往主要对象是家人亲戚方面，41.19%的大学生经常和家人亲戚交往，20.88%的大学生很少和家人亲戚交往，15.65%的大学生从不和家人亲戚交往；关于网络交往主要对象是朋友方面，67.88%的大学生经常和朋友交往，8.57%的大学生很少和朋友交往，3.55%的大学生从不和朋友交往；关于网络交往主要对象是现实生活中熟人方面，77.41%的大学生经常和现实生活中熟人交往，6.36%的大学生很少和现实生活中熟人交往，3.28%的大学生从不和现实生活中熟人交往；关于网络交往主要对象是网上偶遇的人方面，高达73.7%的大学生经常和网上偶遇的人交往，8.18%的大学生很少和网上偶遇的人交往，仅3.72%的大学生从不和网上偶遇的人交往。不难看出，大学生网络交往对象从高到低排名依次是现实生活中熟人、网上偶遇的人、朋友和家人亲戚，其中大学生网络交往的最主要对象是现实生活中熟人和网上偶遇的人。

　　问卷从即时通信、论坛、电子邮件、网络游戏、社交网站、微博、博客/个人空间和其他等八个方面描述网络交往主要方式，用5等分级别设置选项，很多时候、较多时候、有时、很少和从不。在即时通信方面，67.88%大学生经常使用即时通信工具网络交往，12.12%大学生很少或从不使用即时通信工具网络交往；在论坛方面，77.41%大学生经常使用论坛网络交往，9.64%大学生很少或从不使用论坛网络交往；在电子邮件方面，73.7%大学生经常使用电子邮件网络交往，11.9%大学生很少使用电子邮件网络交往；在网络游戏方面，36.28%大学生经常使用网络游戏交往，38.51%大学生很少使用网络游戏交往；在社交网站方面，56.42%大学生经常利用社交网站从事交往活动，24.11%大学生很少使用利用社交网站从事交往活动；在微博方面，51.71%大学生经常使用微博交往，18.4%大学生很少使用微博交往；在博客/个人空间方面，74.82%大学生经常使用博客/个人空间交往，9.39%大学生很少使用博客/个人空间交往；除此之外，61.82%大学生经常使用其他方式网络交往，13.88%大学生很少使用其他方式网络交往。不难看出，大学生网络交往方式从高到低排名依次是论坛、博客/个人空间、电子邮件、即时通信、社交网站、微博和网络游戏，大学生网络交往最主要的方式是论坛、博客/个人空间和电子邮件。

（三）　网络交往行为现状分析

有"狭义"和"广义"两种基本思路来界定和把握网络交往行为。从狭义的角度讲，网络交往行为是指网络交往中人的各类行为活动。从广义的角度讲，网络交往行为不仅仅局限于发生在网络社会交往中的虚拟行为活动，还包括与互联网密切相关，同时又要借助和依赖互联网才得以顺利开展的行为活动。本书中所谈的网络交往行为，是指狭义的网络交往行为。网络交往是一种新型的交往形式，它使人类跨越了现实社会中的时空障碍，实现了点对面的交流，使交往具有平等性。同时，网络交往把个人化交往和大众化交往统一起来，使得网络交往行为既具有广度，又具有深度。很多研究者依据不同标准，从不同角度，对网络交往行为进行了分类。本书在设计调查问卷的时候，主要是从人们网络交往行为可能会产生的社会后果的角度，将大学生网络交往行为分为积极行为和消极行为两种。当人们有消极的网络交往行为出现时，我们就称其为网络交往行为失范。网络交往行为失范是指网络交往中的人们在交往过程中，其行为违反了社会的规范和要求，并出现偏差。网络交往行为失范也包括因为不适当地接触和使用互联网络而导致行为出现偏差的情况。这里的社会规范和要求主要是指法律法规的规范和道德规范，因此，网络交往行为失范有违法和道德失范两类。

网络交往的核心内容是网络交往行为，问卷列举了二十三种大学生网络交往行为，并将他们分成积极行为和消极行为两类。积极行为包括"看到有关违反网络道德的内容向有关部门举报，关注、宣扬正能量，跟帖反对或抨击那些不文明的帖子或信息，对一些不负责任的言论予以抨击，参与诸如'爱国主义'主题的活动，帮助他人解决疑惑并提出中肯建议或直接给予帮助，参与社会公益活动，慎独自律，言行一致，遇到网络欺骗信息向有关部门举报"等十类；消极行为包括"欺骗网友，玩游戏时作弊，有意隐瞒自己性别或其他信息，使用多个身份与他人交往，匿名发布不实信息，转发或转载过尚未证实的'吸引眼球'的留言或文章，参与人肉搜索，出于好奇，有意无意地窥他人隐私，频繁地结交女（男）朋友，使用'BT'、'草泥马'等用语，在论坛中'灌水'，围攻或诋毁他人，盗取他人账号、密码或信息"等十三类。大学生表现出来的网络交往行为方面有正能量也有负能量，对于正能量应该鼓励和表扬，对于负能量应引起社会关注并采取适当的措施加以正确引导。

　　大多数大学生能够表现出积极的网络交往行为，这让我们感到欣慰，但也有一定比例的大学生从来都不会表现出积极的网络交往行为，这是我们最担心的，应该引起学校和社会的高度重视。比如，看到有关违反网络道德的内容时，44.74%的大学生会向有关部门举报，但29.5%的大学生选择不向有关部门举报；67.91%的大学生会经常关注、宣传正能量，14.27%的大学生不会；44.79%的大学生会经常跟帖反对或抨击不文明的帖子或信息，29.48%的大学生不会；47.79%的大学生会经常抨击网络中不负责任的言论，26.62%的大学生不会；54.38%的大学生会经常参与"爱国主义"主题活动，21.05%的大学生不会；在他人遇到疑惑或困难时，61.99%的大学生会提供帮助，但17.16%的大学生选择不提供帮助；58.95%的大学生会经常参与社会公益活动，18.57%的大学生不会；网络交往时，61.63%的大学生能做到慎独自律，61.79%的大学生能做到言行一致，但16.42%的大学生不能做到慎独自律，15.84%的大学生不能做到言行一致；当遇到网络诈骗时，41.7%的大学生会向有关部门举报，31.26%的大学生不会。不难看出，大学生网络交往积极行为从高到低排名依次是：经常关注宣扬正能量、他人遇到疑惑或困难时提供帮助、言行一致、慎独自律、参与社会公益活动、看到有关违反网络道德的内容向有关部门举报、参与"爱国主义"主题活动、对一些不负责任的言论予以抨击、跟帖反对或抨击不文明的帖子或信息、遇到网络欺骗信息向有关部门举报。

　　大学生在消极网络交往行为方面的表现不可小视，少数大学生表现出来的消极网络交往行为应该引起我们高度重视。比如：19.52%的大学生会欺骗网友，63.75%的大学生不会；玩网络游戏时，18.79%的大学生会作弊，62.26%的大学生不会；27.43%的大学生会有意隐瞒性别或其他信息，27.43%的大学生不会；16.56%的大学生会使用多个身份与他人交往，64.4%的大学生不会；16.09%的大学生会匿名发布不实信息，67.58%的大学生不会；16.86%的大学生会转发或转载过尚未证实的"吸引眼球"的留言或文章，64.7%的大学生不会；16%的大学生会参与人肉搜索，67.9%的大学生不会；15.76%的大学生会出于好奇有意无意地窥探他人隐私，67.52%的大学生不会，15.04%的大学生会频繁结交异性朋友，69.48%的大学生不会；20.63%的大学生会使用"BT""草泥马"等用语，61.13%的大学生不会；16.63%的大学生在论坛中恶意灌水，66.67%的大学生不会；15.45%的大学生会围攻或诋毁他人，60.31%的大学生不会；14.96%的大学生会盗取他人账号、密码或信息，70.99%的大学生不会。不难看出，大学生经常"有意隐瞒性别或其他信息、使用BT、草泥马等用语"，分别达到27.43%和20.63%，应引起我们重点关注。其他消极网络交往行为从高到低排名依次为：欺骗网友、网络游戏、转发或转载过尚未证实的"吸引眼球"的留言或文章、在论坛中恶意灌水、使用多个身份与他人交往、匿名发布不实信息、频繁结交异性朋友、参与人肉搜索、出于好奇有意无意地窥探他人隐私、围攻或诋毁他人、盗取他人账号（密码）或信息。

第二节　大学生网络交往差异性及相关性分析

大学生网络交往调查样本特征，比如性别、学校类别、政治面貌、家庭住址、年级和学科类别，分别对网络交往动机、对象、方式和行为影响如何？大学生网络交往动机、对象、方式和行为之间两者相互关系如何？本节将主要对大学生网络交往差异性和相关性两方面情况进行考察和分析。

一　大学生网络交往差异性分析

不同样本特征会影响大学生网络交往的方方面面，找出其中的差异性是充分了解大学生网络交往各项内容的关键。本部分通过选取样本特征（性别、学校类别、政治面貌、家庭住址、年级和学科类别）作为控制变量，大学生网络交往动机、对象、方式和行为分别为观察变量，采用均值对比和方差分析的方法，验证六个控制变量对四个观察变量是否存在显著性差异。定义当概率 $p < 0.05$ 时，即存在显著性差异，否则不存在显著性差异。

（一）性别、学校类别与网络交往动机、对象、方式和行为差异性分析

表3—2是性别与网络交往动机、对象、方式和行为差异性分析结果。由表可知，性别与大学生网络交往方式和行为存在显著性差异（p <

0.05），与大学生网络交往动机和对象不存在显著性差异。性别不同，大学生网络交往方式和行为也不同。

表3—2　　　　　　　　　　性别与网络交往方式和行为差异性分析

		Levene 检验		均值方程的 t 检验		
		F	Sig.	t	df.	Sig.（双侧）
性别 * 网络交往方式	假设方差相等	6.153	0.013	−4.18	3623	0
	假设方差不相等			−4.165	3489.05	0
性别 * 网络交往行为	假设方差相等	15.962	0	−10.705	3623	0
	假设方差不相等			−10.614	3391.273	0

　　性别对网络交往方式的显著性影响主要表现在即时通信、论坛、网络游戏、社交网站和微博等四方面。男、女生在即时通信、论坛、网络游戏和社交网站三方面的均值分别为 1.99、3.54、3.24、3.50 和 1.94、3.76、3.91、3.73，说明男生使用即时通信、论坛、网络游戏和社交网站进行网络交往高于女生；男、女生在微博方面的均值分别为 3.28 和 3.13，说明女生使用微博进行网络交往高于男生。其主要原因可能与男女生性格和心理有很大关系，大部分女生感情细腻、性格内敛，喜欢在微博中通过文字与人交往，表达感情；而大部分男生性格比较张扬、主动，使得即时通信、论坛、网络游戏和社交网站成为他们交往的主要方式。

　　性别对网络交往行为的显著性差异主要表现在消极行为方面。男生在"欺骗网友、玩游戏时作弊、有意隐瞒自己性别或其他信息、使用多个身份与他人交往、匿名发布不实信息、转发或转载过尚未证实的吸引眼球的留言或文章、参与人肉搜索、出于好奇有意无意地偷窥他人隐私、频繁地结交异性朋友、使用 BT 和"草泥马"等用语、在论坛中灌水、围攻或诋毁他人、盗取他人账号密码或信息"等十一方面的均值明显低于女生，分别为 3.65、3.59、3.37、3.66、3.76、3.68、3.75、3.71、3.80、3.51、3.67、3.80 和 3.89，女生均值分别为 3.94、3.97、3.50、4.02、4.13、4.03、4.16、4.17、4.20、4.02、4.17、4.24 和 4.27。女生在消极行为方面表现明显好于男生，她们在网络交往时很少甚至从不表现出不道德的行为。究其原因，可能有如下几个方面：一是网络技术的应用使得男性成为网络交往的主导，他们积极地参与到网络交往中去尝试所有行为，包括道德和不道德的行为；二是女生在网络交往方面还是比较倾向于保守和被动，并能较好地遵守规定，在网络交往过程中表现出好的行为；三是男生在应对现实生活压力和困惑时，往往通过网络交往来宣泄，而女生更多时候是邀上好友一起逛街、聊天来宣泄现实生活压力。当然，男生消极行为均值均大于 3.3，比中间值 3 大，他们在消极行为方面的表现并没有想象中的那样糟糕。

表 3—3　学校类别与网络交往动机、对象、方式和行为的差异性分析

	平方和	df.	均方	F	显著性
学校属性 * 网络交往目的					
组间	20.376	3	6.792	15.527	0.000
组内	1586.179	3626	0.437		
总数	1606.556	3629			
学校属性 * 网络交往对象					
组间	47.599	3	15.866	26.872	0.000
组内	2140.914	3626	0.590		
总数	2188.513	3629			
学校属性 * 网络交往方式					
组间	52.843	3	17.614	29.762	0.000
组内	2146.044	3626	0.592		
总数	2198.888	3629			
学校属性 * 网络交往行为					
组间	28.384	3	9.461	22.890	0.000
组内	1498.714	3626	0.413		
总数	1527.097	3629			

　　表 3—3 是网络交往动机、对象、方式和行为与学校类别间的差异性分析结果，学校类别与它们差异均是显著的（$p < 0.05$）。说明学校类型（一本、二本、三本和高职高专）不同，网络交往动机、对象、方式和行为均有显著性的差异。

　　高职高专院校学生在"情感满足、获取社会利益、获得他人认可和

消磨时光"四方面均值低于其他三类学校，分别为 2.29、2.68、2.65 和 2.44，表明他们的网络交往动机在此四方面表现最强；二本院校学生在 "工作学习提升自我、信息沟通交流和休闲娱乐"三方面的动机高于其他 三类学校，均值分别为 2.16、1.79 和 1.95。一本院校学生和"家人和亲 戚、朋友和现实生活中熟人"网络交往频率高于其他三类院校学生，二 本院校学生与网上偶遇的人的交往频率最高。一本院校学生更多时候使用 即时通信进行网络交往，二本院校学生更多时候使用网络游戏、社交网 站、微博、博客/个人空间进行网络交往，二本院校学生更多时候使用论 坛和电子邮件进行网络交往。一本、二本、三本、高职高专院校学生在积 极行为方面的表现依次增强，高职高专学生的表现明显好于其他三类学校 学生。在消极行为方面，一本院校学生表现最差。

（二）政治面貌、家庭住址与网络交往对象、方式和行为差异性分析

从表 3—4 可以看出，网络交往对象、方式和行为在政治面貌上的差 异都是显著的（$p < 0.05$）。说明政治面貌不同，对网络交往对象、方式 和行为的影响也不同。

表 3—4　　　　政治面貌与网络交往对象、方式和行为的差异性分析

		平方和	df.	均方	F	显著性
政治面貌 * 网络 交往对象	组间	19.969	3	6.656	11.13	.000
	组内	2168.544	3626	0.598		
	总数	2188.513	3629			
政治面貌 * 网络 交往方式	组间	16.629	3	5.543	9.21	.000
	组内	2182.258	3626	0.602		
	总数	2198.888	3629			
政治面貌 * 网络 交往行为	组间	27.73	3	9.243	22.354	.000
	组内	1499.367	3626	0.414		
	总数	1527.097	3629			

共青团员更多时候是和"家人亲戚、朋友、现实生活中熟人"网络 交往，而其他学生更多时候是和"网络中偶遇的人"网络交往。

政治面貌对网络交往方式显著性影响主要表现在"即时通信、论坛、 电子邮件、网络游戏、社交网站和微博"等五个方面。共青团员利用

"即时通信"进行网络交往的频率高于其他两类人，其他学生利用论坛、电子邮件等五种方式进行网络交往的频率高于中共党员和共青团员。

中共党员和共青团员在网络交往积极行为中的表现好于其他学生，而中共党员和其他学生在网络交往消极行为中的表现远没有共青团员好。从表3—5可以看出，网络交往对动机、方式和行为在家庭住址上的差异都是显著的（$p < 0.05$）。说明家庭住址不同，对网络交往动机、方式和行为的影响也不同。

表3—5　家庭住址与网络交往动机、对象、方式和行为的差异性分析

		平方和	df.	均方	F	显著性
家庭住址 * 网络交往动机	组间	22.931	3	7.644	4.865	0.002
	组内	5696.787	3626	1.571		
	总数	5719.718	3629			
家庭住址 * 网络交往方式	组间	89.335	3	29.778	51.185	0.000
	组内	2109.552	3626	0.582		
	总数	2198.888	3629			
家庭住址 * 网络交往行为	组间	31.27	3	10.423	25.267	0.000
	组内	1495.827	3626	0.413		
	总数	1527.097	3629			

在"获取情感满足、获取社会利益、获得他人认可"三方面，家庭住址为农村的大学生动机最强，来自乡镇的大学生最弱；在"工作学习提升自我、信息沟通交流、休闲娱乐"三方面，家庭住址为乡镇的大学生动机最强，来自农村的大学生最弱；在"消磨时光"方面从强到弱依次为来自农村、乡镇和城市的大学生。家庭住址为农村的大学生使用论坛、电子邮件、网络游戏、社交网站、微博和博客/个人空间的频率最高，来自城市的大学生最低；在使用即时通信频率从高到低依次为来自于乡镇、城市和农村的大学生。家庭住址为农村的大学生在网络交往积极行为的均值最低，在消极行为的均值最高，表明他们在网络交往行为方面表现最好，能够主动参与积极行为，抵制消极行为；而来自于城市的大学生恰恰相反，他们在积极和消极行为方面都是最差的，应引起我们的高度关注。

（三）年级、学科类别与网络交往动机、对象、方式和行为差异性分析

从表3—6可以看出，在网络交往动机、对象、方式和行为与年级之间的差异性分析中，网络交往方式和网络交往行为有显著性差异（$p <$ 0.05），说明年级不同，网络交往目的、网络交往方式和网络交往行为也有不同的水平。

表3—6　　　年级与网络交往动机、对象、方式和行为的差异性分析

		平方和	df.	均方	F	显著性
年级 * 网络交往方式	组间	14.956	4	3.739	6.247	0.000
	组内	2167.974	3622	0.599		
	总数	2182.931	3626			
年级 * 网络交往行为	组间	4.534	4	1.134	2.908	0.02
	组内	1408.593	3613	0.39		
	总数	1413.127	3617			

年级对网络交往方式的显著性影响主要表现在即时通信、论坛、社交网站和微博四个方面。四个年级学生使用即时通信的均值分别为1.96、1.95、1.99、1.97，表明即时通信是他们网络交往最主要工具。大四和大一学生在使用论坛、社交网站和微博三方面的均值分别最低和最高，表明大四学生使用他们网络交往的概率最高，而大一学生则最低。

年级对网络交往行为的显著性影响主要表现在积极行为方面，具体来说在看到违反网络道德东西向有关部门举报、慎独自律、言行一致和遇到网络欺骗信息向有关部门举报四个方面。大学生在积极行为方面表现都不错，他们的均值均小于3。四个年级比较可以发现，大三学生在此四方面的均值分别为2.64、2.19、2.27和2.77，是表现相对最好；而大四学生的表现则最差。

表 3—7 学科类别与网络交往动机、对象、方式和行为的差异性分析

		平方和	df.	均方	F	显著性
学科 * 网络交往方式	组间	11.287	5	2.257	3.756	0.002
	组内	2176.824	3622	0.601		
	总数	2188.11	3627			
学科 * 网络交往行为	组间	16.638	5	3.328	8.579	0.000
	组内	1401.365	3613	0.388		
	总数	1418.003	3618			

从表 3—7 可以看出，在网络交往动机、对象、方式和行为与学科之间的差异性分析中，网络交往方式和网络交往行为有显著性差异（$p < 0.05$），说明被调查人所属学科不同，网络交往方式和网络交往行为也有不同的水平。

各学科类别的学生使用即时通信的均值分别为 1.96、2.05、1.86、1.85，表明即时通信是他们网络交往最主要的工具。各学科类别学生比较发现，文科学生使用论坛、电子邮件、社交网站、微博、博客/个人空间进行网络交往的频率最高，而工科学生使用网络游戏进行网络交往的频率最高，商科学生在使用论坛、电子邮件、网络游戏和社交网站的频率最低，工科使用微博和博客/个人空间的频率最低。学科类别对网络交往行为的显著影响主要在第 1 项、6 项、8—12 项及 14—23 项。各项均值可以看出，在消极行为方面，理科学生的均值最低，他们表现最好；而商科学生均值最高，他们表现最差。在积极行为方面，理科和工科学生表现相对较好，而商科学生表现相对较差。

二 大学生网络交往相关性分析

网络交往动机、对象、方式和行为作为影响大学生网络交往的主要因素，它们之间具有怎样的相关性，是我们比较关心的问题。笔者利用斯皮尔曼等级相关系数计算四者之间的相关程度大小，衡量它们之间的相关性。

表 3—8 是网络交往动机与对象之间相关性分析结果。从表中可以看出，网络交往七个动机与网络交往对象中的家人和亲戚之间的相关性系数分别为 0.154、0.164、0.236、0.146、0.112、0.177 和 0.117，都具有强

正相关性，说明上述动机越强，网络交往主体与上述家人和亲戚的交往频率越高；工作学习提升自我、信息沟通交流、休闲娱乐和消磨时光与交往对象朋友具有强正相关性；而获取社会利益与其相关性系数为 - 0.052，两者具有强负相关，说明获取社会利益动机越强，主体和朋友的交往频率越低；除获取社会利益外的其他六个动机与现实生活中熟人具有强正相关性；情感满足、获取社会利益、获得他人认可和消磨时光与网上偶遇的人成强正相关性，而信息沟通交流、休闲娱乐则与其成强负相关性。

表 3—8   交往动机与交往对象相关性

	家人和亲戚	朋友	现实生活中熟人	网上偶遇的人
情感满足	0.154**	0.040*	0.074**	0.170**
获取社会利益	0.164**	- 0.052**	0.005	0.290**
工作学习、提升自我	0.236**	0.244**	0.213**	- 0.01
信息沟通、交流	0.146**	0.344**	0.285**	- 0.140**
休闲娱乐	0.112**	0.347**	0.319**	- 0.143**
获得他人认可	0.177**	0.013	0.067**	0.273**
消磨时光	0.117**	0.175**	0.161**	0.093**

注：* 表示 0.05 的显著性水平，** 表示 0.01 的显著性水平。

表 3—9   交往动机与交往方式相关性

	即时通信	论坛	电子邮件	网络游戏	社交网站	微博	博客/个人空间
情感满足	0.052**	0.202**	0.167**	0.177**	0.168**	0.102**	0.134**
获取社会利益	- 0.089**	0.299**	0.226**	0.206**	0.255**	0.135**	0.117**
工作学习、提升自我	0.183**	0.007	0.043**	- 0.041*	0.024	0.118**	0.100**
信息沟通、交流	0.316**	- 0.140**	- 0.070**	- 0.129**	- 0.108**	0.050**	0.057**
休闲娱乐	0.349**	- 0.119**	- 0.035*	- 0.044*	- 0.085**	0.054**	0.059**
获得他人认可	- 0.064**	0.255**	0.181**	0.195**	0.220**	0.134**	0.146**
消磨时光	0.191**	0.029	0.056**	0.070**	0.041*	0.100**	0.083**

注：* 表示 0.05 的显著性水平，** 表示 0.01 的显著性水平。

表 3—9 是网络交往动机与方式之间相关性分析结果。从表中可以看出，情感满足分别与七个交往方式之间具有强正相关性；获取社会利益与

即时通信成强负相关性，与其他六个交往方式成强正相关性；工作学习、提升自我分别与即时通信、电子邮件、微博和博客/个人空间成强正相关性；信息沟通交流、休闲娱乐分别与七个交往方式之间具有强相关性，其中与即时通信、微博、博客/个人空间分别成强正相关性；获得他人认可与即时通信之间具有强负相关性，与其他六个交往方式之间具有强正相关性；消磨时光与即时通信之间具有强正相关性，与电子邮件、电子游戏、微博、博客/个人空间之间分别具有强正相关性。

表 3—10   交往动机与交往行为相关性

	情感满足	获取社会利益	工作学习、提升自我	信息沟通、交流	休闲娱乐	获得他人认可	消磨时光
看到有关违反网络道德的东西，向有关部门举报	0.143**	0.150**	0.157**	0.068**	0.049**	0.127**	0.010
关注、宣扬正能量	0.079**	-0.009	0.277**	0.310**	0.265**	0.016	0.059**
跟帖反对或抨击那些不文明的帖子或信息	0.127**	0.117**	0.184**	0.153**	0.131**	0.138**	0.074**
对一些不负责任的言论予以抨击	0.137**	0.104**	0.194**	0.177**	0.150**	0.135**	0.086**
参与诸如"爱国主义"主题的活动	0.117**	0.064**	0.276**	0.241**	0.196**	0.100**	0.058**
帮他人解决疑惑，提出中肯的建议或直接给予帮助	0.102**	0.023	0.293**	0.305**	0.246**	0.058**	0.069**
参与社会公益活动	0.104**	0.041*	0.251**	0.255**	0.202**	0.090**	0.078**
慎独自律	0.059**	-0.019	0.254**	0.298**	0.233**	0.029	0.067**
言行一致	0.035*	-0.018	0.236**	0.263**	0.210**	0.008	0.052**
遇到网络欺骗信息向有关部门举报	0.083**	0.078**	0.166**	0.129**	0.108**	0.086**	0.021

续表

	情感满足	获取社会利益	工作学习、提升自我	信息沟通、交流	休闲娱乐	获得他人认可	消磨时光
欺骗网友	0.108**	0.198**	-0.111**	-0.206**	-0.169**	0.189**	0.019
玩游戏时作弊	0.113**	0.168**	-0.117**	-0.190**	-0.153**	0.172**	0.017
有意隐瞒自己性别或其他信息	0.032	0.066**	-0.042*	-0.042*	-0.037*	0.082**	0.049**
使用多个身份与他人交往	0.118**	0.174**	-0.114**	-0.197**	-0.152**	0.172**	0.005
匿名发布不实信息	0.114**	0.182**	-0.132**	-0.255**	-0.215**	0.172**	-0.032
转发或转载过尚未证实的"吸引眼球"的留言或文章	0.106**	0.146**	-0.120**	-0.213**	-0.165**	0.159**	-0.013
参与人肉搜索	0.107**	0.189**	-0.134**	-0.264**	-0.212**	0.174**	-0.030
出于好奇,有意无意偷窥他人隐私	0.109**	0.171**	-0.130**	-0.243**	-0.199**	0.159**	-0.014
频繁地结交女(男)朋友	0.116**	0.185**	-0.139**	-0.279**	-0.222**	0.182**	-0.029
使用"BT"、"草泥马"等用语	0.077**	0.115**	-0.116**	-0.171**	-0.103**	0.094**	0.026
在论坛中"灌水"	0.100**	0.167**	-0.128**	-0.222**	-0.187**	0.144**	-0.023
围攻或诋毁他人	0.099**	0.209**	-0.154**	-0.289**	-0.253**	0.156**	-0.048**
盗取他人账号密码或信息	0.092**	0.203**	-0.148**	-0.299**	-0.268**	0.165**	-0.059**

注:*表示0.05的显著性水平,**表示0.01的显著性水平。

　　表3—10是网络交往动机与行为之间相关性分析结果。从表中可以看出,除关注宣扬正能量、帮他人解决疑惑提出中肯的建议或直接给予帮助、慎独自律、言行一致和有意隐瞒自己性别或其他信息五种行为外,情感满足、获取社会利益、工作学习提升自我、信息沟通交流、休闲娱乐和获得他人认可等六种交往动机与其他十八种行为均具有强相关性。值得注意的是,工作学习提升自我、信息沟通交流、休闲娱乐分别与网络交往十种积极行为之间具有强正相关性,与十三种消极行为之间具有强负相关

性，说明三种动机越强，积极行为越突出，消极行为越少。

表3—11是网络交往对象与方式之间相关性分析结果。从表中可以看出，交往对象中家人亲戚、网上偶遇的人分别与七种交往方式之间具有强相关性，其中网上偶遇的人与即时通信之间具有强相关性；朋友、现实生活中熟人分别与即时通信、微博、博客/个人空间之间具有强正相关性，而朋友与论坛、网络游戏、社交网站之间又具有强负相关性。

表3—11　　　　　　　　　　　交往对象与方式相关性

	即时通信	论坛	电子邮件	网络游戏	社交网站	微博	博客/个人空间
家人和亲戚	0.130**	0.190**	0.178**	0.053**	0.121**	0.138**	0.100**
朋友	0.413**	-0.100**	-0.012	-0.067**	-0.078**	0.083**	0.090**
现实生活中熟人	0.392**	0.011	0.079**	0.022	-0.012	0.121**	0.132**
网上偶遇的人	-0.129**	0.431**	0.277**	0.355**	0.339**	0.135**	0.135**

注：＊表示0.05的显著性水平，＊＊表示0.01的显著性水平。

表3—12　　　　　　　　　　　交往对象与交往行为相关性

	家人和亲戚	朋友	现实生活中熟人	网上偶遇的人
看到有关违反网络道德的东西，向有关部门举报	0.214**	0.091**	0.102**	0.098**
关注、宣扬正能量	0.181**	0.291**	0.263**	-0.138**
跟帖反对或抨击那些不文明的帖子或信息	0.165**	0.117**	0.158**	0.070**
对一些不负责任的言论予以抨击	0.146**	0.162**	0.185**	0.037*
参与诸如"爱国主义"主题的活动	0.198**	0.213**	0.204**	-0.036*
帮他人解决疑惑，提出中肯建议或直接给予帮助	0.157**	0.249**	0.260**	-0.060**
参与社会公益活动	0.176**	0.218**	0.203**	-0.059**
慎独自律	0.169**	0.257**	0.240**	-0.123**
言行一致	0.155**	0.245**	0.208**	-0.132**
转发或转载过尚未证实的"吸引眼球"的留言或文章	-0.055**	-0.184**	-0.104**	0.230**
参与人肉搜索	-0.032	-0.237**	-0.133**	0.276**
出于好奇，有意无意偷窥他人隐私	-0.073**	-0.227**	-0.135**	0.269**
频繁地结交女（男）朋友	-0.043**	-0.222**	-0.153**	0.296**
使用"BT""草泥马"等用语	-0.060**	-0.132**	-0.063**	0.199**

续表

	家人和亲戚	朋友	现实生活中熟人	网上偶遇的人
在论坛中"灌水"	-0.073**	-0.203**	-0.116**	0.264**
围攻或诋毁他人	-0.063**	-0.274**	-0.171**	0.283**
盗取他人账号、密码或信息	-0.052**	-0.281**	-0.183**	0.285**

注：*表示0.05的显著性水平，**表示0.01的显著性水平。

表3—12是网络交往对象与行为之间相关性分析结果。从表中可以看出，除部分消极行为外，家人和亲戚、朋友、现实生活中熟人分别与积极行为之间具有强正相关性，与消极行为之间具有强负相关性；但网上偶遇的人与积极行为之间具有强负相关性，与消极行为之间具有强正相关性，应该引起我们的高度重视。

表3—13　　　　　　　交往方式与行为相关性

	即时通信	网络游戏	社交网站
看到有关违反网络道德的东西，向有关部门举报	0.089**	0.102**	0.107**
关注、宣扬正能量	0.306**	-0.100**	-0.079**
跟帖反对或抨击那些不文明的帖子或信息	0.122**	0.071**	0.055**
对一些不负责任的言论予以抨击	0.169**	0.088**	0.068**
参与诸如"爱国主义"主题的活动	0.177**	-0.004	-0.023
帮他人解决疑惑，提出中肯建议或直接给予帮助	0.266**	-0.060**	-0.076**
参与社会公益活动	0.207**	-0.066**	-0.035*
慎独自律	0.261**	-0.116**	-0.092**
言行一致	0.243**	-0.103**	-0.106**
遇到网络欺骗信息向有关部门举报	0.133**	0.048**	0.041*
欺骗网友	-0.185**	0.271**	0.254**
玩游戏时作弊	-0.157**	0.312**	0.233**
有意隐瞒自己性别或其他信息	-0.014	0.131**	0.093**
使用多个身份与他人交往	-0.152**	0.266**	0.263**
匿名发布不实信息	-0.209**	0.294**	0.282**
转发或转载过尚未证实的"吸引眼球"的留言或文章	-0.169**	0.266**	0.227**

续表

	即时通信	网络游戏	社交网站
参与人肉搜索	− 0.230**	0.309**	0.285**
出于好奇，有意无意偷窥他人隐私	− 0.214**	0.299**	0.261**
频繁地结交女（男）朋友	− 0.239**	0.325**	0.278**
使用"BT""草泥马"等用语	− 0.125**	0.304**	0.239**
在论坛中"灌水"	− 0.204**	0.321**	0.285**
围攻或诋毁他人	− 0.273**	0.324**	0.293**
盗取他人账号、密码或信息	− 0.299**	0.312**	0.294**

注：*表示 0.05 的显著性水平，**表示 0.01 的显著性水平。

表 3—13 是网络交往方式与行为之间相关性分析的结果。从该表中可以看出，即时通信与积极行为之间具有强正相关性，与消极行为之间具有负相关性；除参与诸如"爱国主义"主题、关注宣扬正能量的活动外，网络游戏、社交网站与积极行为之间具有强负相关性，与消极行为之间具有正相关性。

第三节　主要结论及原因分析

通过上述对大学生网络交往调查样本进行数据分析和处理，本章得出大学生网络交往基本情况和网络交往行为的几个主要结论，找到了引起结论发生的原因，为培育大学生良好的网络交往道德提供了有力的理论和实践支撑。

一　大学生网络交往现状的主要结论及原因分析

大学生网络交往基本情况、动机、对象及方式等现状是研究大学生网络交往的基础。结合前面内容，本部分得出了关于大学生网络交往基本情况、动机、对象及方式等现状的几个主要结论，并对其进行原因分析。

（一）大学生网络交往基本情况的主要结论及原因分析

手机作为大学生网络交往主要工具的趋势进一步明显了。2015 年 7 月，由中国互联网络信息中心公布的《第 36 次中国互联网络发展状况统计报告》数据显示，截至 2015 年 6 月，我国网民数量为 6.68 亿人，其中手机网民数量为 5.94 亿人，占网民比例的 88.92%，比 2014 年增加了 3679 万人。在问卷调查中，38.74% 的大学生使用手机进行网络交往，随着手机大屏化和应用体验的不断提升，手机作为大学生网络交往主要工具的趋势进一步明显。分析原因我们不难发现，一是智能手机的出现将人类从狭小空间中解放了出来，使大学生摆脱了网络交往空间和时间局限，随时随地与外界沟通交流，为大学生网络交往带来了便利，极大地增强了他们的交往能力。二是手机外形小巧、体积轻便，和钱包、钥匙等物一样便于携带，它高度的便携性使其渐渐成为人体的组成部分。手机价格下降，也让其成为大学生学习和生活的必需品，随着手机的普及，它在大学生生活中充当了越来越重要的角色。三是手机除了拥有通信功能外还具有超强的娱乐性。智能手机功能齐全特别是娱乐功能，只要愿意，任何人都可以将互联网上一切具有娱乐性质的软件下载至手机中供其娱乐。

大学生中较少出现网络交往成瘾现象，但过早地接触网络的现象应引起我们的关注。根据调查问卷数据分析可知，仅 7.8% 的大学生深陷网络交往，长时间上网不能自拔亦不能自我控制，7.24% 的大学生沉迷于网络社会中而不能自拔，大多数大学生能很好地控制网络交往的频率和时间。这与《中国青少年网瘾报告（2009）》所说的我国网瘾青少年的人数大约为 3329.9 万人，有较大出入。但是，大学生网络交往成瘾和高达 83.59% 的大学生在中学时代就开始接触网络的现象，应引起我们关注。网络交往成瘾给大学生健康成长带来了严重危害，它导致大学生学业荒废、身体受损、社交封闭、心理失调、道德滑坡甚至人格异化。究其原因，网络诱惑是大学生网络交往成瘾形成的根本因素，思想上追求刺激是内在激发因素，不纯的网络交往动机是出现大学生网络交往成瘾的前提条件，网络监控不力是大学生网络交往成瘾内容泛化的重要因素，教育缺失是大学生网络交往成瘾强化的反向支撑。值得注意的是，大学生初始接触网络交往年龄呈低龄化，大多数大学生早在初中时代就已经接触网络。与传统交往工具相比，互联网已经全方位融入人们的生活之中，低龄化接触网络交往的趋势不可避免，但需要注意的是，过早接触互联网中众多负面信息无益他们的身心发展。

令人欣喜的是，痴迷于网络游戏的大学生并不像有些学者研究的那样多，低于全国网络游戏用户比例。据《第 36 次中国互联网络发展状况统计报告》显示，截至 2015 年 6 月，网民中网络游戏用户规模达到 3.80

亿，占整体网民的 56.9%。而根据问卷调查数据显示，仅 36.28% 的大学生经常玩网络游戏，虽然比例不高，但不可掉以轻心。究其原因，大概有如下两方面原因导致仅 36.28% 的大学生经常玩网络游戏：一是现阶段大学生学习和就业压力较大，平时忙于提升自我，自然不会投入大量时间去玩网络游戏；二是手机作为大学生网络交往工具的趋势进一步明显，而相应的手机网游的发展则相对比较滞后。大学生适当地玩玩网络游戏可以益智，也可以让学习紧张的自己放松心情。但是，如果痴迷于网络游戏，轻者玩物丧志、考试不及格或被退学，重者可能导致违法甚至失去生命。比如，长春一名大学生自 2010 年进入大学以来，不上课成天成宿痴迷于网络游戏，导致四年 14 门课程考试不及格，最后不得不退学；华南师范大学学生罗桂彬痴迷网络游戏，经常为了玩游戏而晚睡觉或通宵不睡觉，2013 年 12 月 30 日晚上，罗桂彬由于劳累过度突然猝死在宿舍的电脑前。

（二）大学生网络交往动机、对象及方式的主要结论及原因分析

大学生网络交往动机大多纯正，令人欣喜。根据问卷调查数据显示，67.88% 的大学生网络交往是为了"工作学习提升自我"，77.41% 大学生网络交往是为了"沟通交流信息"，73.7% 大学生网络交往是为了"休闲娱乐"。可见，大学生网络交往的主要动机是工作学习提升自我、沟通交流信息和休闲娱乐。工作学习提升自我实质上是为了学习和获取知识。通过在微博上关注名人微博或热门话题微博，抑或是在微信上订阅自己感兴趣的公众号，是大学生的普遍利用网络交往获取知识的主要方式。大学生在获取知识的同时也积极地扮演着知识传播者的角色，人人网上转帖，微博上转发，朋友圈里分享。获取知识的便捷性也意味着大学生能够更快速地参与一些社会热点讨论。大学生沟通交流信息是为了巩固已有的人际关系。一方面，绝大部分大学生的社交网络好友都是自己身边真实存在并且认识的人。另一方面，无论是在微博、微信还是人人网为代表的 SNS 网站上，关注好友动态都是大学生的首要选择。通过了解好友，关注好友在做什么，适时地留言评论来增进与好友之间的感情。尽管社交网络让我们具备了无限扩大交际圈的可能，但事实表明大学生在虚拟世界的交往范围很大程度上与现实社交圈重叠，与身边的人如同学、朋友、家人进行网络交往的比例最高。从大学生群体特点来看，大学生群体的特殊需求导致了网络休闲娱乐在大学生中勃然兴起。一方面，与大学之前"十年寒窗苦"的生活相比，大学生活相对宽松和自由，需要用新的休闲娱乐方式打发心中的空虚和寂寞；另一方面，大学生就业压力和生活、情感上的困惑与压抑，也需要在网络中宣泄和放松。当然，大学生网络交往动机不纯正的现象仍然存在。根据问卷调查数据显示，50.91%的大学生网络交往只为得到情感满足，41.19%的大学生网络交往只为获取社会利益，36.28%的大学生网络交往只为获得他人认可。

　　从差异性的角度来看，大学生的家庭住址和所在学校类别，对大学生网络交往动机的影响比较显著。家庭住址为乡镇的大学生和二本院校大学生网络交往动机比较纯正，而家庭住址为农村、城市的大学生和一本、高职高专院校学生网络交往动机则需要进一步端正。根据调查问卷数据不难发现：家庭住址为乡镇的大学生和二本院校大学生在"工作学习提升自我"、"沟通交流信息"和"休闲娱乐"三个方面的网络交往动机最强，家庭住址为农村、城市的大学生和一本、高职高专院校大学生在"获取情感满足"、"获取社会利益"和"获得他人认可"三个方面的网络交往动机最强。换句话说，家庭住址为乡镇的大学生和二本院校大学生网络交往的目的在于学习、交流感情和放松心情，而家庭住址为农村、城市的大学生和一本、高职高专院校大学生网络交往是为了在物质和精神等方面得到他人认可，获得认同感。这与大学生家庭环境密切相关。近年来，由于城乡基础教育资源差距的扩大和农村学生没有条件获得家教等体制外的特殊辅助，使得农村学生上重点大学的机会减少，其比例逐年降低，而高职高专院校农村学生比例逐年增加。据媒体报道，北京大学20世纪八九十年代农村新生比例是30%，到21世纪初农村新生比例仅为10%。无论是家庭住址为农村的大学生还是高职高专院校的学生，在大学期间都面临着两大困难，经济压力和就业难，尤其是想找一个心仪的工作更加困难。正是因为这两大困难，使得他们网络交往是为了在物质和精神等方面得到他人认可，获得认同感。而家庭住址为城市的大学生和一本院校大学生由于就业期望值相对较高，当找到一个不令人满意的工作的时候，他们往往内心失望、心情郁闷。

　　大学生网络交往最主要的对象是"现实生活中的熟人"和"网上偶遇的人"。从问卷调查数据不难看出，77.41%的大学生经常和现实生活中的熟人交往，高达73.7%的大学生经常和网上偶遇的人交往。与"现实生活中的熟人"交往是为了联络感情和交流信息，与"网上偶遇的人"交往是为了扩大交往范围、认识更多朋友。据中国少先队事业发展中心

2014 年发布的《第七次中国未成年人互联网运用状况调查报告（2013）》数据显示，80.6% 的未成年人主要与现实生活中认识的人进行网上交流。网络的跨时空性使得不论你身在何处，只要愿意都可以随时随地与现实生活中的熟人联系和交流。网络的便捷还体现在交友上，无论是 QQ、还是微信，只要搜搜附近的人或者随意查找添加，就可能让你和他（她）"偶遇"。正是由于网络的这些特性，使得大学生网络交往主要对象是"现实生活中的熟人"和"网上偶遇的人"。

大学生主要通过"论坛"和"博客/个人空间"开展较高层次的网络交往。根据中国互联网络信息中心 2015 年 7 月发布的《第 36 次中国互联网络发展状况统计报告》显示，截至 2015 年 6 月，我国排名第一的网络交往工具为即时通信，使用的网民规模为 6.0626 亿人，使用率为 90.8%，比 2014 年 12 月的使用率增加 3.1%；使用论坛的网民规模为 1.2007 亿人，使用率为 18%，比 2014 年 12 月的使用率减少 7%；使用博客/个人空间的网民规模为 4.7457 亿人，使用率为 71.1%，且比 2014 年 12 月的使用率增加 1.7%。问卷调查结果与《第 36 次中国互联网络发展状况统计报告》的数据不大相同，大学生经常使用"论坛"和"博客/个人空间"的比例分别高达 77.41% 和 74.82%，在八个网络交往方式中排名前两位。从这些数据可以看出，作为较高层次网络交往工具的"论坛"和"博客/个人空间"深受当代大学生喜爱。"论坛"受大学生网络交往欢迎的原因在于，它是大学生发表意见、交流信息、宣泄情感的重要渠道，在相对较为封闭的生活环境中，大学生通过论坛，可以非常便捷地了解社会热点、学校大事、身边趣闻，还可以了解到学术学习、生活常识、资讯传媒、休闲娱乐等其他信息，可以随心所欲地进行信息交流和信息互动。"博客/个人空间"受大学生网络交往欢迎的原因在于，它为大学生展现独特的个人魅力、表达自我的意愿提供了很好的平台，这一点刚好符合大学生渴望张扬独特个性和展现个人魅力的特点。同时，大学生可以通过"博客/个人空间"与网友开展深度交流与沟通，更新日志、相册、心情，并与他们共同分享信息和知识，从而建立属于自己的网络展示平台，维护相互之间的关系。当然，大学生使用不正确网络交往方式进行交往的现象仍然存在。根据问卷调查数据显示，36.28% 的大学生经常使用网络游戏进行交往活动，56.42% 的大学生经常利用社交网站进行交往活动。

从差异性的角度来看，性别、学校类别、政治面貌、家庭住址、年级和学科类别都对网络交往方式有着显著的影响。男生、二本院校大学生、家庭住址为农村的大学生、文科和工科学生使用不正确网络交往方式进行交往的现象相对较多。根据调查问卷数据不难发现：男生使用"网络游戏"和"社交网站"进行网络交往高于女生；二本院校大学生更多时候使用"网络游戏"和"社交网站"进行网络交往；家庭住址为农村的大学生使用"网络游戏"和"社交网站"的频率最高；文科学生使用"社交网站"的频率最高，工科学生使用"网络游戏"的频率最高。同时，一本院校大学生、共青团员和大四学生更多时候使用"即时通信"进行网络交往。

从网络交往动机、对象和方式两两之间的相关性来看，网络交往动机与网络交往对象之间、网络交往动机与网络交往方式之间和网络交往对象与网络交往方式之间，都存在一定的相关性。

在网络交往动机与网络交往对象之间。纯正的网络交往动机可以让大学生与正确的交往对象进行网络交往，正确的网络交往对象可以让大学生保持纯正的交往动机进行网络交往。根据调查问卷数据不难发现，交往动机"工作学习提升自我"、"沟通交流信息"和"休闲娱乐"与交往对象"朋友"、"现实生活中的熟人"具有强正相关性，交往动机"获取社会利益"与交往对象"朋友"、"现实生活中的熟人"具有强负相关性。说明"工作学习提升自我"、"沟通交流信息"和"休闲娱乐"交往动机越强，大学生与"朋友"、"现实生活中的熟人"的交往频率就越高；"获取社会利益"交往动机越强，大学生与"朋友"、"现实生活中的熟人"的交往频率就越低。这就是说，大学生与"朋友"、"现实生活中的熟人"的网络交往，是为了学习、联系、交流和联络感情，而不是为了获得物质利益。与此同时，交往动机"获取情感满足""获取社会利益"和"获得他人认可"与交往对象"网上偶遇的人"成强正相关性，交往动机"沟通交流信息"、"休闲娱乐"与其成强负相关性。这就是说，大学生与"网上偶遇的人"网络交往更多的是为了获得物质利益和认同，而不是为了聊天和放松心情。网络发展使得大学生们可以随时与朋友和现实生活中的熟人联系，通过网络和他们聊学习、聊人生、聊理想，而不会骗取他们的钱财；而对于网络中的陌生人，由于网络的虚拟性使得大学生的人性弱点得以暴露，和他们交往物质利益可能高于其他目的。

在网络交往动机与网络交往方式之间。不纯正的网络交往动机可以使得大学生使用不正确的交往方式与他人交往。根据调查问卷数据不难发现，交往动机"获取情感满足"、"获取社会利益"和"获得他人认可"与交往方式"网络游戏"、"社交网站"具有强正相关性，说明这两种交往方式是大学生"获取情感满足"、"获取社会利益"和"获得他人认可"的最主要方式；交往动机"沟通交流信息"和"休闲娱乐"与交往方式"网络游戏"和"社交网站"具有强负相关性，而与交往方式"即时通信"具有强正相关性，说明"网络游戏"和"社交网站"不是"沟通交流信息"和"休闲娱乐"的主要方式，"即时通信"是其主要方式。

在网络交往对象与网络交往方式之间。正确的网络交往对象可以使大学生不会使用不正确的交往方式与他人交往。根据调查问卷数据不难发现，交往对象"朋友"、"现实生活中熟人"与交往方式"即时通信"之间具有强正相关性，而与交往方式"网络游戏"、"社交网站"之间具有强负相关性。这说明大学生主要通过"即时通信"与"朋友"、"现实生活中熟人"联系，而不是通过"网络游戏"和"社交网站"。

网络游戏和社交网站成为大学生"获取情感满足""获取社会利益""获得他人认可"的最主要方式，而不是"沟通交流信息""休闲娱乐"的主要方式，原因在于他们的特点。网络游戏中的虚幻世界，使得大学生可以寻找到暂时的自由、快乐和赞赏，心理上得到极大的满足，甚至可以通过网络游戏获得物质利益。比如，有的大学生通过代替他人玩网络游戏获得报酬。社交网站可以让大学生直接与陌生人联系，与他们交往扩大自己的交际圈。即时通信凭着方便快捷以及图文并茂等特点深受大学生群体喜爱，成为他们网络交往的主要方式之一。因此，它是"朋友""现实生活中的熟人"联系、沟通交流信息和休闲娱乐的主要方式。

二　大学生网络交往行为的主要结论及原因分析

行为是大学生网络交往核心所在，本部分通过对调查问卷数据进行分析和剖析，归纳出大学生交往行为的优点和不足，找出影响因素并分析其原因，以便今后有针对性地指导大学生开展积极健康的网络交往活动。

（一）主要结论

网络以飞快的速度为人类带来了越来越重要的影响，它打破了信息传播的空间限制，使各种合法或不合法、健康或不健康的信息以非同寻常、超乎人们想象的速度快捷方便地进入大学生网民眼中，渗透到大学生学习、生活和娱乐等方面。大学生面对席卷而来的网络，能清醒地认识到网络不是洪水猛兽，能认识到网络交往的两面性。大学生对网络交往有着较为理性的认识：一方面，他们看重网络服务功能多样性、追求网上内容丰富性，对网络交往在丰富个人生活、提高生活质量、提高工作效率等方面的作用给予了充分肯定；另一方面，大学生也看到了网络交往对生活、学习、思想等方面的负面影响。因此，大学生在网络交往时，大多数具有一种理性判断能力和较强的自控能力，能够经常表现出积极的网络交往行为。调查数据显示，大学生"关注宣扬正能量、他人遇到疑惑或困难时提供帮助、参与社会公益活动、参与爱国主义主题活动"等方面都做得不错。同时，大学生作为一个群体，在消极网络交往行为方面的表现也比较令人满意。调查数据显示，只有16.56%的大学生会使用多个身份与他人交往，16.09%的大学生会匿名发布不实信息，16.86%的大学生会转发或转载过尚未证实的"吸引眼球"的留言或文章，16%的大学生会参与人肉搜索，15.76%的大学生会出于好奇有意无意窥探他人隐私，15.04%的大学生会频繁结交异性朋友，16.63%的大学生在论坛中恶意"灌水"，15.45%的大学生会围攻或诋毁他人，14.96%的大学生会盗取他人账号、密码或信息。这些表现出消极的网络交往行为的大学生比例不足五分之一。

然而，有些问题不容忽视，大学生在获取知识、娱乐放松的同时，表现出网络交往行为失范现象的大学生比例虽然比较低，但还是存在。一是大学生价值观存在偏差的现象。网络社会形形色色的负面事件使得大学生只追求自我个性、休闲轻松、新潮时尚和欲望，而不遵循价值观和历史观，虚无历史和虚无价值使得大学生审美情趣功利化、庸俗化和享乐化，它不仅前所未有地冲击着我国社会主流价值观，也亵渎了我国传统文明和经典文化。二是语言和行为表达粗俗。在网络交往中，粗俗、充斥暴力、颠覆传统甚至色情的语言比比皆是，甚至大行其道。一些大学生甚至以能够编造出缺乏逻辑、无规范的粗制滥造、肆意恶搞的语言为时髦和本领，使用不规范、不文明网络语言。这不仅使得大学生网络交往越来越离奇和无效，而且也使得他们的思想和行为失去了正确表达的基础，尤其对大学生的健康交往和健康成长极其有害。比如，根据调查问卷数据分析可以发现，16.63%的大学生在论坛中恶意"灌水"，15.45%的大学生会围攻或诋毁他人，20.63%的大学生会使用"BT""草泥马"等用语。

从差异性的角度来看，性别、学校类别、政治面貌、家庭住址和学科类别对大学生网络交往行为有显著的影响。女生、高职高专院校学生、中共党员、家庭住址为农村的大学生和理科大学生在网络行为方面表现较好，而男生、一本院校大学生、家庭住址为城市的大学生和商科大学生表现较差。从调查问卷数据不难看出，女生在消极网络交往行为方面表现明显要好于男生，她们在网络交往时很少甚至从不表现出不道德的行为。高职高专院校学生在积极网络交往行为方面的表现明显好于其他三类学校学生，一本院校大学生在消极网络交往行为方面较差。中共党员在积极网络交往行为方面的表现好于其他学生。家庭住址为农村的大学生在积极网络交往行为和消极网络交往行为方面表现较好，他们能够主动参与积极行为，抵制消极行为；而来自于城市的大学生恰恰相反，他们在积极和消极行为方面是较差的。理科大学生在积极网络交往行为和消极网络交往行为方面表现较好，而商科大学生恰恰相反，他们在积极和消极行为方面的表现较差。

从网络交往动机、对象、方式与网络交往行为之间的相关性来看，它们与网络交往行为之间都存在着一定的相关性。在网络交往动机与网络交往行为之间，纯正的网络交往动机可以保障大学生的积极交往行为。从调查问卷数据不难看出，"工作学习提升自我"、"沟通交流信息"和"休闲娱乐"三个交往动机分别与积极网络交往行为之间具有强正相关性，与消极网络交往行为之间具有强负相关性，说明这三种交往动机越强，积极行为越突出，消极行为越少。在网络交往对象与网络交往行为之间，正确的交往对象可以保障大学生的积极交往行为，而不正确的交往对象可以导致大学生消极交往行为的增加。从调查问卷数据不难看出，"朋友""现实生活中的熟人"分别与积极网络交往行为之间具有强正相关性，与消极网络交往行为之间具有强负相关性；而"网上偶遇的人"与积极行为之间具有强负相关性，与消极行为之间具有强正相关性。这就告诉大学生，应该多与朋友和现实生活中熟人交往，少与网上偶遇的人交往。在网络交往方式与网络交往行为之间，正确的交往方式可以保障大学生的积极交往行为，抑制其消极交往行为。从调查问卷数据不难看出，即时通信与积极网络交往行为之间具有强正相关性，与消极网络交往行为之间具有负相关性；而网络游戏、社交网站与积极网络交往行为之间具有强负相关性，与消极网络交往行为之间具有正相关性。

（二）原因分析

大学生网络交往行为是一种有意识、有目的的活动，是大学生自身生理、心理和社会因素相互作用的产物和表现。不难发现，导致大学生网络交往出现失范行为既有社会客观原因，也有大学生自身的主观因素。

第一，随着改革开放政策三十多年来持续实施及经济全球化的发展，我国在经济和文化领域取得了巨大成功，为人民带来了很多福祉，给当代大学生的成长带来了很多机遇，当然也带来了很多负面影响。特别是对大学生的价值观影响深远。近年来，我国与世界各国交往频繁，交往领域得到了极大的扩大，交往内容得到了极大的丰富，交往程度得到了极大的深入，使得大学生越来越多地接触到西方政治、西方文化思潮和西方价值观。

一方面，开放的网络世界为多元价值观提供了展示的机会，世界观、人生观和价值观还未完全成熟的大学生，在面对这些不同国家、不同文化背景下的价值观和文化思潮冲击的时候不知所措。有的大学生能够正确地、辩证地看待不同文化背景下的价值观念和文化思潮，而有的大学生却一味地觉得西方东西好，不加批判地去接受去吸收。与此同时，有些西方国家和国际敌对势力与我们争夺接班人的斗争日益尖锐和复杂，他们利用网络，通过各种途径加紧对我国青少年特别是大学生进行文化思想和价值观渗透，这些西方文化思想和价值观对大学生的影响不能低估。从这个程度上讲，大学生在网络空间中过多地接触和接受不良信息，会影响正确的世界观、人生观和价值观的形成，不利于其发展。

另一方面，我国社会主义市场经济持续深入地发展，为大学生学习和生活带来了极大的改善，为大学生全面发展创造了更加广阔的空间，增强了他们的竞争意识、效率意识、公平意识、民主法治意识和开拓进取创新精神，与社会进步相适应的新思想、新观念丰富了他们的精神世界。但是，社会中不道德、不诚信行为大量出现，假冒伪劣、欺骗欺诈甚至诈骗活动蔓延，黄赌毒等社会丑恶现象比比皆是，一些人的价值观发生扭曲，形式主义、享乐主义、拜金主义和极端个人主义滋长等，也给大学生成长带来了不可忽视的负面影响。

第二，网络社会的开放性、虚拟性和超时空等特点，使得网络交往成为大学生群体宣泄情绪、缓解压力、实现自我、追求快感、盲目从众的主要阵地，导致了大学生网络交往行为失范现象的出现。

　　一是宣泄情绪、缓解压力的心理得以加剧。大学生们在进入大学之前经历了"十年寒窗苦"，原以为进入大学后能够轻轻松松学习，好好享受生活。然而，学习、社交和就业又给大学生们带来了一定压力，大学生活的美好憧憬和现实生活的矛盾，理想与现实生活的矛盾以及对未来的担忧，使得他们陷入深深的郁闷之中。另外，没有父母和亲人们的呵护、没有熟悉环境的大学生活，使其大学生们时常被烦躁、苦恼等情绪包围着。多重情绪和压力的出现需要通过一定途径加以缓解和宣泄，网络交往无疑提供了一条合适途径。于是，大学生以网络交往中的成功体验来缓解现实生活中的情绪和压力，宣泄情绪。然而，这种宣泄情绪、缓解压力的方式，最终导致网络交往行为失范。

　　二是体验自我实现的心理得以张扬。高峰体验是人实现自我的一种重要方式，大学生在网络交往中的角色扮演，演绎着一个全新的虚拟角色，使得他们忘记烦恼和忧愁。每个人都有追求成功、实现自我价值的内在愿望和需求，作为同龄人中佼佼者的大学生，对自身期望普遍较高。然而，现实中的大学生眼高手低，不愿意吃苦使其处处碰壁，事事不顺心。这就导致了大学生现实自我与理想自我之间存在着较大差距和冲突。恰好，网络交往为大学生提供了一个虚拟又近似真实的社会生活场景，让大学生在这里找到暂时的满足感和成就感。于是乎，大学生们随心所欲地体验着自我实现，而不去顾忌自己的网络交往言行。

　　三是体验人生快乐原则的心理得以充分尝试。心理学大师弗洛伊德在1923年的著作《自我与本我》中谈道，本我是按照"唯乐原则"活动，快乐原则是本我遵循的基本原则，即不顾一切的寻求性、生理和情感的满足和快感。一个自律性不强的人，在面对开放、缺乏监督的环境中，极容易表现出本我的一面。对于大学生而言，虚拟网络是他们满足好奇心、追求新知识的场所，也是一个开放、缺乏监督的场所。在这种情况下，部分慎独不强的大学生找到了暴露本我的舞台，人性的两面得到了充分彰显，他们不顾一切地寻求性、生理和情感上的满足和快感，体验人生快乐，同时也加剧了大学生网络交往行为失范现象的出现。

　　四是盲目从众的心理越发突出。从心理学角度而言，大学生从众心理主要受其成长环境和学习经历的影响，网络交往行为从众心理尤其如此。面对纷繁复杂的网络社会，大学生们既有对知识和完善自我的渴望，又时常感觉到自身的渺小和能力的匮乏。因此，当海量网络信息扑面而来的时候，大学生很难甄别外来事物是否适合自己，往往会迷失在信息的海洋之中；当看到人们在网络世界随心所欲、为所欲为的时候，大学生们开始羡慕、效仿和盲目从众。大学生盲目从众心理的凸显，导致大学生不能清醒地分辨什么是对、什么是错，这也加剧了大学生网络交往行为失范现象的出现。

第四章　大学生网络交往道德现状、
　　　　差异性及相关性分析

网络既是一个交往平台，也是一个交往屏障，在虚拟与现实之间游走，面对两重完全不同的世界，大学生难免存在道德认知、道德情感、道德意志、道德行为等方面的问题。本章通过对大学生网络交往道德的调查，找出问题所在，分析其中的具体原因。

第一节　大学生网络交往道德基本情况及现状分析

网络交往道德是对人们在网络社会进行交往时发生的社会行为进行规范约束的伦理准则。大学生网络交往道德调查基本情况及现状是研究网络交往道德差异性和相关性分析的基础。本节希望通过分析调查问卷数据，实事求是地展现出当代大学生网络交往道德调查的基本情况及现状。

一　调查的基本情况

大学生网络交往过程中，道德现状怎么样？样本特征对大学生网络交往道德认知和道德行为两个方面影响如何？大学生网络交往道德认知和道德行为有怎样的联系？笔者编印的《大学生网络交往情况调查》问卷第三部分主要围绕这些问题展开。

对于大学生网络交往道德的认知主要通过问题"您是否赞同以下说法或行为"和如下十三个方面展开：有人称网络为"罂粟"正向大学生散发着致命的迷香、浏览不健康网站（图片、暴力网站或视频）、网络黑客行为、下载资料拼凑论文、网上发布的信息要尽可能地恪守真实性与准确性、登录他人账号、公开谈论他人隐私、论文中引用网上资料不注明、做作业时从网上抄答案、在聊天室（论坛、贴吧）等公共场所说粗话、在网上发布转载未经核实的新闻的行为、郭美美等网络名人通过网络炒作爆红的做法和观看 AV（色情片）。选项采用 5 点计分，1 表示"完全赞同"，5 表示"完全不赞同"，所有项目得分相加即为总分数，总分数除以选项个数即为平均数。

对于大学生网络交往道德行为主要通过以下三个问题展开：您在网络游戏中如何对待竞争者（①谩骂羞辱对方；②想杀掉或不择手段解决掉它；③不管它，自己做自己的；④冲突不尖锐就算了；⑤把竞争当作自己发展的动力；⑥其他），网络交往时，当您为了自己的利益而不得不伤害自己的朋友或合作者时，您会（①丝毫不犹豫，果断去做；②有些内疚，但还是去做；③不去这样做，宁可失败；④其他），如果您在游戏中遭遇失败（如被杀或扮演角色失败），会怎么做（①找机会报复对方；②无所谓，从头再玩；③杀比自己弱小的玩家发泄；④从此不再玩游戏；⑤换一款游戏再玩；⑥其他）。网络交往对道德行为的影响主要通过八个问题展开：网友的不良行为会影响到您吗？参与网络交往后，您是否变得对周围人缺乏信任感？与传统的道德规范与法制规范比较，您觉得网络是什么？网络交往使我在现实交往过程中更加尊重别人；网络交往使我在现实交往过程中更加注重礼节；网络交往使我在现实交往过程中更加自觉规范自我行为；网络交往让我对自己不喜欢的人更加宽容；网络交往让我认识到真诚在现实交往中十分重要；网络交往让我认识到懂得感恩在现实交往中十分重要。

所有选项采用 5 点计分，1 表示"影响很大（完全符合）"，5 表示"无影响（完全不符合）"，所有项目得分相加即为总分数，总分数除以选项个数即为平均数。

笔者借助 SPSS17.0 统计软件对回收问卷进行数据统计和管理，采用描述性统计分析、因子分析和相关性分析等方法分析数据。

二　大学生网络交往道德现状分析

本部分将结合问卷调查相关数据及图表，详细分析大学生网络交往道德认知和道德行为现状。

（一）网络交往道德认知现状分析

调查问卷在网络交往道德认知方面设置了十三个问题，通过大学生是否赞同这十三个方面的说法或行为，了解大学生对网络交往道德的认知。从表4—1可以看出：20.72%的大学生认为"网络像'罂粟'一样向大学生散发着致命的迷香"，但53.11%的大学生不这样认为；仅32.01%的大学生赞同"发布的信息要尽可能地恪守真实性与准确性"，而42.1%的大学生不赞同这种做法；高达42.97%的大学生赞同"浏览不健康网站（图片、暴力网站或视频），35.56%的大学生不赞同，其人数远低于赞同人数；超过一半的大学生即53.66%赞同"登录他人账号，浏览其个人信息"，仅28.21%的大学生不赞同。大学生对上述四项关于网络交往道德说法或行为的认知远远高于我们的预期，其严重程度应引起社会高度关注。

　　大学生对其他九项的说法或行为的认知要好于上述四项，但结果也不乐观，应引起社会关注和重视。不赞同"网络黑客行为、下载资料拼凑论文、公开谈论他人隐私、论文中引用网上资料不注明、做作业时从网上抄答案、在聊天室等公共场所说粗话、发布转载未经核实的明星绯闻或花边新闻、干露露等网络名人网络炒作、观看AV"等九项说法或行为的大学生比例依次是50.78%、58.88%、69.25%、70.17%、60.02%、55.23%、66.64%、66.19%和66.34%；赞同上述说法或行为的大学生比例依次是20.28%、19.81%、15.31%、14.38%、17.11%、20.24%、15.95%、15.45%、15.04%。从数据背后我们知道一半以上的大学生能清醒认识哪些行为可为、哪些不可为，但还有相当一部分大学生对网络交往道德的认知不容乐观。大学生在面对"您在网络游戏中如何对待竞争者"这一问题时，4.5%的大学生选择"谩骂羞辱对方"，11.5%的大学生选择"想杀掉或不择手段解决掉对方"，32.2%的大学生选择"不管它，自己做自己的"，11%的大学生"冲突不尖锐就算了"。不难看出，16%的大学生在对待"网络游戏中如何对待竞争者"这个问题时，不能正确地对待网络游戏竞争对手，甚至会采取极端的做法达到自身目的，满足自己的一己私利。具体数据图4—1。

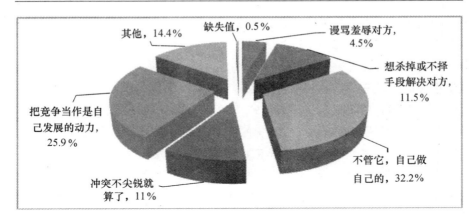

图4—1　大学生在网络游戏时对待竞争者的情况

大学生在面对"网络交往时,当您为了自己的利益而不得不伤害自己的朋友或合作者时,您会怎么做"这一问题时,仅46.8%的大学生选择"不去这样做,宁可失败",5.2%的大学生选择"丝毫不犹豫,果断去做",27%的大学生选择"有些内疚,但还是去做"。

可见32.2%的大学生从自身利益出发,要么毫不犹豫地去做,要么有些内疚但还是会做。具体数据见图4—2。

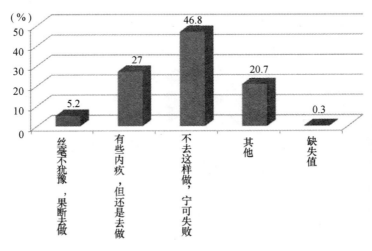

图4—2　大学生网络交往时对待朋友或合作者情况

　　大学生在面对"如果您在游戏中遭遇失败（如被杀或扮演角色失败），您会怎么做"这一问题时，仅46.7%的大学生选择"无所谓，从头再玩"，7.1%的大学生选择"找机会报复对方"，11.7%的大学生选择"杀比自己小的玩家发泄"，6.8%的大学生选择"从此不再玩游戏"，11.2%的大学生选择"换一款游戏再玩"。由此可见，18.7%的大学生从自身感受出发做事情，不计后果也不考虑他人感受。具体数据见图4—3。

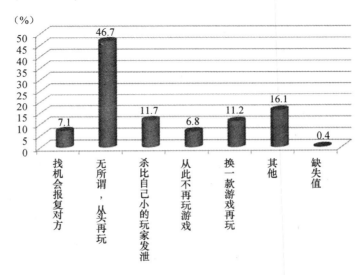

图4—3　　大学生在网络游戏中遭遇失败时的做法

（二）网络交往道德行为的现状分析

　　调查问卷通过八个问题了解网络交往对大学生道德行为影响如何。在"网友的不良行为是否会影响到您"这个问题上，39.1%的人认为有影响，35.4%的人认为无影响，25.4%的大学生选择"不好说"；在"参与网络交往后，您是否变得对周围人缺乏信任感"这个问题上，27.2%的人认为有影响，44.6%的人认为无影响，27.8%的大学生选择"不好说"。从上述两个方面可以看出，网络交往较大程度弱化了大学生自律意识，影响了大学生的道德行为。

　　在"网络交往使我在现实交往过程中更加尊重别人"这一问题上，14.5%的大学生认为不符合，40.5%的大学生认为符合，34.6%的大学生选择"说不清楚"；在"网络交往使我在现实交往过程中更加注重礼节"这一问题上，16.5%的大学生认为不符合，50.5%的大学生认为符合，33.6%的大学生选择"说不清楚"；在"网络交往使我在现实交往过程中更加自觉规范自我行为"这一问题上，15.6%的大学生认为不符合，51.2%的大学生认为符合，32.9%的大学生选择"说不清楚"；在"网络交往让我对自己不喜欢的人更加宽容"这一问题上，15.1%的大学生认为不符合，51.4%的大学生认为符合，33.1%的大学生选择"说不清楚"；在"网络交往让我认识到真诚在现实交往中十分重要"这一问题上，9.7%的大学生认为不符合，64.6%的大学生认为符合，25.4%的大学生选择"说不清楚"；在"网络交往让我认识到懂得感恩在现实交往中十分重要"这一问题上，10%的大学生认为不符合，61.5%的大学生认为符合，27.1%的大学生选择"说不清楚"。在上述六个方面，大多数大学生的表现较好，但少数大学生的表现还是令人担忧，可见网络交往一定程度上弱化了大学生的道德行为，应引起社会关注。

第二节　大学生网络交往道德差异性、相关性分析

大学生网络交往调查样本特征（性别、学校类别、政治面貌、家庭住址、年级和学科类别）分别对网络交往道德认知和行为影响如何？大学生网络交往道德认知和行为之间相互关系如何？本节将主要对大学生网络交往道德的差异性和相关性两方面的情况进行考察和分析。

一　大学生网络交往道德差异性分析

大学生的性别、学校类别、政治面貌、家庭住址、年级和学科类别一定程度上会导致大学生网络交往道德认知和行为的不同，找出其中的差异性是充分了解大学生网络交往道德各项内容的关键。本部分通过选取样本特征（性别、学校类别、政治面貌、家庭住址、年级和学科类别）作为控制变量，大学生网络交往道德认知和行为分别为观察变量，采用均值对比和方差分析的方法，验证六个控制变量与两个观察变量是否存在显著性差异。定义当概率 $p < 0.05$ 时，即存在显著性差异，否则不存在显著性差异。

表4—1　　　　　　　　性别与网络交往道德差异性分析

		平方和	df.	均方	F	显著性
性别 * 网络交往 道德认知	组间	45.602	2	22.801	35.828	0.000
	组内	2308.212	3627	0.636		
	总数	2353.814	3629			
性别 * 网络交往 道德行为	组间	6.457	2	3.228	7.5	0.001
	组内	1561.335	3627	0.43		
	总数	1567.792	3629			

表4—1是性别与网络交往道德差异性分析结果，在网络交往道德认知、行为与性别之间的差异性分析中，性别与它们存在显著性差异（p < 0.05），性别不同，网络交往道德认知和网络交往道德行为也不同。

性别与网络交往道德认知之间的显著性差异，主要表现在第2、3 及 6—13 题等十个方面。在对"浏览不健康网站、网络黑客行为、登录他人账号、公开谈论他人隐私、论文中引用网上资料不注明、做作业时从网上抄答案、在聊天室等公共场所说粗话、在网上发布转载未经核实的明星绯闻、干露露等网络名人通过网络炒作爆红的做法、观看 AV"十个问题的认知中，女生均值高于男生，女生表现好于男生。

性别与网络交往道德行为之间的显著性差异主要表现在第21 和22 题。面对"网友的不良行为会影响到您吗？"和"参与网络交往后，您是否变得对周围人缺乏信任感"两个问题时，女生均值分别为3.14 和 3.36，而男生均值分别为 2.92 和 3.19，可见女生表现要好于男生。

表4—2是学校类别与网络交往道德差异性分析结果，可以看出，在网络交往道德认知、行为与学校类别之间的差异性分析中，学校类别与它们存在显著性差异（p < 0.05），学校类别不同，网络交往道德认知和网络交往道德行为也不同。

表4—2　　　　　　　　　学校类别与网络交往道德差异性分析

		平方和	df.	均方	F	显著性
学校类别 * 网络交往道德认知	组间	46.984	3	15.661	24.617	0.000
	组内	2306.83	3626	0.636		
	总数	2353.814	3629			
学校类别 * 网络交往道德行为	组间	18.995	3	6.332	14.823	0.000
	组内	1548.797	3626	0.427		
	总数	1567.792	3629			

　　大学生在网络交往道德认知中的表现较好。相比较而言，二、三本学生表现更好，他们的均值高于一本和高职高专院校大学生；一本学生表现相对较差。在网络交往道德行为方面，二本学生在"尊重、注重礼节、规范自我行为、宽容和感恩"方面均值分别为2.57、2.64、2.62、2.64、2.33，分值最高，表现最差；而高职高专院校大学生和一本学生均值最小表现最好。表4—3是大学生政治面貌与网络交往道德差异性分析结果可以看出，政治面貌与网络交往道德认知和网络交往道德行为存在显著性差异（p < 0.05），政治面貌不同，网络交往道德认知和网络交往道德行为也不同。

表4—3　　　　　　　　　政治面貌与网络交往道德差异性分析

		平方和	df.	均方	F	显著性
政治面貌 * 网络交往道德认知	组间	36.763	3	12.254	19.177	0.000
	组内	2317.051	3626	0.639		
	总数	2353.814	3629			
政治面貌 * 网络交往道德行为	组间	34.683	3	11.561	27.343	0.000
	组内	1533.109	3626	0.423		
	总数	1567.792	3629			

　　政治面貌与"下载资料拼凑论文"之间不存在显著性差异。从表4—13可以看出，共青团员在"网络为'罂粟'正向大学生散发着致命的迷香""网上发布的信息要尽可能的恪守真实性与准确性"的认识上均值最小、表现最好，而非党员和团员在这两个方面均值最高，表现则最差；共

青团员在"浏览不健康网站、图片、暴力网站或视频"等十个方面均值最高、表现最好。

网络交往对中共党员道德行为影响较大可以看出,中共党员在"网友的不良行为会影响到您吗""参与网络交往后,您是否变得对周围人缺乏信任感?"和"网络交往使我在现实交往过程中更加尊重别人"等六个方面均值最小,影响最大。而其他类大学生在这些行为的均值最大,表明在"网友的不良行为会影响到您吗""参与网络交往后,您是否变得对周围人缺乏信任感?"等方面表现最差,在"网络交往使我在现实交往过程中更加尊重别人"等六个方面表现最好。

表4—4是家庭住址与网络交往道德差异性分析结果。从表4—4可以看出,家庭住址与网络交往道德认知和网络交往道德行为存在显著性差异($p < 0.05$),家庭住址不同,网络交往道德认知和网络交往道德行为也不同。

表4—4 家庭住址与网络交往道德差异性分析

		平方和	df.	均方	F	显著性
家庭住址 * 网络交往道德认知	组间	45.287	3	15.096	23.711	0.000
	组内	2308.526	3626	0.637		
	总数	2353.814	3629			
家庭住址 * 网络交往道德行为	组间	14.783	3	4.928	11.505	0.000
	组内	1553.009	3626	0.428		
	总数	1567.792	3629			

家庭住址为农村的大学生在网络交往道德认知上表现最好,而来自乡镇的大学生表现最差。在第1、5题中,家庭住址为农村和乡镇的大学生得分分别最低和最高,在剩下十一个认知上,他们得分分别为最高和最低。

网络交往对家庭住址为城市的大学生道德行为影响较大,调查数据显示,城市的大学生在"网友的不良行为会影响到您吗"和"网络交往使我在现实交往过程中更加尊重别人"等六个方面均值最小,影响最大。而来自乡镇和农村大学生在这些行为的均值较大,影响较小。

表 4—5   年级与网络交往道德差异性分析

		平方和	df.	均方	F	显著性
年级 * 网络交往 道德认知	组间	0.666	4	0.166	0.257	0.905
	组内	2345.691	3623	0.647		
	总数	2346.357	3627			
年级 * 网络交往 道德行为	组间	10.371	4	2.593	6.042	0.000
	组内	1554.664	3623	0.429		
	总数	1565.035	3627			

表 4—5 是年级与网络交往道德差异性分析结果。从表 4—5 可以看出，年级与网络交往道德行为存在显著性差异（p < 0.05），与网络交往道德认知之间不存在显著性差异。表明大学生年级不同，网络交往道德行为也不同。

年级与网络交往道德行为之间的显著性差异主要表现在"尊重他人、注重礼节、自觉规范自我行为、宽容和真诚"等六方面。调查数据显示，一、二、三、四年级大学生在这六个方面的均值依次从低到高，表明大一学生表现最好，大二学生次之，大四学生表现最差，网络交往对其道德行为的影响相对最小。

表 4—6   学科类别与网络交往道德差异性分析

		平方和	df.	均方	F	显著性
学科类别 * 网络交往 道德认知	组间	21.694	5	4.339	6.74	0.000
	组内	2332.113	3623	0.644		
	总数	2353.807	3628			
学科类别 * 网络交往 道德行为	组间	7.277	5	1.455	3.379	0.005
	组内	1560.486	3623	0.431		
	总数	1567.763	3628			

表 4—6 是学科类别与网络交往道德差异性分析结果。从表 4—6 可以看出，学科类别与网络交往道德认知和网络交往道德行为存在显著性差异（p < 0.05），学科类别不同，网络交往道德认知和网络交往道德行为也

不同。

学科类别与"下载资料拼凑论文""做作业时从网上抄答案"之间不存在显著性差异。理科生在"网络为'罂粟'正向大学生散发着致命的迷香"、商科学生在"网上发布的信息要尽可能的恪守真实性与准确性"认识上均值分别为 2.88、2.47，均值最小表现最好，文科和工科学生在这两个方面均值最高，表现最差；在剩余"浏览不健康网站、图片、暴力网站或视频"等九个方面均值得分最高的为商科学生，得分最低的为文科学生，表明商科学生表现最好，文科学生表现最差。

学科类别与网络交往道德行为的显著性差异主要表现在"网友的不良行为会影响到您吗""参与网络交往后，您是否变得对周围人缺乏信任感？"和"网络交往让我对自己不喜欢的人更加宽容"三方面。前两个问题商科学生均值最高，分别为 3.26、3.44，表现最好；理科学生均值最低，分别为 2.93、3.17，表现最差；最后一个问题商科学生均值最高，表现最好，文科学生相对表现最差。

二　大学生网络交往道德相关性分析

探讨网络交往与网络交往道德之间的关系，就是要了解网络交往动机、对象、方式、行为分别与网络交往道德认知、道德行为之间的相关性。笔者利用斯皮尔曼等级相关系数计算他们之间相关程度的大小，衡量它们之间的相关性。

表4—7是大学生网络交往动机与道德认知相关性分析结果。从表4—7可以看出，除开"网络如罂粟影响着大学生""下载资料拼凑论文"和"发布的信息要恪守真实性与准确性"，网络交往动机情感满足、获取社会利益和获得他人认可与道德认知之间存在强正相关性，表明上述三个动机越强，就越认同上述的看法和行为；工作学习提升自我、信息沟通交流和休闲娱乐与道德认知之间存在强负相关性，表明上述三个动机越强，就越不认同上述的看法和行为。

表 4—7　　　　　　　　网络交往动机与道德认知的相关性

	浏览不健康网站（图片或视频）	网络黑客行为	登录他人账号，浏览其个人信息	公开谈论他人隐私	论文中引用网上资料不注明	做作业时从网上抄答案	在聊天室、论坛等公共场所说粗话	发布、转载未经核实的明星绯闻等	干露露等通过网络炒作爆红	观看AV
情感满足	0.120**	0.112**	0.115**	0.114**	0.061**	0.027	0.102**	0.107**	0.100**	0.094**
获取社会利益	0.192**	0.178**	0.220**	0.213**	0.107**	0.082**	0.175**	0.157**	0.179**	0.163**
工作学习提升自我	-0.090**	-0.069**	-0.105**	-0.118**	-0.085**	-0.107**	-0.140**	-0.135**	-0.133**	-0.134**
信息沟通交流	-0.170**	-0.163**	-0.214**	-0.236**	-0.122**	-0.101**	-0.198**	-0.208**	-0.220**	-0.218**
休闲娱乐	-0.125**	-0.162**	-0.194**	-0.223**	-0.113**	-0.042**	-0.156**	-0.170**	-0.188**	-0.171**
获得他人认可	0.134**	0.136**	0.172**	0.170**	0.085**	0.048**	0.136**	0.143**	0.139**	0.128**
消磨时光	0.046**	0.033*	-0.006	-0.005	0.021	0.076**	0.024	0.016	-0.003	0.037*

注：＊表示 0.05 的显著性水平，＊＊表示 0.01 的显著性水平。

表 4—8　　　　　　　　网络交往对象与道德认知的相关性

	家人和亲戚	朋友	现实生活中熟人	网上偶遇的人
浏览不健康网站（图片暴力网站或视频）	0.058**	-0.137**	-0.081**	0.252**
网络黑客行为	0.034*	-0.143**	-0.098**	0.245**
登录他人账号，浏览其个人信息	0.028	-0.182**	-0.097**	0.266**
公开谈论他人隐私	0.014	-0.219**	-0.131**	0.277**
论文中引用网上资料不注明	-0.021	-0.110**	-0.094**	0.149**
做作业时从网上抄答案	-0.040*	-0.098**	-0.042*	0.124**
在聊天室、论坛、贴吧等公共场所说粗话	-0.010	-0.200**	-0.116**	0.231**
在网上发布、转载未经核实的明星绯闻、花边新闻	-0.010	-0.193**	-0.112**	0.219**
干露露等网络名人通过网络炒作爆红	-0.012	-0.198**	-0.129**	0.216**
观看 AV	-0.002	-0.211**	-0.114**	0.258**

注：＊表示 0.05 的显著性水平，＊＊表示 0.01 的显著性水平。

表 4—8 是网络交往对象与道德认知相关性分析的结果。从表 4—8 可以看出，网络交往对象是朋友、现实生活中熟人与道德认知之间存在强负相关性，表明与朋友、现实生活中熟人交往频率越高，对上述行为的认同就越低；而网上偶遇的人与道德认知之间存在强正相关性，表明与网上偶

遇的人交往频率越高，就越认同上述行为。

表 4—9　　　　　　　　网络交往方式与道德认知相关性

	即时通信	论坛	电子邮件	网络游戏	社交网站	微博	博客/个人空间
浏览不健康网站（图片、暴力网站或视频）	-0.124**	0.294**	0.208**	0.292**	0.262**	0.116**	0.166**
网络黑客行为	-0.140**	0.257**	0.184**	0.235**	0.241**	0.120**	0.138**
登录他人账号，浏览其个人信息	-0.198**	0.313**	0.221**	0.274**	0.274**	0.125**	0.132**
公开谈论他人隐私	-0.223**	0.326**	0.240**	0.291**	0.286**	0.123**	0.127**
论文中引用网上资料不注明	-0.081**	0.143**	0.127**	0.175**	0.167**	0.053**	0.057**
做作业时从网上抄答案	-0.012	0.120**	0.088**	0.185**	0.122**	0.074**	0.098**
在聊天室、论坛、贴吧等公共场所说粗话	-0.155**	0.256**	0.182**	0.278**	0.239**	0.100**	0.094**
在网上发布、转载未经核实的明星绯闻、花边新闻的行为	-0.142**	0.255**	0.200**	0.254**	0.242**	0.115**	0.121**
干露露等网络名人通过网络炒作爆红	-0.172**	0.248**	0.176**	0.249**	0.235**	0.100**	0.121**
观看 AV	-0.189**	0.273**	0.206**	0.313**	0.258**	0.101**	0.105**

注：*表示 0.05 的显著性水平，**表示 0.01 的显著性水平。

　　表 4—9 是网络交往方式与道德认知相关性分析结果。从表 4—9 可以看出，即时通信与道德认知之间存在强负相关性，表明使用即时通信频率越高，对上述行为的认同就越低；论坛、电子邮件、网络游戏、社交网站、微博、博客/个人空间与道德认知之间存在强正相关性，表明使用他们网络交往频率越高，就越认同上述行为。

　　表 4—10 是网络交往行为与道德认知相关性分析结果。从表 4—10 可以看出，网络交往积极行为与道德认知之间存在强负相关性，表明网络交往积极行为越多，就越不认同上述行为；网络交往消极行为与道德认知之间存在强正相关性，表明网络交往消极行为越多，就越认同上述行为。

表 4—10　　　　　　　　　网络交往行为与道德认知相关性

	浏览不健康网站（图片或视频）	网络黑客行为	登录他人账号，浏览其个人信息	公开谈论他人隐私	论文中引用网上资料不注明	做作业时从网上抄答案	在聊天室、论坛等公共场所说粗话	发布、转载未经核实的明星绯闻等	干露露等通过网络炒作爆红	观看AV
关注宣扬正能量	-0.164**	-0.157**	-0.207**	-0.221**	-0.170**	-0.129**	-0.218**	-0.197**	-0.211**	-0.187**
参与如爱国主义主题活动	-0.079**	-0.069**	-0.096**	-0.106**	-0.124**	-0.118**	-0.140**	-0.124**	-0.126**	-0.091**
帮他人解决疑惑，给予帮助	-0.127**	-0.117**	-0.151**	-0.177**	-0.146**	-0.138**	-0.201**	-0.193**	-0.194**	-0.145**
参与社会公益活动	-0.135**	-0.120**	-0.141**	-0.162**	-0.137**	-0.150**	-0.187**	-0.175**	-0.171**	-0.142**
慎独自律	-0.171**	-0.169**	-0.198**	-0.220**	-0.159**	-0.143**	-0.227**	-0.201**	-0.239**	-0.205**
言行一致	-0.168**	-0.145**	-0.187**	-0.196**	-0.158**	-0.134**	-0.220**	-0.203**	-0.217**	-0.192**
欺骗网友	0.312**	0.266**	0.358**	0.360**	0.241**	0.197**	0.341**	0.336**	0.344**	0.358**
玩游戏时作弊	0.304**	0.280**	0.321**	0.349**	0.256**	0.238**	0.372**	0.340**	0.339**	0.352**
有意隐瞒自己性别等信息	0.170**	0.145**	0.172**	0.173**	0.185**	0.192**	0.205**	0.191**	0.192**	0.185**
使用多个身份与他人交往	0.319**	0.287**	0.350**	0.378**	0.270**	0.247**	0.377**	0.371**	0.382**	0.354**
匿名发布不实信息	0.351**	0.320**	0.393**	0.429**	0.282**	0.265**	0.426**	0.414**	0.423**	0.406**
转发或转载过尚未证实的留言或文章	0.339**	0.287**	0.372**	0.374**	0.299**	0.272**	0.400**	0.388**	0.399**	0.357**
参与人肉搜索	0.373**	0.318**	0.416**	0.452**	0.306**	0.285**	0.440**	0.420**	0.425**	0.405**
偷窥他人隐私	0.375**	0.313**	0.400**	0.428**	0.307**	0.290**	0.427**	0.418**	0.425**	0.415**
频繁地结交异性朋友	0.369**	0.327**	0.414**	0.440**	0.315**	0.277**	0.434**	0.418**	0.437**	0.415**
使用BT、草泥马等用语	0.311**	0.269**	0.327**	0.335**	0.259**	0.259**	0.372**	0.331**	0.349**	0.390**
在论坛中灌水	0.346**	0.311**	0.391**	0.399**	0.288**	0.256**	0.408**	0.397**	0.417**	0.425**
围攻或诋毁他人	0.366**	0.343**	0.423**	0.457**	0.302**	0.261**	0.432**	0.423**	0.460**	0.458**
盗取他人账号密码或信息	0.358**	0.346**	0.437**	0.457**	0.284**	0.234**	0.414**	0.403**	0.434**	0.442**

注：＊表示0.05的显著性水平，＊＊表示0.01的显著性水平。

表 4—11　　　　　　　　　网络交往动机与道德行为相关性

	网上交往使我在现实交往过程中更加尊重别人	网上交往使我在现实交往过程中更加注重礼节	网上交往使我在现实交往过程中更加自觉规范自我行为	网上交往让我对自己不喜欢的人更加宽容
情感满足	0.076**	0.045**	0.054**	0.061**
获取社会利益	0.062**	0.065**	0.063**	0.076**
工作学习、提升自我	0.147**	0.135**	0.145**	0.095**
信息沟通、交流	0.104**	0.069**	0.075**	0.054**
获得他人认可	0.072**	0.054**	0.046**	0.063**

注：＊表示 0.05 的显著性水平，＊＊表示 0.01 的显著性水平。

　　表 4—11 是网络交往动机与道德行为相关性分析结果。从表 4—11 可以看出，网络交往动机"情感满足、获取社会利益、工作学习提升自我、信息交流沟通和获得他人认可"与"尊重他人、注重礼节、自觉规范自身行为和宽容"之间存在强正相关性，上述动机越强，道德行为越积极。

　　表 4—12 是网络交往行为与道德行为相关性分析结果。从表 4—12 可以看出，网络交往正面行为与道德行为之间存在强正相关性，积极网络交往行为与道德行为之间具有很好的一致性，消极网络交往行为与道德行为之间不存在明显的相关性。

表 4—12　　　　　　　　　网络交往行为与道德行为相关性

	网上交往使我更加尊重别人	网上交往使我更加注重礼节	网上交往使我更加自觉规范自我行为	网上交往让我更加宽容	网上交往让我认识到真诚十分重要	网上交往让我认识到感恩十分重要
关注、宣扬正能量	0.193**	0.158**	0.162**	0.079**	0.147**	0.154**
跟帖反对或抨击那些不文明的帖子	0.137**	0.118**	0.114**	0.122**	0.057**	0.080**
对一些不负责任的言论予以抨击	0.152**	0.130**	0.129**	0.117**	0.092**	0.118**
参与诸如"爱国主义"主题的活动	0.177**	0.156**	0.177**	0.124**	0.145**	0.156**
帮他人解决疑惑或直接给予帮助	0.192**	0.173**	0.171**	0.110**	0.163**	0.180**
参与社会公益活动	0.204**	0.179**	0.175**	0.135**	0.156**	0.194**

续表

	网上交往使我更加尊重别人	网上交往使我更加注重礼节	网上交往使我更加自觉规范自我行为	网上交往让我更加宽容	网上交往让我认识到真诚十分重要	网上交往让我认识到感恩十分重要
慎独自律	0.168 **	0.169 **	0.167 **	0.108 **	0.177 **	0.154 **
言行一致	0.165 **	0.170 **	0.170 **	0.100 **	0.190 **	0.167 **
遇到网络欺骗信息向有关部门举报	0.148 **	0.156 **	0.155 **	0.105 **	0.116 **	0.123 **
玩游戏时作弊	- 0.061 **	- 0.072 **	- 0.071 **	- 0.003	- 0.093 **	- 0.066 **
有意隐瞒自己性别或其他信息	- 0.034 *	- 0.038 *	- 0.049 **	- 0.030	- 0.035 *	- 0.040 *
使用多个身份与他人交往	- 0.051 **	- 0.053 **	- 0.054 **	0.008	- 0.111 **	- 0.064 **
匿名发布不实信息	- 0.066 **	- 0.051 **	- 0.072 **	0.008	- 0.134 **	- 0.066 **
转发或转载过未证实的留言或文章	- 0.043 *	- 0.041 *	- 0.041 *	0.011	- 0.096 **	- 0.068 **
参与人肉搜索	- 0.044 **	- 0.029	- 0.038 *	0.018	- 0.117 **	- 0.079 **
出于好奇，有意无意地偷窥他人隐私	- 0.051 **	- 0.042 *	- 0.037 *	0.019	- 0.090 **	- 0.053 **
频繁地结交异性朋友	- 0.024	- 0.013	- 0.009	0.052 **	- 0.080 **	- 0.040 *
使用"BT""草泥马"等用语	- 0.017	- 0.024	- 0.027	0.007	- 0.031	- 0.034 *
在论坛中"灌水"	- 0.016	- 0.021	- 0.029	0.018	- 0.063 **	- 0.029
围攻或诋毁他人	- 0.027	- 0.006	- 0.018	0.025	- 0.086 **	- 0.033 *
盗取他人账号、密码或信息	0.000	0.031	0.004	0.056 **	- 0.089 **	- 0.027

注：＊表示 0.05 的显著性水平，＊＊表示 0.01 的显著性水平。

第三节　主要结论及原因分析

通过上述对大学生网络交往调查样本进行数据分析和处理，本章得出了大学生网络交往道德的几点主要结论，找到了原因，为培育大学生网络交往良好道德提供了更加有力的理论和实践支撑。

一　大学生网络交往道德现状的主要结论

大学生网络交往道德水平不仅直接关系到大学生的全面发展，而且直接关系到网络道德建设，是影响网络社会文明程度的主要因素。我国一直以来就很重视网络道德建设，近年来，已成功开展了"大兴网络文明之风"、网络文明道德教育等活动，发布了《文明上网自律公约》，取得了比较显著的成效。当代大学生在网络交往中的表现值得肯定，他们能够自觉投身到网络道德建设中来，能够旗帜鲜明、积极主动地弘扬网络主旋律，传播正能量。比如，2014年国庆节前夕，湖北大学2009届思想政治教育专业优秀本科毕业生、澳大利亚国立大学博士研究生雷希颖，通过微博发起"我和国旗合个影"活动，倡议大家拍张与国旗的合影，并写下对祖国的祝福。他在倡议书中写道，"身处澳土，心系中华！出国越久，'一个中国人，一份中国情，一颗中国心'的情愫愈发深沉……中秋将至，全球华人团结起来祈福中国！拍张与五星红旗的合影，写下对祖国的祝福，以'我和国旗合个影'为主题，用我们的微博传递一个声音：我爱你，中国！"该条微博迅速火了起来，截至当年"十一"国庆，活动阅读量达到2.1亿人次，参与量有十几万人次。活动得到国家副主席李源潮的点赞，他充分肯定了雷希颖在传播担当尽责的正能量，促进社会风清气正方面的积极贡献。

通过分析本次问卷调查数据，发现大部分大学生网络交往道德水平令人满意。比如，40.5%的大学生认为"网络交往使我在现实交往过程中更加尊重别人"，50.5%的大学生认为"网络交往使我在现实交往过程中更加注重礼节"，51.2%的大学生认为"网络交往使我在现实交往过程中更加自觉规范自我行为"，51.4%的大学生认为"网络交往让我对自己不喜欢的人更加宽容"，64.6%的大学生认为"网络交往让我认识到真诚在现实交往中十分重要"，61.5%的大学生认为"网络交往让我认识到懂得感恩在现实交往中十分重要"。

当前，大学生在网络交往中仍然存在各种各样网络交往道德失范现象，引发了诸多网络交往道德问题。

一是自私自利思想蔓延。网络社会的开放、自由和跨地域性导致价值观的冲突加剧，也容易助长大学生以自我为中心、自私自利思想蔓延。在互联网这个虚拟社会中，大学生以自我需要和感受为价值尺度，不考虑其他人的看法和感受，也不考虑集体利益、国家利益，他们把个人价值和自我享受看得高于一切。2010年轰动一时的药家鑫一案就是大学生以自我为中心、自私自利的典型案例。2010年10月20日深夜，西安音乐学院大三学生药家鑫驾车撞人后，将伤者刺了八刀致其死亡后驾车逃逸，在逃逸过程中再次撞伤行人，后被群众抓获，最后被法院以故意杀人罪判处死刑。从问卷调查数据中也可以看出，部分大学生在网络交往中存在以自我为中心、自私自利的思想。比如，在回答"您在网络游戏中如何对待竞争者"这一问题时，大学生们不能正确对待网络游戏的竞争对手，甚至会采取极端的做法达到自己的目的，满足自己的一己私利。其中，4.5%的大学生选择"谩骂羞辱对方"，11.5%的大学生选择"想杀掉或不择手段解决掉对方"。在回答"网络交往时，当您为了自己的利益而不得不伤害自己的朋友或合作者时，您会怎么做"这一问题时，5.2%的大学生选择"丝毫不犹豫，果断去做"，27%的大学生选择"有些内疚，但还是去做"。在回答"如果您在游戏中遭遇失败（如被杀或扮演角色失败），您会怎么做"这一问题时，7.1%的大学生选择"找机会报复对方"，11.7%的大学生选择"杀比自己小的玩家发泄"，有18.7%的大学生从自身感受出发做事情，不计后果也不考虑他人感受。

二是网络违法犯罪凸显。大学生网络违法犯罪是指大学生借助网络进行一切违法犯罪的非理性行为。比如，传播、使用计算机病毒，非法侵入他人计算机或网站，网络欺诈与诈骗，造谣、传谣，侵犯他人的知识产权，下载、传播黄赌毒信息，等等。网络开放性以及弱监督性，使得以网络为载体的大学生违法犯罪也随之出现，并有上升之势。由于网络犯罪成本低、传播迅速、传播范围广、隐蔽性高、取证困难等特点，使得对社会产生极大的危害。根据调查问卷数据显示，网络黑客和网络暴力行为是大学生网络犯罪的主要形式。比如，20.28%的大学生赞同网络黑客行为，18.8%的大学生存在网络暴力倾向。近年来，大学生网络犯罪行为也屡屡被媒体报道。比如，据2014年8月7日的《中国青年报》报道，2008年一个由十余名大学生组成的网络"黑客团"先后入侵江西、湖北、贵州、江苏等十一个省的政府网站，修改数据700余项，最终被警方以涉嫌破坏计算机信息系统罪、涉嫌伪造公文罪逮捕。

三是诚信意识淡薄。在网络中大学生网络交往独特的匿名性和虚拟性，使得他们自我意识淡化，从而使道德舆论的承受对象变得模糊不清，良心机制在大学生网络交往中的自我监督作用减弱，从而造成网络交往诚信意识淡薄，继而引发欺骗等不诚信行为不断发生。调查问卷数据显示，近半数大学生存在网络交往诚信意识淡薄问题。比如，在回答"网上发布的信息要尽可能地恪守真实性与准确性"这一问题时，有高达42.1%

的大学生不赞同这一行为；在回答"论文中引用网上资料不注明、做作业时从网上抄答案"两个问题时，也分别有14.3%和17.11%的大学生完全赞同这些行为。现实生活中经媒体报道的大学生网络诚信问题更是比比皆是。例如，东北财经大学2005级统计学专业研究生袁新通过网络查找到南京财经大学研究生曾康宁的硕士学位论文《江苏省FEEEP协调度研究》，将其硕士学位论文改为《山东省FEEEP协调度研究》，而其他内容一字未改。此事仅媒体报道后，东北财经大学撤销了抄袭者袁新的硕士学位，并收回了已发放的硕士学位证书。

四是文明状况堪忧。互联网使人类文明的信息得以更快捷、更广泛地传播。以大学生为代表的青少年一直是网络交往主力，他们不断地从网络中获得新知识，丰富着他们的文化，但同时网络也给大学生们带来一系列负面影响。比如，少数大学生过分沉迷于网络影响了学业，更有一些人在网上骂人、浏览色情信息、发布不良信息、盗用他人账号、攻击一些网站，等等，这些现象的出现反映大学生网络交往时文明状况堪忧。网上出现的大量不道德、不文明的行为，给现实社会带来很多不良影响。调查问卷数据显示，近半数大学生存在网络交往欺骗行为等不诚信问题。比如，在面对"登录他人账号，浏览其个人信息"这一问题时，有高达53.66%的大学生存在这种行为；在面对"公开谈论他人隐私和在聊天室、论坛、贴吧等公共场所说粗话"两个问题时，也分别有15.31%和20.24%的大学生完全赞同这些行为。现实生活中大学生在QQ聊天、BBS上的不文明现象大量存在。比如，2005超女三甲李宇春、周笔畅和张靓颖粉丝网络骂战堪称史上最激烈的一次粉丝互撕，粉丝们不骂出个输赢绝对誓不罢休，执着精神十分令人"钦佩"，事后调查发现，这场骂战的主力全部为大学生。

五是自律意识弱化。在极具隐蔽的网络世界里，交往主体的一言一行主要依靠自身内心信念加以维系。然而，网络社会解除了现实身份的束缚，使得大学生摆脱现实社会的诸多伦理和道德约束，以"隐形人"的身份在网络中自由行走。在缺乏外力监督的情况下，面对网络社会各种诱惑，大学生自律意识减弱，在网络世界里充分表达自己的想法，放纵自身行为，忘却社会责任和道德规范，不再遵守网络社会所有规范和约束而随心所欲、我行我素。调查问卷数据显示，部分大学生在网络交往中缺乏自律意识。比如，高达42.97%的大学生浏览不健康网站（图片、暴力网站或视频），15.04％的大学生经常观看色情影片等。据媒体报道，2014 年 7 月，成都市公安局网管处在工作中发现，高校 2002 级大二学生章某在校园网个人空间上提供激情视频下载、寻找美女等境外淫秽色情链接内容，民警及时传唤章某并进行了教育。据章某介绍，自己不能很好地约束，平时总观看下载淫秽色情内容，后来发展成将淫秽色情链接内容粘贴至个人空间。他表示，后悔自己的行为，以后会加强自律管好自己。

二　大学生网络交往道德现状的原因分析

大学生网络交往道德失范问题的出现并非偶然现象，也并非一日形成，而是多种内外因素交相作用日积月累的结果。具体而言，主要存在以下三个方面的原因。

第一，大学生身心特点为网络交往道德失范提供了可能。大学生作为一个群体，他们的年龄一般在 18—22 岁之间，有着特殊的身心发展规律和自身发展的特殊性。大学阶段是大学生道德"他律"向道德"自律"发展的重要阶段，也是世界观、人生观、价值观形成和发展的关键阶段。这个阶段的大学生自我意识和竞争意识较强，有进取心，也有强烈的表现自我愿望。同时，大学生思想活跃，智力和思维水平高，但情感意志等非智力因素普遍不高。此外，大学生科学知识丰富，但人文素养不高，价值取向不稳定，导致大学生很容易受外界因素和环境的影响，也容易被事物表象所迷惑。在遇到挫折和压力的时候，渴望寻找宣泄情绪、缓解压力的地方。具有隐蔽性和虚拟性的网络正好满足了大学生的这些需要，他们随心所欲地干自己想干的事，以此宣泄情绪、释放压力。

大学生的特点还表现在不重视自我道德修养。传统"重智轻德"的影响和用人单位对大学生专业知识的看重，使得他们的精力大多用在专业知识学习和技能培养上，以致忽略了自我道德修养，更没有将我国优秀传统文化内化于心、外化于行。此外，道德知行脱节现象在大学生中普遍存在。应该说，在家庭教育和学校教育中成长起来的大学生，已经掌握了基本的道德知识，具备了对是非、善恶的判断能力。但是，部分大学生还是知德而不愿行德，知道道德修养重要但鲜见付诸行动，导致知行脱节。比如，在网络交往过程中，部分大学生明知说脏话粗话、查看他人隐私不道德，但还是明知故犯。

第二，网络交往环境为大学生网络交往道德失范创造了机会。网络交往环境作为一种客观存在，由于它固有的特征，使得其对大学生行为的影响十分明显。网络交往环境的影响主要体现在两个方面。

一是社会环境的影响。在经济全球化、政治多极化、文化价值多元化的今天，世界观、人生观和价值观还未成熟的大学生，根本无法抵御来自四面八方的各种价值观、文化思潮和现实社会种种乱象的影响和冲击。尽管我国进行了一系列改革，取得了一定成效，但政治、经济、文化体制中存在的许多问题还没有得到完全解决。在原有政治经济秩序和均衡状态已被打破，而新体系尚未健全的情况下，上层建筑发展的滞后性致使我国社会存在一定的乱象。比如，不道德、不诚信、欺骗甚至诈骗等行为普遍存在。经济是社会价值观念变革的现实基础，是大学生道德价值观念的根本动因。现阶段，我国正处于社会主义市场经济改革期和矛盾凸显期，市场经济的负面效应容易引起急功近利、金钱至上、自私自利等一系列不良社会现象的出现。加之社会转型期间的社会控制相对弱化，社会价值导向的推行机制缺乏应有约束，社会风气遭到一定破坏，社会公德被蔑视，也时时刻刻影响着大学生道德价值观念。现阶段，中国传统文化与现代文化、西方文化与民族文化相交织，他们又与大众文化融为一体，构成了特定的文化氛围与文化环境，对大学生道德产生了潜移默化的影响。特别是随着对外交流不断扩大，西方文化、生活方式和价值观念等也逐渐渗透到大学生日常生活中。存在主义、实用主义以及"民主、自由、人权"观念的渗透，使得部分大学生在日常生活中，只讲个人利益，不讲集体利益；只顾个人需要，不顾他人需要；只讲个人自由，不要组织纪律；过分强调自我实现和自我价值，注重物质享受和感官刺激以及糜烂的生活方式。这些不良观念使得部分大学生集体主义观念淡薄，责任意识淡化，价值取向出现偏差。如此这些，极大地影响了大学生网络交往的道德水平。

二是网络环境的影响。网络社会是一个信息资讯极其丰富的社会，各个国家、各个民族的文化、价值观和意识形态在这里汇聚交织，特别是个别西方发达国家凭借着强大的经济和技术占据着网上信息优势，到处推销所谓的"普世价值"、实用价值和功利主义等。网络社会中多元、新颖且良莠不齐的信息，对大学生产生着极大的诱惑和欺骗，他们可能在不良信息的影响下，分不清哪些好，哪些坏，对其网络交往道德产生了深刻的影响。面对网络呈现的诸多纷繁庞杂信息，现行网络监管体制和网络管理政策、法律法规还存在不系统、不完善等问题，并且许多盲区都未能涉及。

1994 年以来，我国政府相继制定了一系列相关法律法规。例如，1998 年3 月 6 日出台的《中华人民共和国计算机信息网络国际联网管理暂行规定实施办法》，2000 年 9 月 25 日出台的《互联网信息服务管理办法》，2000 年 12 月 28 日出台的《维护互联网安全的决定》，2003 年 7 月 1 日出台的《互联网文化管理暂行规定》，2005 年 1 月 28 日出台的《互联网 IP 地址备案管理办法》，2005 年 5 月 30 日出台的《互联网著作权行政保护办法》，2005 年 8 月 9 日出台的《关于网络游戏发展和管理的若干意见》，2006 年 5 月 10 日颁布的《信息网络传播权保护条例》等。但是，总体来说，我国现有相关法律法规还很不健全，明显滞后于现阶段网络发展的实际状况，再加上执法机制体制也不完善，因而，整个监督机制缺乏足够威慑，难以有效防范大学生网络交往道德失范现象的产生和蔓延。

　　三是传统道德教育弱化使大学生网络交往道德失范成为可能。教育对大学生道德的形成和发展起着十分重要的作用，而传统道德教育一定程度上脱离了大学生的生活。从教育方式来看，传统道德教育认为只要大学生掌握了知识和发展了认知，就自然地有了良好的道德品质。它强调理论灌输，一方面忽视了大学生道德生活、道德需要和主体性，缺乏对大学生的引导；另一方面过于关注"教"的结果而忽视"学"的过程，导致道德教育成了观念的说教、规范的灌输和行为约束。所以，传统道德教育和生活世界成为"两张皮"，像两条平行线分别在各自轨道上运行永无交会点。从教育内容来看，传统道德教育把道德知识当作客观世界的真理，将道德知识与大学生自身生活经验隔离开来，使其成为冷冰冰的教条和文字，失去了生命力。这使得道德知识无法被大学生记忆和掌握，更无法融入到大学生内在精神世界和整体人格之中。另外，高校在一定程度上存在道德教育弱化现象。长期以来，大学道德教育形式主义现象较为严重，把道德当作知识的倾向一直存在着，不重视道德习惯教育和人格培养，从而导致不诚信、不文明、相互欺骗等现象在大学校园大量存在，以致大学生有些行为缺乏道德规范的约束。

　　第三，社会、学校和家庭网络道德教育存在不足。大学生良好网络交往道德的培养和形成，需要社会、学校和家庭教育他们掌握道德规范，培养道德情感，锻炼道德意志，最终形成良好的网络交往道德。令人堪忧的是，面对互联网冲击，社会、学校和家庭网络道德教育显得苍白无力。社会对大学生网络交往道德失范产生的不良影响还未引起足够认识，给予关注也比较少，缺少对大学生进行正确、有针对性的网络交往引导和规范，网络道德教育内容的空洞化、活动开展形式化导致社会对大学生网络道德教育的缺失和滞后。高等学校对大学生网络交往道德品质形成起着主导作用，然而，高等学校的网络道德还有待加强。网络道德教育未纳入课程体系建设，把网络道德教育当作知识的倾向严重存在，教育工作者不能适应网络交往道德教育的需要等问题一直存在。与此同时，高校网络思想政治教育阵地未发挥应有作用，使得大学生只能被动地接受纷繁复杂的网络信息。家庭教育的说教往往多于表率，很多家长在网络中的道德意识和行为不能成为子女的榜样。家长们一边教育孩子不要沉迷于网络，一边却通宵达旦泡在网上；他们教育孩子不能浏览色情网站、不能网恋，自己却在欣赏成人电影和色情图片，甚至通过网络交友，与网友外出开房；他们教育孩子要诚实，不要弄虚作假，自己却尔虞我诈，互相欺骗，发布虚假信息；他们教育孩子在网络中要讲道德，自己却不能遵守网络道德规范，在网络中随意放纵，等等。这样的家庭教育是不可能培养出孩子良好的道德品质的。

三　大学生网络交往道德差异性、相关性主要结论及原因分析

从网络交往道德差异性来看，性别、政治面貌、家庭住址和学科类别对大学生网络交往道德认知、道德行为有显著影响，年级对大学生网络交往道德认知有显著影响。

从性别的差异性来看，女生在网络交往道德认知和道德行为两方面的表现，好于男生。在问卷调查过程中，女生对"浏览不健康网站、网络黑客行为、登录他人账号、公开谈论他人隐私、论文中引用网上资料不注明、做作业时从网上抄答案、在聊天室等公共场所说粗话、在网上发布转载未经核实的明星绯闻、干露露等网络名人通过网络炒作爆红的做法、观看 AV"等十个问题的认知明显好于男生。在回答"网友的不良行为会影响到您吗"和"参与网络交往后，您是否变得对周围人缺乏信任感"两个问题时，女生表现好于男生，这与众多研究者的研究结果一致。出现这种状况的原因可能在于，男生自控力不如女生，网络的自由性很大程度上释放了男生的原始欲望，导致他们在网络交往道德认知和道德行为两方面表现得不尽如人意。

从政治面貌的差异性来看，中共党员和共青团员在网络交往道德认知

和道德行为两方面表现较好。在问卷调查过程中，中共党员和共青团员对"浏览不健康网站、网络黑客行为、登录他人账号、公开谈论他人隐私、论文中引用网上资料不注明、做作业时从网上抄答案、在聊天室等公共场所说粗话、在网上发布转载未经核实的明星绯闻、干露露等网络名人通过网络炒作爆红的做法、观看 AV"等十个问题的认知较好，他们认为网络交往对其道德行为的影响趋于正面，这与众多研究者的研究结果一致。中共党员和共青团员代表了优秀大学生群体，他们具有较高的素质和自控力，在大学生群体中能够很好地发挥模范带头作用，自然而然地在网络交往道德认知和道德行为两方面的表现也好于其他大学生。

从家庭住址的差异性来看，来自农村的大学生在网络交往道德认知和道德行为两方面表现最好，而来自城市的大学生表现最差。在问卷调查过程中，来自农村的大学生普遍认为网友不良行为不会影响到自己，网络交往使其在现实交往过程中更加尊重别人；相反，来自城市的大学生对于这几个方面的回答并不令人满意。来自农村的大学生成长环境明显没有来自城市的大学生的成长环境复杂，他们在相对简单环境中所受的负面影响要小得多，这就使得来自农村的大学生在网络交往道德认知和道德行为两方面表现最好，而来自城市的大学生表现则最差。

从年级的差异性来看，大一学生在网络交往道德行为方面表现最好，而大四学生表现则最差。从问卷调查的数据可以看出，大一学生在尊重他人、注重礼节、自觉规范自我行为、宽容和真诚等方面表现最好，相反大四学生表现最差。这可能和大四学生面临的压力有关，尤其是就业压力。在面对压力的时候，人们容易逃避现实而选择消极退避的生活方式，或者需要更多宣泄。而网络无疑可以在一定程度上满足大四学生这方面的需求。因此，大一学生在网络交往道德行为方面表现最好，而大四学生表现则最差。

从学科类别的差异性来看，商科大学生在网络交往道德认知和道德行为两方面表现最好，文科大学生最差。从问卷调查的数据可以看出，商科的大学生对于浏览不健康网站（图片、暴力网站或视频）等九个方面的认知最好，而文科大学生认知则最差；商科大学生认为网友的不良行为不会影响自己，而文科大学生的回答则不太令人满意。

从网络交往道德的相关性来看，网络交往动机、交往行为与网络交往道德认知、道德行为之间均存在一定的相关性，网络交往对象和交往方式

分别与网络交往道德认知之间均存在一定的相关性。

在网络交往动机与网络交往道德认知、道德行为之间，纯正的网络交往动机能够使大学生具有正确的网络交往道德认知和行为，同样正确的网络交往道德认知和行为，能够促进大学生端正网络交往动机。从调查问卷数据不难看出，如果大学生以情感满足、获取社会利益和获得他人认可为目的而进行网络交往，他们对于道德失范的认同感就会较强，他们的网络交往道德行为就会出现偏差。相反，如果大学生以工作学习提升自我、沟通交流信息为目的而进行网络交往，他们对于道德失范的认同感就会较弱，他们网络的交往道德行为就会比较符合规范。动机是人们产生想法和开展活动的一种内在驱动力，纯正动机可以使得人们朝着好的方面发展，相反，不纯正动机会则会引导人们走向反面。大学生网络交往也不例外，纯正网络交往动机必然会使得大学生具有正确的网络交往道德认知和行为。

在网络交往行为与网络交往道德认知、道德行为之间，积极的网络交往行为能够使得大学生具有正确的网络交往道德认知和行为，同样，正确的网络交往道德认知和行为一定能够使得大学生具有积极的网络交往行为。从调查问卷数据不难看出，大学生在网络交往过程中能够自律、言行一致，说明他们的网络交往道德认知和行为一定比较正面。相反，大学生对于网络道德失范认知较低，网络交往道德行为正确，他们也一定会做到自律和言行一致。

在网络交往对象与网络交往道德认知之间，正确的交往对象能够使大学生有正确的道德认知。同样，正确的道德认知一定会使大学生和正确的交往对象进行网络交往。从调查问卷数据不难看出，大学生与朋友、现实生活中的熟人网络交往频率越高，他们对于网络交往道德失范认知就越低；与网上偶遇的人网络交往频率越高，他们对于网络交往道德失范认知就越高。在网络交往方式与网络交往道德认知之间，不正确的交往方式能够使大学生有不正确的道德认知。同样，不正确的道德认知一定会使大学生使用不正确的交往方式进行网络交往。从调查问卷数据不难看出，大学生使用网络游戏、社交网站进行网络交往频率越高，他们对于网络交往道德失范的认知就越高。

第五章　加强大学生网络交往道德修养

　　道德修养并非一日之功，它是一个充满曲折和复杂的过程，需要经过长期艰苦的努力。虽然道德修养是一条漫长艰辛之路，但只有通过道德修养，人的综合素质才能得到不断提高，人的道德境界才能得到不断提升。就大学生网络交往而言，教育、良好的环境和个人修养是加强大学生网络交往道德修养不可或缺的要素。

第一节　加强大学生网络交往道德修养的必要性

　　当代大学生作为一个特殊群体，其成长事关国家前途和民族命运，是国家的未来和希望所在。网络交往作为大学生交往的一种重要方式，一直以来社会方方面面都很认可网络交往在大学生成长成才方面所发挥的正能量，也很重视网络交往给大学生带来的这样或那样的问题。然而，社会的重视与党中央的要求以及大学生在网络交往中的种种表现还存在一定差距，需要我们进一步重视大学生网络交往的道德修养。

　　全面贯彻党中央及习近平总书记关于网络安全和信息化的讲话精神，要求进一步重视大学生网络交往的正负价值。党的十八大以来，习近平总书记就网络安全和信息化多次发表重要讲话，做出重要批示，深刻阐述网络安全和信息化工作的重大意义、战略目标和重要举措。这些精神对重视大学生网络交往正负价值，加强大学生网络交往教育提出了更高要求。

一　当代大学生的特点与社会责任

　　青年兴则国兴，青年强则国强。作为我国社会主义事业的建设者和接班人，当代大学生是不可逾越的一代，也是最具活力、最有影响力的群体。每个年代大学生都有各自的特点和社会责任，当代大学生也不例外。当代大学生个性鲜明、青春自我，他们热情奔放、活力四射、思维敏捷、富有理想、敢于担当，具有较强的爱国主义情怀和社会责任感，但也存在这样和那样的不足，特别是在网络交往方面。

（一）当代大学生的特点

随着经济社会的飞速发展，生活节奏加快，竞争也日趋激烈，当代大学生承载的压力与以往任何年代大学生都要多、都要大。在市场经济背景下，面对的诱惑比以往任何时候都多，理想和现实之间的落差，往往会造成大学生精神上的空虚和迷茫；同时，由于我国计划生育政策的影响，当代大学生大都是独生子女，家中的小皇帝，成长过程中沾染了诸多小毛病，也形成了时时处处事事都以自我为中心，不太考虑他人的感受，等等。这些都是当代大学生所独有的特点。具体而言，当代大学生群体具有如下几个鲜明的特点。

一是个性张扬、敢于创新但显得叛逆。当代大学生个性张扬，性情直率，敢想敢做，对问题有自己的独到看法和见解，很少盲目认同他人观点；他们的思想放荡不羁，想法不受约束，不循规蹈矩，不喜欢传统说教或观念的教条式灌输。但是，有时候又太过于叛逆。比如，每年的高考作文，有考生不仅用文言文写作，甚至还有用甲骨文写作的；现在在大学生中开始流行由符号、繁体字、日文、韩文、冷僻字等非正规化文字符号组合的"火星文"。他们喜欢尝试新鲜事物、敢于创新、勇于接受挑战、喜欢独树一帜。

二是充满自信但较为脆弱。当代大学生群体能够正确的认识自我，认可自己对于社会和国家的价值，对自身发展充满自信和期望。同时，生活水平极大的提高满足了大学生的物质需求，较好的家庭环境和社会条件也使他们的成长道路大多较为平坦和顺利，这就使得大学生在成长过程中很少会有直面挫折和失败的机会，导致他们在面对困难、挫折和失败时，显得很脆弱甚至不堪一击。

三是能力突出但功利意识强。当代大学生群体平均智商超过了以前的同龄人，他们思维敏捷、头脑灵活、眼界开阔，接受新事物的意识和能力非常强。由于当代大学生成长于社会转型时期，市场经济的形成与社会的物质性使他们的价值取向更关注具体事物，而不是关注抽象的哲学，他们的目的性表现得更为直接，在参加各项活动时会直接考虑到对自己是否有好处，具体能得到什么，功利色彩更浓，目标性更清晰。同时，由于大学生们成长在改革年代，只是通过课堂学习和影视作品等了解党的历史，对党感情不深，认为马克思主义信仰与个人发展关系不大，一些大学生不同程度地存在着理想信念模糊、价值取向扭曲等问题。

四是有强烈的独立意识但依赖性很强。当代大学生思想独立，喜欢独立思考问题而不受他人约束。他们有强烈的独立意识，不喜欢别人过多干涉自己的事情。同时，大学生们从小在家长的呵护溺爱甚至包办代替下长大，生活中很多事情都是由父母处理，很少自己洗衣服、做家务，在日常生活琐事和经济上对父母依赖非常大，导致他们缺乏独立处理问题的能力与经验，缺乏独立动手的能力和社会实践经验。另外，作为独生子女的当代大学生被宠惯了，不愿意与他人分享和合作，也不愿意和同学过多交流，对父母存在很强烈的情感依赖，但同时又不愿意和父母深入交流。

五是渴望友谊但人际关系淡漠。当代大学生大都是独生子女，没有兄弟姐妹，缺乏与同辈之间交往和父辈祖辈交流，导致他们渴望友谊。与此同时，在当今信息时代，手机、网络成为当代大学生生活中不可或缺的部分，微信、QQ、BBS、微博等已经取代传统的交往方式，成为大学生交往的主要工具。网络和通信技术的发展，使得当代大学生足不出户便可知晓天下信息，方便快捷地获取信息方式使得当代大学生之间沟通减少，人际关系淡漠。另外，当代大学生比较自我，与他人交往时不能站在对方角度考虑问题，这往往导致他们的人际关系不和谐。更有一部分大学生由于在现实中体验不到交友的成就感和乐趣而沉迷于网络世界，不能很好地在现实生活中与他人交往而导致人际关系淡漠。

除此之外，现阶段大学生性别比例的变化和农村学生比重的减少，使得当代大学生的特点不同于其他年代大学生。据教育部网站 2013 年 11 月公布的《2012 年教育统计》数据显示，2009 年全国女大学生人数第一次超过男生，随后女生人数逐年攀升，到 2012 年，全国大学生 2391 万余人，其中女生人数超男生 64.78 万人占 51.35%。相较于男生，女生有自身特点。比如，一方面，女生普遍温顺、和蔼、容易与人相处、感情丰富且善于体谅别人，在社交场合和工作协作中表现出较强的人际交往能力；另一方面，女生有较强的自控力，在没有监管和监督的情况下，能够自律并自觉地规范自身行为，能够自觉地表现出良好品质。然而，女生也承受着巨大的学习和就业压力。现阶段的女大学生大都比较优秀，学习成绩也比较优异。因此，要在女生中出类拔萃，她们一定需要付出更多努力。女大学生人数的增加以及有些行业的限制，使得女生就业前景并不是很令人满意，就业难始终是女生的首要难题。

经过改革开放 30 多年的发展，我国高等教育事业取得了举世公认的成就，尤其是大学入学率有了极大提高。但是，农村大学生比例逐年下降却是一个不争的事实，特别是重点大学的农村大学生比例。据媒体报道，近年来考入北京大学和清华大学的农村大学生只占 15% 左右，浙江大学、南京大学、中国农业大学均低于 30%。而在 20 世纪 80 年代，无论是重点大学还是一般高校，农村大学生都占大多数，许多大学甚至高达 80% 以上。相对于城市大学生而言，农村大学生真诚、善良、重情义，但交往不主动，交往面窄；他们自尊自强、吃苦肯干，但是孤独、自卑，渴望得到他人的认同；同时，他们也具有较强的自控力。然而，农村大学生却承受着远大于城市大学生的经济和就业压力。大学学费和各种费用不断攀升，使得一部分农村寒门学子难以承受，他们省吃俭用、勤俭节约，为了能够顺利地完成学业。与此同时，就业也成为农村大学生一道难以逾越的屏障。

（二）当代大学生的社会责任

社会责任感是个体对他人、自然、国家和社会所负责任的认知、情感和信念以及与此相对应的承担责任、履行义务的自觉态度。青年一代有理想、有担当，国家就有前途，民族就有希望，实现中华民族伟大复兴的中国梦就有源源不断的强大力量。习近平总书记曾经深刻指出，为实现中华民族伟大复兴的中国梦而奋斗，是中国青年运动的时代主题。当代大学生是青年中的优秀分子，大学生社会责任感的强弱，事关自身成长、社会进步、国家发展和民族前途。正因如此，《国家中长期教育改革和发展规划纲要（2010—2020 年）》将着力提高学生服务国家、服务人民的社会责任感列入教育发展重要战略。中共中央、国务院发布的《关于进一步加强和改进大学生思想政治教育的意见》也强调，要"加强和改进大学生思想政治教育……使大学生正确认识社会发展规律，认识国家的前途命运，认识自己的社会责任"。

令人欣喜的是，当代大学生社会责任感总体处于较高水平。据《全国大学生社会责任感现状调查报告（2014）》数据显示，我国大学生社会责任感总体处于较高水平，社会责任感平均得分为 83.09 分（满分为 100

分），80 分以上占 70.1%，60 分以上占 93.2%。值得肯定的是，当代大学生关键时刻勇于担当。虽然现实生活中，当代大学生存在着这样或那样的不足和缺点，大多数人对他们也抱有这样或那样的偏见，但我们也应该清醒地认识到，这些现象的出现不能一味地责怪大学生们，社会也难脱其咎。当代大学生成长背景与 20 世纪 60、70、80 年代的人有很大的区别，他们生来就有好的生活，好的条件，有父母的呵护和师长的爱护，除了学习和玩，他们不需要关心政治、关心国家大事，更不需要承担多大责任。但是关键时候当代大学生总是能够勇于担当，表现出强烈的社会责任感和爱国情怀。比如，"5·12"汶川大地震中很多大学生争先恐后充当志愿者，灾难中相互帮助、舍己为人的感人事迹比比皆是。2008 年北京奥运会期间，大学生志愿者热情周到的服务赢到了海内外的一致好评，成为一道靓丽的风景线。

当然，当代大学生在社会责任担当中也存在着一定的"行动障碍"。受现阶段社会环境和风气的影响，部分大学生的个人权利诉求达到了前所未有的程度，凡事以自我为中心，只强调社会、家庭、学校的帮助及其个人的权利，没有正确认识和处理权利与责任的关系，缺乏感恩之心和担当精神。比如，据《全国大学生社会责任感现状调查报告（2014）》数据显示，当代大学生社会责任认知 85.7 分、认同 84.3 分和行动 81.3 分，认知大于认同，同时大于行动，存在"知行不一"的现象。分析原因不难发现：一方面，大学生中还存在一定的负面思想。比如，"对我有什么好处""事不关己高高挂起""各人自扫门前雪"等，正是这些负面思想造成大学生在社会责任担当时不够坚决。另一方面，受到社会、学校和家庭等环境的影响。比如，父母不正确的言传身教，高校大学生缺乏担当社会的渠道、载体或平台，社会诚信体系不健全，等等。

正是当代大学生的特点和社会责任，使得他们在网络交往中既有值得肯定的表现，也存在这样或那样的不足。当代大学生在网络交往中值得肯定的表现，在于他们能够自觉投身到网络道德建设中，能够旗帜鲜明、积极主动地弘扬网络主旋律，传播正能量。然而，网络交往中的大学生也存在道德认知、道德情感、道德意志、道德行为等方面的问题，尤其是道德失范问题。在问卷调查中发现大学生们或多或少存在一些问题：比如，价值观存在偏差，15.04% 的大学生会频繁结交异性朋友；语言和行为表达粗俗，20.63% 的大学生会使用"BT"（变态）、"草泥马"等用语；自私自利思想蔓延，32.2％的大学生会为了个人利益伤害自己的朋友或合作者；存在网络违法犯罪倾向，20.28％的大学生赞同网络黑客行为，18.8％的大学生存在网络暴力倾向；诚信意识淡薄，31.41％的大学生做作业时从网上抄答案；文明状况堪忧，35.55％的大学生公开谈论他人隐私和在聊天室、论坛、贴吧等公共场所说粗话，等等。总之，当代大学生的特点和社会责任，要求我们加强大学生网络交往道德修养。

二　党和国家重视大学生网络交往

互联网时代，每个人都可能成为信息传播渠道，都可能成为意见表达的主体，每个人面前都有一个麦克风。中国互联网络信息中心 2015 年 7 月发布的《第 36 次中国互联网络发展状况统计报告》显示，截至 2015 年 6 月，我国网民规模达 6.68 亿居世界第一位，大专及以上学历的高学历群体超过 20.6％，大学生群体已经成为网络交往的生力军，互联网给大学生群体提供了一个崭新的交往平台。

党和国家一直以来都很重视大学生网络交往。2000 年 5 月 3 日，胡锦涛同志在视察北京市朝阳区和平街街道青年文明社区时指出，互联网迅速发展，逐步进入社会生活的方方面面，越来越多的青少年和互联网交上了朋友，这是一件可喜的事情。但同时也加重了我们的责任。这就要求我们，一方面要加强建设，努力使互联网成为青少年获取知识和信息的一个新窗口；另一方面要加强管理，趋利避害，积极防范互联网给青少年带来的负面影响。

2001 年 9 月 20 日，中共中央向全国印发《公民道德建设实施纲要》，旨在把公民道德建设放在突出位置来抓，促进依法治国与以德治国的紧密结合，推动经济和社会的全面发展。2001 年 11 月 22 日，为贯彻江泽民同志"三个代表"重要思想，落实《公民道德建设实施纲要》，共青团中央等八个单位向社会正式发布《全国青少年网络文明公约》，短短七十字的公约"要善于网上学习，不浏览不良信息。要诚实友好交流，不辱骂欺诈他人。要增强自护意识，不随意约会网友。要维护网络安全，不破坏网络秩序。要有益身心健康，不沉溺虚拟时空"，旨在推动网络道德建设，进一步提高青少年网络道德水平。

2004 年中共中央、国务院颁发《关于进一步加强和改进大学生思想政治教育的意见》，意见中多个地方均谈到网络问题。比如，第 17 条

"主动占领网络思想政治教育新阵地。要全面加强校园网的建设，使网络成为弘扬主旋律、开展思想政治教育的重要手段。要利用校园网为大学生学习、生活提供服务，对大学生进行教育和引导，不断拓展大学生思想政治教育的渠道和空间。要建设好融思想性、知识性、趣味性、服务性于一体的主题教育网站或网页，积极开展生动活泼的网络思想政治教育活动，形成网上网下思想政治教育的合力。要密切关注网上动态，了解大学生思想状况，加强同大学生的沟通与交流，及时回答和解决大学生提出的问题。要运用技术、行政和法律手段，加强校园网的管理，严防各种有害信息在网上传播。加强网络思想政治教育队伍建设，形成网络思想政治教育工作体系，牢牢把握网络思想政治教育主动权"。第 22 条 "要高度重视大学生生活社区、学生公寓、网络虚拟群体等新型大学生组织的思想政治教育工作，选拔大学生骨干参与学生公寓、网络的教育管理，发挥大学生自身的积极性和主动性，增强教育效果"。第 25 条 "坚持不懈地开展'扫黄''打非'，依法加强对各类网站的管理，净化文化市场和网络环境"。

教育部 2004 年颁发的《关于加强和改进高等学校校园文化建设的意见》中明确要求高校 "积极开展健康向上、丰富多彩的网络文化活动，形成网络文化建设工作体系，牢牢把握网络文化建设主动权，使网络成为校园文化建设新阵地"。2005 年 2 月，教育部发布的《普通高等学校学生管理规定》第四十八条要求 "学生使用计算机网络，应当遵循国家和学校关于网络使用的有关规定，不得登录非法网站、传播有害信息"。校园网是大学生网络交往重要阵地，针对这一阵地的建设，2004 年教育部下发《关于进一步加强高等学校校园网络管理的意见》，意见从充分认识加强高校校园网络管理工作的重要性和紧迫性，切实增强使命感和责任感；主动占领网络新阵地，牢牢把握网络思想政治教育主动权；综合运用技术、行政和法律手段，全面加强高校校园网络管理；切实加强领导，建立健全高校校园网络管理长效工作机制等四个方面对高校校园网络管理提出了明确的意见。

党的十八大以来，党和国家更加重视大学生网络交往。习近平总书记多次就网络安全和信息化发表重要讲话，做出重要批示，深刻阐述网络安全和信息化工作的重大意义、战略目标和重要举措，这是我们做好新形势下的网络建设和管理、创新高校网络思想政治教育工作和指导大学生网络交往的重要指南。

为学习贯彻习近平总书记系列讲话精神，2015年1月中共中央办公厅、国务院办公厅印发《关于进一步加强和改进新形势下高校宣传思想工作的意见》，意见要求各高校"以加强高校网络等阵地建设为重点，积极培育和践行社会主义核心价值观，不断坚定广大师生中国特色社会主义道路自信、理论自信、制度自信，培养德智体美全面发展的社会主义建设者和接班人"。"要创新网络思想政治教育，开展高校校园网络文化建设专项试点工作"。"立足校园网站建设开办一批贴近师生学习生活的网络名站名栏，建设一支由学生和青年教师骨干组成的网络宣传员队伍，打造示范性思想理论教育资源网站、学生主题教育网站和网络互动社区，推进辅导员博客、思想政治理论课教师博客、校务微博、校园微信公众账号等网络新媒体建设"。"强调要加强校园网络安全管理，加强高校校园网站联盟建设，加强高校网络信息管理系统建设"。为落实《意见》，教育部启动大学生网络文化工作室培育建设工作，并公布首批20个"教育部大学生网络文化工作室"。教育部要求入选高校要加强组织领导、过程指导和条件保障，统筹推进工作室培育建设，在丰富思想文化内涵、创新培育建设机制、发挥学生主体作用、催生网络文化成果等方面充分发挥示范引领作用，带动各地各校大学生网络文化工作室培育建设。2015年6月，教育部下发《关于举办首届全国大学生网络文化节的通知》，首届大学生网络文化节主题教育活动陆续在全国高校开展。本次活动主题为"传递网络正能量、争做校园好网民"，旨在引导广大青年学生积极参与网络文化建设，并通过本次活动挖掘一批有道德、有温度的网络优秀作品；在大学生群体培养一批有高度的安全意识、有文明的网络素养、有守法的行为习惯、有必备的防护技能的"四有"好网民，推动网络空间进一步清朗起来。

除此之外，党和国家极其重视对大学生网络交往教育的研究和网络正能量的宣传工作。近年来，全国哲学社会科学规划办公室和教育部先后资助数十项与大学生网络交往教育有关的课题研究，其中不乏国家社科基金重大项目"我国网络社会治理研究""网络文化建设研究""国家网络空间安全法律保障机制研究""互联网安全主要问题立法研究"和"网络游戏对青少年发展的影响与引导研究"等。在网络正能量宣传方面，比如，从2014年开始，国家每年举办一次国家网络安全宣传周，让网络更多地发出好声音传播正能量。2014 年邀请宣传正能量的网络作家周小平和花千芳参加文艺工作座谈会，他们的行为和作品得到习近平总书记的高度评价。

三　高等学校重视大学生网络交往

随着网络的快速发展，大学生网民的增多，各高校都很重视大学生网络交往。2001 年《全国青少年网络文明公约》发布后，全国高校纷纷响应开展《大学生网络文明公约》活动。比如，2002 年西北农林科技大学及时制订了"大学生网络文明公约"，并举行了万人签名活动，大学生们表示从自身做起、从小事做起、从每时每刻做起，共同创造一个健康文明的网络空间，努力营造一个积极向上的成长环境，争做先进文化的传播者。2015 年，浙江省各大高校齐聚浙江传媒学院，共同倡导"勇担传媒社会责任，打造清朗网络空间，学做网络知识达人，争当网络文明使者"的浙江大学生网络文明公约。

《关于进一步加强和改进大学生思想政治教育的意见》和《关于加强和改进高等学校校园文化建设的意见》颁发后，各地高校根据学校实际制定相关文件，加强大学生网络思想政治教育。比如，2009 年清华大学向校内各单位下发《关于进一步加强改进大学生思想政治教育的实施意见》，意见要求"进一步加强校园网的建设和管理工作，使校园网成为传播先进文化和弘扬主旋律的重要渠道、加强学生思想政治教育的重要阵地和全面服务学生的重要平台。把握好我校网络思想政治教育工作整体格局。充分依靠思想政治工作队伍和网络技术队伍这两支基本力量，坚持和完善网络信息管理委员会统一协调、两支队伍密切合作的有效机制，落实好各类校园网站的建设和管理两项任务。以第二课堂门户网站为目标，加强'学生清华'网站建设，使我校学生第二课堂建设迈上信息化新台阶，努力成为广大学生健康成长的网上家园。依照法律法规，完善校园网络论坛管理规章；按照趋利避害的要求，营造良好的网络文化氛围，严防各种有害信息在网络上的传播，增强应对网络突发事件的综合能力"。2005 年中国地质大学向校内各单位下发《关于进一步加强改进大学生思想政治教育的实施意见》，意见要求"牢牢把握网络文化建设的主动权，倡导学生使用文明、健康的手机短信用语"。"主动占领网络思想教育阵地，拓宽思想政治教育渠道"。2006 年华南师范大学下发《关于进一步加强和改进大学生思想政治教育工作的实施意见》，意见要求"加强校园网络的建设和管理，充分使用网络资源实施思想政治教育"。2010年福建师范大学颁发《关于进一步加强大学生网络思想政治教育的意见》文件，"深入开展大学生网络思想政治教育，提升大学生网络思想政治教育的针对性、实效性、吸引力和感染力"。部分高校还制定了校园计算机网络管理办法，进一步规范大学生网络交往。比如，2005年湖北大学颁发《湖北大学校园计算机网络管理办法》，充分发挥校园计算机网络在学校教学、科研和管理中的重要作用。与此同时，各高校积极开展网络思想政治教育研究工作，这些理论为有效地开展大学生网络交往教育提供了很好的借鉴和指导。

党的十八大以来，各高校采取多种措施进一步加强大学生网络交往教育。《关于进一步加强和改进新形势下高校宣传思想工作的意见》下发后，各高校针对创新网络思想政治教育和大学生网络交往教育采取了有力措施。一是着力培育典型项目，努力构建网络育人新机制。比如，清华大学、上海交通大学、南京大学、天津大学、中山大学、电子科技大学、中国传媒大学等七所高校开展校园网络文化建设专项试点工作，以探索创新高校网络文化建设和管理机制为核心，推动培育一批网络名编名师、开办一批网络名站名栏、发表评选一批网络名篇名作，探索优秀网络文章纳入科研成果统计、列为职务（职称）评聘条件的办法，使之成为推动广大教师参与内容建设和网络引导的有力"指挥棒"。浙江大学成立学生网络创业精英会等富有网络特色的学生网络社团和创业项目。

二是大力开展丰富多彩的网络主题教育活动，努力营造网络育人的浓厚氛围。比如，衡阳师范学院着力打造引领性强的高水平综合性大学生主题教育网站"津梁网"，统筹整合网络资源优势，形成网络育人工作合力。以中国人民大学牵头，北京大学、清华大学等143所高校自愿组成全国高校校园网站联盟，推动在资源聚合、力量整合和协同配合等方面发挥整体优势。北京化工大学开展"道德力量，筑梦基石"网络主题教育活动，将社会主义核心价值观化为自觉的价值追求。安徽涉外经济职业学院围绕"共建网络安全，共享网络文明"主题，开展"国家网络安全宣传周"活动。武汉大学培育建设多个学生网络文化工作室，探索创新大学生参与校园网络文化建设的新模式和新机制。华中师范大学依托素质教育中心开展戒除网瘾构建和谐网络家园活动。

　　三是加强网络阵地建设，传递网络正能量。比如，2014 年，上海、甘肃、湖南等地的高校在当地共青团组织倡导下，聘任政治素质过硬、熟悉网络工作、责任心强的高校老师及学生担任网络宣传员，组建网络宣传员队伍，以此构建清朗网络空间，巩固壮大网上主流思想舆论，加强网络阵地建设。湘潭大学成立网络文明促进会，致力于挖掘学校优秀青年典型，展现青年风采，传递青春正能量。2015 年，武汉大学、华中师范大学等多所湖北高校组建青年网络文明志愿者队伍，开展青年网络文明志愿行动；江西财经大学开展以"弘扬网络正能量，抵制网络负能量"为主题的系列活动，弘扬互联网中的正能量，提高学生在运用网络时对谣言的辨别能力以及对负能量的抵制能力。2015 年 8 月，各地各高校积极报送优秀网络文章、优秀"微作品"、优秀工作案例等，参与首届全国高校网络宣传思想教育优秀作品评选活动。通过对网民喜闻乐见作品的评选和展播，有效传递网络正能量，让网络空间进一步清朗起来。

　　四是统筹整合网络资源优势，形成网络育人工作合力。比如，上海市建设大学生网络互动社区，创新高校网络思想政治教育，加强校园网络建设与管理，推动网络育人工作。广西大学、福州大学、东北师范大学、重庆大学、中南大学、厦门大学、西华大学、兰州理工大学等高校纷纷推出"易班"，打造最新大学生网络交往平台。易班即易班网，是部分高校全力打造的最新大学生网络交往平台，是提供思想教育、教育教学、生活服务、文化娱乐的学生网络互动平台，是提供教育教学、生活服务、文化娱乐的综合性互动社区。网站融合了论坛、社交、博客、微博等主流的Web2.0 应用，为在校师生定制的教育信息化一站式服务功能，并支持WEB、手机客户端等多种访问形式。

　　社会各界对大学生网络交往中的种种正面和负面表现不可谓不重视，采取了种种措施，出台法律法规、制定文件、宣传教育、举办活动等。然而，现阶段还存在这样那样的问题需要我们进一步解决。一是文件政策落实不够。文件制定后，囿于网络执法、监督队伍和思想政治教育队伍建设不够，导致文件政策落实不到位。二是宣传教育力度不够。比如，刑法修正案（九）将利用信息网络实施犯罪、发布销售淫秽物品等行为入罪，知晓的大学生很少。三是引导大学生自我道德修养措施不够。在针对大学生开展的专题活动中，灌输和教育较多，潜移默化地引导大学生自我道德修养不多。正是这些问题的存在，使得我们应加强大学生网络道德教育，建构大学生网络交往法制与道德规范体系，强化网络交往条件下大学生自我道德修养。

第二节　加强大学生网络道德教育

教育是一种有组织地、持续不断地传授知识和技能，影响人们思想品德的活动。教育的根本价值在于培养具有道德高尚、具有崇高信仰、诚实守法、知识丰富、有才能的人才，发掘人的潜能，使之能够在社会中找到并发挥自身价值，过健康充实的生活。因此，教育对人的发展有着深远而持久的影响。一方面，教育具有促使个体社会化和个性化的功能。在社会化方面，教育能够促进个体观念或社会观念社会化，促进个体智力与能力的社会化，促进个体职业、身份的社会化；教育促进人个性化主要表现为教育既有促进人的主体性发展的功能，又能促进人的个性特征的发展，促进人的个体价值的实现。另一方面，教育直接影响着人的科学文化素质和人的思想品德的形成，正确而科学的教育能够培养人正确的价值观、世界观和人生观。可以说，教育对人的发展有着举足轻重的作用，一个人是否有良好的教育决定了他的成功。

网络交往是一把双刃剑，它在给大学生学习、生活带来便利的同时，也给大学生的行为和道德带来了诸多不利的影响。一方面，大学生网络交往中的违法犯罪、价值观偏差、自律意识弱化、自私自利思想蔓延、诚信意识淡薄、语言和行为粗俗、不文明现象以及网瘾、恶搞、信息综合征等网络行为与道德失范的出现，说明大学生网络道德教育势在必行。另一方面，社会形势的发展和变化为大学生网络道德教育提供了机遇。随着互联网法律法规的不断完善，党和国家对大学生网络交往教育的重视以及各高校对网络思想政治教育的研究和活动的开展为大学生网络道德教育提供了机遇。

所谓网络道德教育，是指教育者对网络交往主体有目的地实施道德影响的活动，使其能在网络道德的知情意行等各个方面得到培养和提高。网络道德教育主要内容包括网络道德认知、网络道德知识和网络道德行为养成教育。网络道德认知教育可以促使交往主体对网络社会道德问题进行批判性的思考，实事求是地正确地看待网络交往，从而培养其对网络道德问题的独立思考和自主判断能力；网络道德知识教育可以促使网络交往主体用先进的理论和正确的道德规范武装自己的头脑，培养其树立正确的世界观、人生观、价值观和网络道德观；网络道德行为养成教育主要是在日常教育教学和生活活动中，有目的、有计划、有针对性地通过教育训练和交往主体的自我体验及感悟，培养其良好的网络道德行为习惯。

大学生是网络社会正常秩序的维护者和网络交往道德的践行者，网络道德教育可以促使大学生形成正确的网络道德意识，提高大学生个体的网络交往道德素质和整体的网络交往道德水平。因此，针对大学生开展网络道德教育具有现实意义。笔者在问卷调查过程中发现，大学生在回答"您认为需要进行网络交往道德教育吗？"这一问题时，选择"非常需要""有些需要"的大学生人数比例分别高达44.63%和33.28%，需要进行网络交往道德教育的比例高达77.91%，针对这样的网络道德现状，在大学生中开展网络交往道德教育具有很强的现实意义。

然而，大学生网络道德教育是一个复杂的过程，并不是经过一次或几次教育就可以完成，而是一个长期过程，要经过多次反复的教育和实践。作者在问卷调查中发现，大学生对于"引起互联网道德问题的主要根源"的回答，选择"社会问题""教育问题""道德滑坡"的大学生人数比例分别为33.58%、28.35%和37.58%。三个因素比例相当，也就是说社会问题、教育问题和道德滑坡均是引起大学生网络道德问题的主要根源，这就决定了大学生网络道德教育的长期性。因此，教育者在面向大学生实施网络道德教育时，应创新网络道德教育内容，改革网络道德教育方式方法，重视家庭、学校和社会教育，注重网络道德实践。

一 改革大学生网络道德教育内容

思想是行动的先导。作为人们思想总开关的世界观、人生观和价值观，决定着一个人的人生追求和人生道路，决定着一个人的思想境界、道德情操和行为准则。正如江泽民所指出的："树立正确的世界观和人生观，无论过去、现在和将来，对于每一干部和党员来说，都是首要的问题。"[①] 对于大学生而言，世界观、人生观和价值观正确与否、科学与否，直接影响着大学生在网络交往中的一言一行。因此，开展大学生网络道德

---

① 中共中央文献研究室：《十四大以来重要文献选编》（中册），人民出版社1997年版，第1191页。

教育首先应该加强世界观、人生观和价值观等"三观"的教育。

除此之外,结合问卷调查得出的结论,当前大学生网络道德教育应主要围绕守法、文明、诚信和自律等四个方面的内容开展。

守法是大学生网络道德教育的首要内容。网络违法犯罪的凸显,使得守法成为大学生网络道德教育的首要内容。据媒体报道,当前大学生网络违法犯罪案件逐年上升,犯罪形式复杂多样,犯罪后果比较严重,给我国社会的政治、经济和文化带来很坏的影响。大学生网络违法犯罪主要表现在侵犯他人财产、网络黑客、网络色情以及网络病毒传播等方面。问卷调查数据显示,20.28%的大学生赞同网络黑客行为,18.8%的大学生存在网络暴力倾向,网络黑客和网络暴力行为是大学生网络犯罪的主要形式。

加强大学生网络守法教育,就是加强大学生对网络相关法律法规的学习和遵守网络法律法规教育。我国公民的一言一行均受到宪法和法律约束,没有不受任何约束的绝对自由,网络也不例外。加强大学生网络守法教育,就是要教育大学生在网络中的一言一行要合乎宪法和法律的规范,不能因为一己私欲或图一时之快,而有危害国家安全、黑客、造谣传谣等违反宪法和法律的言行。自1994年起,我国先后制定了不同层次的法律、法规和行政规章制度来规范网络,这些法律、法规和行政规章制度是大学生开展网络交往的行为指南,也是规范网络言行的规矩,深入学习这些规范是大学生网络守法教育的重要内容。与此同时,加强大学生网络守法教育,也应从宣传网络法律法规和违法案例开始,培养大学生网络守法意识。高等学校应在大学生中积极开展网络法律法规宣传教育,让大学生知道违反网络法律法规必将受到惩罚,号召大家一定要遵守网络法律法规。还应积极宣传国家整治网络违法行为的典型案例。比如,互联网上制造、传播谣言等违法犯罪活动猖獗,不仅严重侵害公民切身利益,严重扰乱网络公共秩序,更直接危害社会稳定、国家安全等。党的十八大以来,公安部集中打击网络有组织制造传播谣言等违法犯罪的专项行动,对经常造谣、传谣的微博大V依法打击。正是在这个大背景下,著名网络大V薛蛮子、秦火火等人因多起网络造谣、传谣相继被抓。总之,加强大学生网络守法教育,其实质就是让大学生了解法律责任、坚守法律底线,确保在法律允许范围内发表网络言论,在任何情况下都绝不损害国家、社会、集体的利益和其他公民的合法权利。

文明是大学生网络道德教育的基本内容。大学生网络文明教育是网络文明和校园文明建设的重要组成部分，是我国精神文明建设的重要内容，也是当前一项十分紧迫的工作。从问卷调查结果可以看到，当前大学生网络不文明现象比较普遍，语言和行为表达粗俗，网络中充斥着相互谩骂、相互攻击、暴力、色情等不健康、不文明的信息，各种下流话、威胁的言语层出不穷。根据问卷调查数据显示，16.63%的大学生在论坛中恶意灌水，15.45%的大学生会围攻或诋毁他人，20.63%的大学生会使用"BT""草泥马"等用语，15.31%的大学生公开谈论他人隐私，20.24%的大学生在聊天室、论坛、贴吧等公共场所说粗话，更有高达53.66%的大学生登录他人账号、浏览其个人信息。这些现象层出不穷导致许多大学生道德情感淡薄、道德意识弱化和道德素质下降，直接影响了大学生身心的全面发展，危害了网络文明和校园文明的建设和发展，严重威胁着我国精神文明建设。因此，文明是大学生网络道德教育的基本内容。

开展大学生网络文明教育就是要让网络文明教育走进大学课堂，走进大学生的大脑中，引导大学生养成健康文明的网络交往习惯，合理文明地利用网络开展学习，从而对大学生学习、生活、成才产生积极影响。开展大学生网络文明教育就是要带领大学生认真学习《全国青少年网络文明公约》，"要善于网上学习，不浏览不良信息。要诚实友好交流，不辱骂欺诈他人。要增强自护意识，不随意约会网友。要维护网络安全，不破坏网络秩序。要有益身心健康，不沉溺虚拟时空"七十字的网络文明公约应记牢用好。开展大学生网络文明教育就是要普及大学生文明网络交往知识，使大学生学会合理利用网络资源，学会安全文明网络交往，帮助大学生正确树立使用网络的价值观，明确网络交往的目的，遵照文明公约，做个文明好网民。

诚信是大学生网络道德教育的核心内容。学者不可以不诚，不诚无以为善，不诚无以为君子。古往今来，诚信一直是中华民族的一种传统美德。一方面，大学生网络诚信是现实生活诚信在网络社会中的反映和扩展，大学生网络诚信教育直接关系到大学生健康身心和人格的形成，关系到社会和网络社会稳定，关系到社会的进步和发展。另一方面，在网络交往中，大学生诚信意识淡薄。调查问卷数据显示，近半数大学生存在网络交往诚信意识淡薄问题。在回答"网上发布的信息要尽可能地恪守真实性与准确性"这一问题时，高达42.1%的大学生不赞同这一行为；在回答"论文中引用网上资料不注明、做作业时从网上抄答案"两个问题时，分别有 14.3% 和 17.11% 的大学生完全赞同这些行为。现实生活中经媒体报道的大学生网络诚信问题更是十分严重。因此，开展大学生诚信教育是大学生网络道德教育的核心内容，也是加强和改进大学生思想政治教育的主要部分。

开展大学生网络诚信教育就是依据一定的思想观念和道德规范，采取合适的措施和方法对大学生施加影响，使其形成网络社会所需要的诚信品质。大学生网络诚信教育内容比较丰富，诚信品质、诚信规范及相关的法律法规等都是主要的教育内容。诚实守信是大学生网络诚信品质的主要内容；网络交往的行为规范和准则是大学生网络诚信规范的主要内容，具体包含：一是互惠互利，平等兼容。互惠互利是指权利和义务对等，彼此之间互相受益而不损害；平等兼容是指平等享有权利和履行义务，彼此行为方式符合大家相互认同的标准。二是自爱做人，真实守规。自爱做人是指要有羞耻心，要自尊也要尊重他人。真实守规是指在网络上一言一行没有虚假，都是事实，都真实存在，大学生要有强烈的网络规则意识，不能随意破坏，要自觉维护网络规范，维护他人社会利益。大学生网络诚信自我教育是比较有效的方法，大学生要自觉地学习网络诚信规范和准则，并在网络交往中严格要求自己，加强道德修养以规范自己的言行。

自律是大学生网络道德教育的关键内容。在这个缺少他律的网络社会中，大学生的一言一行难以得到有效的监督和监管，这就极有可能产生网络交往道德失范。甚至部分大学生把网络社会中的言行迁移到现实生活中，造成在现实生活中价值观偏差、自私自利思想蔓延、人格缺失等，使得自身道德意识和社会责任感弱化，给社会带来不良影响。调查问卷数据显示，在玩网络游戏时 18.79% 的大学生会作弊，16.86% 的大学生会转发或转载过尚未证实的"吸引眼球"的留言或文章，16% 的大学生会参与人肉搜索，15.04% 的大学生会频繁结交异性朋友，14.96% 的大学生会盗取他人账号、密码或信息，15.04% 的大学生经常观看色情影片，更有高达 42.97% 的大学生浏览不健康网站等。因此，自律是防范大学生网络交往道德失范的必然选择，是大学生网络道德教育的关键内容。

培养大学生网络自律意识、自律品质和自律行为是开展网络自律教育的主要内容。当前，培养网络自律意识是网络自律教育的关键，只有引导大学生树立正确的网络自律意识，才能使其在网络交往中自觉地约束自我行为。一是要引导大学生正确认识网络社会的自由性、开放性和虚拟性等特点，使其从思想上认清自身在网络社会中所处的位置和应承担的责任；二是要让大学生意识到网络社会自律的重要性。在这个缺乏监督的网络社会，大学生只有靠自身道德自律和道德内省，才能从思想上筑起防线，才能调控好网络言行，避免自身行为失范。除此之外，开展大学生网络自律教育还应加强传统道德的教育。"慎独"是我国传统道德的重要内容，自律作为一种自觉的道德约束，是一个人"慎独"能力的体现。一个能够"慎独"的人，即使独处的时候也能自觉地律己。当代大学生要想真正地做到自律，最重要的是要努力践行这种"慎独"精神，并以"慎独"精神指导和约束自我，谨慎地对待自己的所思所行，防止有违道德的欲念和行为发生。

二 创新大学生网络道德教育的方式方法

课堂教学是大学生学习主渠道，是开展大学生道德教育的主阵地。因此，开展大学生网络道德教育应重视主渠道教育，特别要运用好思想政治理论课和大学计算机课程的育人功能。思想政治理论课和大学计算机课是大学生必修课，是帮助大学生树立正确世界观、人生观、价值观的重要途径。高等学校要把网络道德教育系统地融入思想政治理论和大学计算机课程、教材体系中，在课程建设和课程标准修订中强化网络道德教育，在教材修订中增加网络道德教育相关内容。与此同时还应深入挖掘思想政治理论课和大学计算机课的网络道德教育资源，创新教学方法和手段，提升教学效果，增强网络道德教育的实效性。当然有条件的高等学校还可以开设大学生网络道德教育选修课，拓宽网络道德教育的覆盖面。

同时要将大学生网络道德教育融入校园文化建设中。校园文化具有重要的育人功能，以校园文化为载体开展网络道德教育，能在无形中教育大学生，可以让网络道德真正入脑入心。如果学校网络道德教育仅仅停留在口头上，只靠空洞的说教和简单的背诵不能达到预期效果。如果能够将大学生网络道德教育融入校园文化建设中，将网络道德教育与校园文化建设融合起来，网络道德教育就会被激活，网络道德内容就会进入大学生的脑海中和内心里，并被他们运用到网络交往中，规范自己的网络交往行为。

正确的方式和方法是大学生网络道德教育能否取得成效的关键，除了坚持主渠道教育和将网络道德教育融入校园文化建设外，我们还应该创新大学生网络道德教育方式方法。具体而言，大学生网络道德教育应坚持

"四个结合"，增强教育的系统性、针对性、实效性和持续性。

第一，坚持家庭、学校和社会教育相结合，增强教育系统性。家庭、学校和社会是大学生网络道德教育主要的实施者，它们在大学生网络道德教育实施过程中有着各自的优势和侧重点，扮演着不同的角色。

大学生大部分时间都在学校度过，家长们片面认为其教育应以学校为主，殊不知家庭教育有着自身独特优势，扮演着十分重要的作用。家庭教育的优势在于，一方面，家长了解大学生个性特点和网络交往喜好，可以根据特点开展个性化和特殊化教育。对于网络交往动机不纯的大学生，教育其端正网络交往动机；对于不与正确交往对象进行网络交往的大学生，教育其选择正确、适宜的交往对象；对于沉迷网络游戏和社交网站的大学生，教育其远离网络游戏和社交网站，使用正确的网络交往方式；对于网络交往行为失范的大学生，规范其行为。除此之外，还可以根据大学生的各种网络道德失范行为，有针对性地开展家庭教育，使其成为一个具有爱国守法、诚实守信、自律慎独等优秀品质的好网民。另一方面，家长和家庭的言传身教对大学生成长、成才更为重要。在孩子成长过程中，家长的一言一行都具有示范作用，他们好的行为、正确的价值观能够影响孩子一生。相反坏的行为、不正确的价值观会误导他们。

学校优势在于，一方面，能够引导大学生掌握道德知识以及正确地运用知识，并为其提供锻炼人际交往和道德行为能力的场所。道德认知与大学生网络交往行为及网络交往道德存在一定相关性，掌握道德知识以及正确地运用知识是提高大学生道德认知的充分条件；学校能够使大学生意识到自身行为是否合乎社会道德规范，是否给他人和社会带来不良影响，督促其反省并积极地参与道德实践。另一方面，教师言传身教和校园、班级氛围对大学生的影响不容忽视。学校通过第一课堂、第二课堂构建良好教育环境，大学生身处在这样环境中不知不觉地完成了道德教育，并且入脑入心。社会优势在于可以为每个大学生提供巨大的道德实践平台。大学生良好道德品质的形成离不开道德实践，他们在道德实践中接受系统的社会道德教育，通过实践可以促进他们端正网络交往动机、提高道德认知、规范自身道德行为。大学生终究要长大成人、走向社会，父母和学校要鼓励他们多参加各种道德实践活动，通过活动使他们较为系统地接受爱国主义和集体主义、社会道德等一系列科学培养教育，使他们的道德观与现代社会脉搏合拍，最终成长为一个有道德的优秀社会人。

　　当然，坚持家庭、学校和社会教育相结合，并不仅仅局限于发挥三者各自的优势，而应充分认识家庭、学校和社会道德教育优势和劣势，努力寻找它们之间平衡点，建立家庭与学校沟通机制，使家庭、学校与社会开展网络道德教育，培养大学生优良道德品质过程中相互平衡、相互促进。一方力量毕竟有限，充分实现家庭、学校、社会教育有机结合，建立全社会共同育人的大教育体系，才能全面提高大学生的道德品质。问卷调查反映出大学生接触网络交往的年龄向低龄化发展，大多数大学生在初中时代就已经接触网络、过早的网络交往特别是不健康的网络交往，无益于他们身心发展。坚持家庭、学校和社会道德教育相结合，还应要求家庭、学校和社会在大学生未接触网络，未成为网络交往主体之前，使其树立正确评判是非和道德的标准，争取教育主动权，为以后网络交往过程中更好把握交往行为打好坚实基础。

　　第二，坚持个性教育和共性教育相结合，增强教育的针对性。当代大学生个性鲜明、特点突出，他们个性张扬敢于创新但显得叛逆，充满自信但较为脆弱，能力突出但功利意识强，有强烈的独立意识但依赖性很强，渴望友谊但人际关系淡漠等，这些特点使得大学生在网络交往中不文明、不诚实、不自律言行普遍存在。针对大学生共同特点和共性问题可以开展扎实有效的共性教育，规范网络交往中的言行。除此之外，相同性别、家庭环境、学校类别、学科类别大学生也表现出一定的共性问题。比如，问卷调查发现男生出现网络交往道德失范现象和使用网络不正确交往方式的概率明显高于女生；来自农村的大学生网络动机并没有其他学生纯正，使用网络不正确交往方式的概率明显高于他人；来自城市的大学生网络动机并没有其他学生纯正，出现网络交往道德失范现象概率明显高于他人；一本院校和高职高专学生的网络动机并没有其他学生纯正；商科的学生出现网络交往道德失范现象的概率明显高于他人；文科、工科学生使用网络不正确交往方式的概率明显高于他人。在教育过程中，对不同性别、家庭环境、学校类别、学科类别的大学生，使用不同的方式方法，针对不同群体不同失范现象，开展扎实有效的网络道德教育。教育来自农村和城市大学生以及一本院校和高职高专学生端正网络交往动机，男生、来自城市大学生、商科和一本院校学生规范网络道德行为，男生、来自农村大学生和文科、工科学生使用正确交往方式，增强教育针对性。

　　德国哲学家莱布尼茨曾经说过，"世界上没有两片完全相同的树叶"。

同样世界上也没有两个完全相同的人，每个人都是一个独立个体，都有特点和个性，都有缺点和优点。同时，由于广大大学生来自不同民族和地区，不同家庭、城市和学校，扮演着不同的社会角色，接受较大差异传统道德教育，对同件事情道德评价和道德判断不尽相同甚至存在冲突，因此表现出来的网络交往行为和道德行为也大不一样。即便是相同性别、家庭环境、学校类别、学科类别的大学生，每个个体也不同，具有不同特点。对于每个个体，开展网络道德教育还应该充分考虑差别，针对不同个体开展个性教育。

　　坚持个性化教育和群体教育相结合，还应把握多元和一元道德教育。在现实社会中，大学生生活在一个特定的国家、民族、地域中，在这个特定区域内道德的主导价值是一元的，道德底线是唯一的。因此，大学生在遵循道德规范基础上，按照各自选择的一元道德来指导和规范自身言行。但是，网络社会的自由性导致大学生个性张扬，每个个体在寻求自我实现的时候往往按照自己需要，选择一种道德价值，使得网络道德价值取向呈现多元化。因此，大学生在恪守自己道德原则的基础上，要学会包容和宽容，学会尊重他人的选择。每个人选择的道德价值都具有教育意义，我们应该将社会主导道德价值、大学生自主选择的道德取向和网络道德有机结合起来，实现多元与一元道德教育相统一。

　　第三，坚持网上与网下道德教育相结合，增强教育的实效性。现阶段的社会和学校教育主要集中在网上，而忽视了网下教育。比如，近年开展的建设大学生网络互动社区，组建网络宣传员、网络主题教育活动等。现实中道德教育活动以及网上与网下相结合的道德教育开展不够，这一定程度上减弱了道德教育的实效性。问卷调查发现，虽然围绕网络道德教育开展了很多活动，但是39.1%的大学生还会受到网络交往对象不良行为的影响，35.4%的大学生不会受到网络交往对象不良行为影响，这就说明网络道德教育还缺乏一定的实效性。网络道德教育不单包含网络上的道德教育，也包含网络下的道德教育，要将网络上与网络下道德教育有机地结合起来，使它们充分互动，形成合力，以提高网络道德教育效果。单纯的网上道德教育或网下道德教育，不能有效地遏制大学生的网络违法犯罪，对于网络中不文明、不诚信的言行并不能有效地根治。坚持网上与网下道德教育相结合，才能端正大学生网络交往动机，规范网络交往方式、对象以及网络交往行为，才能增强大学生网络道德教育实效性。

　　一方面，在网络社会中，虽然网上道德教育是网络道德教育不可忽视的重要战场，但是，网下道德教育是网上道德教育的基础。网下课堂教学、座谈和问卷调查等是了解和把握大学生网络道德教育实效的窗口，也是及时观察和反馈网上道德教育的最佳渠道。同时，网下道德教育内容是网上道德教育的基础，无论是《公民道德建设实施纲要》提出的"爱国守法、明礼诚信、团结友善、勤俭自强、敬业奉献"二十字公民道德基本规范，还是社会主义核心价值观提出的"爱国、敬业、诚信、友善"公民个人层面的价值准则，都是大学生网下道德教育的主要内容，也是网上道德教育内容的基础。因此，只有开展好网下道德教育，才能推动网上道德教育有效开展，也才能巩固和提升网络道德教育效果。

　　另一方面，网络社会是现实社会的反映，它植根于现实社会之中，大学生在网络交往过程中形成的伦理关系，是现实社会伦理关系的延续和扩展，因此，网上道德是网下道德一定意义上的延伸。大学生在现实生活中对道德的认知程度如何，会直接影响他们在网络中对道德的认知；在现实社会中具有什么样的道德品质和道德行为，在网络交往中表现出同样道德品质和行为的可能性比较大。倘若一个人在现实生活中的言行都违反道德规范，可想而知，其在网络社会的言行将不能接受道德规范的约束。因此，网上道德表现和网下道德行为互联互动、相互影响，网下道德行为决定了网上道德表现，网上道德水平也客观地影响大学生对现实问题的看法。

　　总之，坚持网上道德教育与网下道德教育相结合，就是对大学生既要开展网上道德教育，要求其自觉遵守网络道德规范，也要开展网下道德教育，教育其严格遵守社会公德。只有将网上和网下道德教育有机结合起来，才能使大学生网络道德教育具有较强的实效性，达到较理想的效果。

　　第四，坚持自律与他律道德教育相结合，增强教育持续性。以信念和意志等为代表的内在约束机制和以舆论和监督等为主的外在约束机制，是伦理道德约束环境中的两个方面，它们相互补充，相互促进。对于大学生网络道德教育而言，网络虚拟性弱化了内在的自我约束机制，网络道德舆论和监督真空也必然削弱其外在的约束功能，特别是大学生网络交往自律弱化现象比较严重。调查问卷数据显示，玩网络游戏时 18.79% 的大学生作弊，16.86% 的大学生转发或转载过尚未证实"吸引眼球"的留言或文章，16% 的大学生参与人肉搜索，15.04% 的大学生频繁结交异性朋友，

14.96%的大学生盗取他人账号、密码或信息，15.04%的大学生经常观看色情影片，更有高达42.97%的大学生浏览不健康网站等。因此，在大学生中开展道德教育，坚持自律与他律道德教育相结合是非常必要的。

网络社会没有政府、警察和军队，也没有等级和歧视，大学生可以自由自在、无拘无束地在网络世界翱翔，可以全身心沉浸在为所欲为的快乐中，他们自己为自己做主、自己管理自己、自己规范自己。正是网络社会弱监督性，决定了对大学生进行网络道德自律教育，使大学生养成自律习惯，自觉地遵守党纪国法和社会公德，是至关重要和必不可少的。进行网络道德自律教育目的在于两个方面。一方面，使大学生自觉地提高自身道德认识水平，培养道德意识，通过反省自身行为发现并克服不良言行；另一方面，增强大学生对是非对错的道德判断能力，使其将网络道德规范内化为个体意识，外化为道德行动，自觉地履行社会公德，逐渐把握自我并在实践中改造自我，成为一个真正道德品质高尚的人。

事实上，网络道德自律作用并非万能，需要借助道德的外在约束力量。不难想象，网络道德自律如果离开了道德他律，结果一定是事倍功半。因此，在开展网络道德自律教育的同时，还应开展网络道德他律教育，加强道德规范、法律法规和社会舆论等方面对大学生的约束。开展网络道德他律教育，需要针对网络自身特点，从实际出发，制定出切实可行、行之有效的网络道德规范和法律法规，以此约束大学生言行，引导他们文明上网。网络道德他律教育以自律教育为基础，网络道德自律教育以他律教育为动力，它们相辅相成、相互促进。因此，在开展大学生网络道德教育的时候，一定要将网络道德自律教育和他律教育有机地结合起来。

第三节　建构大学生网络交往的法制与道德规范体系

优化网络环境是培育大学生网络交往道德最为基础的一环，马克思曾经说过："既然人天生就是社会的生物，那他就只有在社会中才能发展自己的真正的天性。"① 优化网络环境就是要根据网络的特点，建构大学生网络交往的法制与道德规范体系，营造良好的社会环境。

---

① 《马克思恩格斯全集》第2卷，人民出版社1957年版，第167页。

一 法制和道德规范的重要性

人的道德品质是在一定环境中形成和发展的，法制环境和道德环境对大学生道德品质的形成和发展有着重要影响。法制和道德规范是法制环境和道德环境的重要组成部分。

（一）法制和道德规范的内涵

环境（environment）是相对于某一事物来说的，是指围绕着某一事物并对该事物会产生某些影响的所有外界事物，它包括自然环境和社会环境。环境总是相对于某一中心事物而言的，环境会因中心事物的不同而不同，随中心事物的变化而变化。具体而言，环境具有动态性，即环境是由世界运动变化的根本特征所决定。

学者们在研究思想政治教育环境内涵时，一般从广义和狭义两个方面加以界定。广义的思想政治教育环境是指影响思想政治教育活动的一切环境因素的总和。它既包括影响思想政治教育活动的外部环境因素，也包括影响思想政治教育活动的内部环境因素。狭义的思想政治教育环境是指思想政治教育主体间在思想政治教育活动过程中依据一定的教育目的，有计划地选择、加工和创造对思想政治教育活动产生影响的环境因素。[1] 狭义的思想政治教育环境主要包括思想政治教育的时间环境、空间环境、语言环境、人际环境、人格环境等因素。广义的思想政治教育环境包含了狭义的思想政治教育环境，狭义的思想政治教育环境是广义的思想政治教育环境的重要组成部分。

法制环境和道德环境是思想政治教育环境的重要组成部分，它们有着自身的内涵与特征。法制环境是一个多意蕴多指向概念，它与社会系统紧密联系在一起，是社会环境的子系统。同时，法制环境也是社会发展对各种法律制度提出的要求，以及政府能够多大程度上对这一要求做出的充分而有效的法律制度供给。法制环境包含两个层面的含义，一是国家法律和制度，二是立法、执法、司法、守法和对法律实施、监督等活动和过程。这就告诉我们，营造良好的法制环境需要有良好的法律秩序和严格的依法行事氛围。道德环境是指道德主体、道德实践、认识活动赖以进行及道德

---

[1]　杨业华：《关于思想政治教育环境界定的考察分析》，《思想教育研究》2006年第 10 期。

素质形成的条件和要素总和。道德环境是道德的构成要素，是道德和道德发展的重要方面，是道德主体从事道德活动所必不可少的现实环境。

　　法制规范作为法制环境的一部分有其自身的含义。法制规范是由国家制定并认可，并由国家机构保证其实施的具有一种强制性的行为规范，是规范人们行为和价值取向的底线。法制规范具有两个特点。一是强制性。法制规范是根据人们的外在行为由国家制定并认可，并由国家机构保证其实施以约束人的行为。法制规范一经制定，人们必须执行，具有一定的强制性；二是义务性。法制规范强调的是权利和义务的统一，一经制定人们有义务按照规范约束自己的行为。道德规范作为道德环境的一部分有着自身的含义。道德规范是人们对那些与社会共同生活关系较为重要的事物与行为，给予是非、善恶、公正或偏私的评价和褒贬，由此形成的一种社会规范。道德规范作为社会道德观念、道德意识、道德评价和道德关系的有机整体，作用在社会生活的各个方面和整个过程。道德规范作为一种社会规范是从内部规范人的行为，是一种自愿的操守和意志性品性，强调的是人的义务的特性。

　　法制和道德规范跟其他社会规范一样，具有长期性和稳定性的特点。法制和道德规范一旦形成，就会在相当长一段时期内保持整体稳定性，进而在社会上形成同样稳定的价值观、行为观和习俗等。人作为社会人，其行为与活动一定会受到社会规范的约束和影响。作为社会规范重要内容的法制和道德规范，对人们的行为与活动有着更加重要的影响。原因在于，法制和道德规范对人们多个方面起着直接或间接作用，也会对人的品质和素质产生一定影响，进而影响社会的发展与稳定。法制规范与道德规范之间存在着一定联系，它们之间相辅相成、相互渗透、相互补充和相互促进，法制规范一定意义上保护、传播、发展了道德规范，甚至可以将部分道德规范直接转化为法律规范；道德规范通过约束人们的言行，使思想和行为更加符合法制规范的要求。当然，法制规范与道德规范之间也存在一定的区别，道德规范主要依靠社会舆论、人们的信念、习惯和教育来维持，法制规范则主要依靠国家机关强制实施。

　　（二）法制和道德规范的重要性

　　法制环境和道德环境对人的道德品质的影响是全面和立体的，更是恒久的。人们思想觉悟、认知能力和道德品质的形成与发展一刻也离不开特定的法制环境和道德环境，环境通过感染、熏陶和渗透来培育人们的道德情感、启迪人们的道德认知，而生活在特定法制环境和道德环境中的人也是通过对环境提供的信息进行正确分析、评价和选择，完成其认知的改善和道德品质的转变。

法制环境对个人道德品质产生重要影响。人的本质属性是社会性的，人不会孤立地存在于社会中，也不能脱离社会而孤立存在。因此，人的道德意识产生于社会，进而法制环境制约着人的道德观念和道德倾向、影响着人的道德品质。这就是说，法制环境特别是法制建设程度深远地影响着整个社会的道德水平。法律制度通常蕴含着被人们和社会认可的道德精神，如果法律能够被公平、公正、公开地贯彻和执行，那么，每个公民就能够依法享有各项权利和自由，平等和民主观念就会深入人心，从而形成全社会的道德基础。如果法律能够公平、公正地惩治违法犯罪行为，打击犯罪分子，为社会提供良好的治安环境，就会激发每个公民的道德情感，调动他们发扬道德精神的积极性和主动性。恩格斯曾指出："人们自觉地或不自觉地，归根到底总是从他们阶级地位所依据的实际关系中——从他们进行生产和交换的经济关系中，获得自己的道德观念。"[①] 这就是说，完善的经济体制、规范的经济秩序、健康的市场经济，能够提高广大人民群众的物质生活水平，为个人道德发展提供一个良好的物质基础。

良好的道德环境能够铸造出道德品质高尚的人。社会环境对人的道德品质形成有着潜移默化的影响，作为社会环境重要内容的道德环境也不例外。良好的道德环境具有引导、评价和激励作用，这些作用指导人们明确认识、提高精神境界、增强道德责任感，进而影响他们的道德认识和道德行为。在良好的道德环境熏陶下，人们能够陶冶情操，塑造诸如诚实守信、平等待人等高尚品质，自觉地规范思想和行为，使自我走向完善、人性得以升华。良好的道德环境能够形成一个令人愉快的社会氛围，这种氛围可以激发个人的智力和道德潜能，从而使每个公民都成为推动社会主义事业前进的动力源。良好的道德环境能够建立人们之间相互尊重、相互关心、相互帮助的关系，从而使人们团结一致，携手并进。良好的道德环境还能增强社会凝聚力，促进社会稳定和发展。社会稳定和发展需要一定的秩序，法律和道德是维护社会稳定和发展的重要保障。道德作为调节个人和社会关系的原则和规范的总和，具有广泛、深入和持久的作用。良好的

---

　　① 《马克思恩格斯选集》第3卷，人民出版社1995年版，第434页。

道德环境能够协调人与人、人与社会之间的利益关系，化解各种矛盾和冲突，增强社会凝聚力，从而促进社会稳定和发展。

法制和道德规范具有规范人行为、维护社会公共秩序的作用。法制规范强调他律，在公共生活中，法制规范主要针对危害公共生活秩序的行为进行强制性限制和惩处，警戒人们遵守规范。在良好的社会秩序下，法制规范直接干涉的只是极少数人自律失效、越出基本规范的行为。道德规范强调自律，在公共生活中，道德规范发挥作用的范围非常广泛，它引导人们通过道德修养不断提升自身道德意识，产生自律，自觉地把行为保持在社会允许的范围内。道德规范具有广泛性，不仅深入人们的精神世界，而且深入社会生活的各个方面。法制和道德规范追求的目标是一致的，它们都是通过规范人们的行为来维护社会公共秩序，实现社会稳定和经济发展；它们二者相辅相成，道德规范需要法制规范支撑，法制规范需要道德规范补充。

具体而言，法制和道德规范主要具有引导、调节和推动作用。一是引导作用。法制和道德规范以其对是非、善恶标准的确立，起到评价和引导行为的作用，从而提高个体法律和道德的自觉性。在许多情况下，法制规范是对道德规范的一种强化并能起到道德规范所不具有的功效，而道德规范是对法制规范的一种补充。它们都规定着人们不应该做什么，应该做什么，哪些不可以做，哪些可以做，引导着人们的行为。二是调节作用。人是一切社会关系的产物，在不断的交往和交换中产生各种行为，形成各种活动。人与人之间在处理各种关系的时候，不仅需要法制和道德规范制约，而且也离不开法制和道德规范调节。法制规范通过设立的法律法规来调节人们的行为和活动，而道德规范通过其设立的道德评价标准和社会性道德压力来调节人们的行为和活动。法制规范是一种硬调节，道德规范一种软调节。通过法制和道德规范的调节，人与人之间利益关系可以处理得更公平正当，工作关系更宽松和谐，人际关系更协调有效，社会更加和谐。三是推动作用。法制规范通过法律法规和执法的支撑，影响和规范人们的行为和活动，对人们形成外在约束和制约，以便人们抑制负面行为，倡导积极行为；而道德规范通过有力的道德支持和精神支撑，影响和规范人们的行为和活动，对人们形成内在约束和制约，培养他们的道德习惯，形成道德观念，习得道德修养，最终使得人们在社会活动中能够自觉地抑制负面效应。

二　建构大学生网络交往法制与道德规范体系的措施

与传统的现实社会不同，网络社会是人类生活的新世界，是大学生学习生活的第二空间，需要法律与道德规范加以制约和引导。党的十八届四中全会发布的《中共中央关于全面推进依法治国若干重大问题的决定》中明确要求"加强互联网领域立法，完善网络信息服务、网络安全保护、网络社会管理等方面的法律法规，依法规范网络行为"。具体而言，网络社会需要从技术和制度等多个维度加强网络环境监管和净化，坚决抵制网络低俗信息蔓延，使网络信息、网络环境符合我国社会主流文化要求和主流价值取向，符合社会主义核心价值观要求，符合公民基本道德规范，以努力营造一个良好的网络交往环境。人是环境的产物，文明的网络环境是培育良好网络交往道德的重要保障。文明的网络环境就如同文明和谐的社会环境一样，潜移默化地影响着大学生的思想与行为、道德与人格，为网络交往道德的培育提供外部保障和内化条件。营造良好的网络环境是每一个社会主体应尽的职责。培育文明的网络环境应从建构大学生网络交往法制与道德规范出发。

构建网络交往法制与道德规范是营造良好网络环境的重要手段，对当前开展大学生网络交往德性建设具有重要的现实意义。在问卷调查中，我们可以看到大学生对构建网络交往法制与道德规范抱有迫切的愿望。比如，据调查数据显示，大学生在回答"您觉得互联网道德规范有必要吗"这一问题时，选择"非常必要"和"有些必要"的大学生人数比例分别高达47.27%和30.61%，选择"有必要规范互联网道德"的大学生人数比例高达77.88%。大学生在回答"您满意现行的互联网管理制度吗"这一问题时，选择"非常满意"和"有些满意"的大学生人数比例分别为14.05%和26.42%，大学生对现行的互联网管理制度的满意度仅为40.47%。

第一，完善网络管理法律法规和道德规范。政府和主管部门作为文明网络环境的保障者，应齐抓共管，完善网络管理法律法规和道德规范，努力营造健康文明的网络社会环境。近年来，经过法律人士、学者等民间力量的呼吁，政府加大网络法制建设力度，我国已先后制定和颁布了《全国人民代表大会常务委员会关于维护互联网安全的决定》《互联网信息服务管理办法》《中华人民共和国计算机信息网络国际联网管理暂行规定实施办法》《文化部信息产业部关于网络游戏发展和管理的若干意见》等一系列法律法规，并把有关计算机信息安全方面的条文写入刑法、刑事诉讼法、民法、民事诉讼法等相关法律中；与此同时，地方性网络管理法规制定也初见成效，比如，北京颁布《网站名称注册管理暂行办法》《北京市互联网站从事登载新闻业务审批及管理工作》等。我国网络管理法律法规已由单一走向综合，逐渐形成了一定的管理体系。我国一直比较重视社会道德规范建设，并初步构建了社会道德规范体系。比如，早在2001年，党中央就印发《公民道德建设实施纲要》的通知，公布72个字的基本道德规范；2006年党中央明确提出社会主义核心价值体系，并进行论述；2012年，党的十八大提出"富强、民主、文明、和谐，倡导自由、平等、公正、法治，倡导爱国、敬业、诚信、友善"的社会主义核心价值观。除此之外，部分高校在网络道德规范建设方面也做出了积极的探索。比如，2007年，北京高校发布10条首都大学生网络文明公约；2015年浙江高校也发布浙江大学生网络文明公约。

面对网络急剧快速的发展，这些法律法规和网络道德规范还不能完全适应网络的快速发展，也不能满足现今网络社会和广大人民群众的需要。因此，政府应协同合作，不断完善网络管理法律法规和道德规范，营造文明的网络交往环境，保障大学生健康有序地进行网络交往。一是要做好顶层设计。一方面，我国目前网络法律法规还不够系统和集中，没有网络基本法，现有的网络法律法规是政府各个部门根据自身工作需要制定的，没有系统性和统一性。同时，这些法律法规位阶不高、法律效力不强，导致实施困难，执法效果不理想。因此，需要尽快做好网络立法顶层设计，制定出切实可行的网络基本法，为相关法律法规的制定和实施提供法律依据及保障。另一方面，我国目前网络道德规范建设比较滞后，没有针对每个公民和各个行业的网络道德规范。因此，需要尽快做好网络道德规范顶层设计，制定出切实可行的全国范围内统一的网络道德规范和针对各个互联网行业的网络道德规范，规范公民和行业网络行为。二是要制定并完善亟须的网络法律法规和道德规范。网络顶层设计是一项系统工程，也是一个复杂过程，需要长期探讨、实践与完善才能完成。退而求其次，我们可以制定并完善现阶段迫切需要的网络法律法规和道德规范。一方面，互联网的快速发展使得部分法律法规跟不上时代需要和形势变化，需要做出相应修订，比如，《电子商务法》《网络隐私保护法》。同时，部分领域亟须制定单行法加以规范，比如针对电子购物、网络游戏等领域。另一方面，针对大学生网络道德行为失范问题，需要尽快地制定出大学生网络道德规范和未成年人网络道德规范。

第二，强化网络监管。监管是构建大学生法制与道德规范体系的重要内容。在大学生网络道德失范行为发生前，网络监管可以起到预防作用；在大学生网络道德失范行为发生后，网络监管可以起到教育和惩罚作用。因此，建立长效网络监管体系，加强网络执法队伍建设显得至关重要。一是建立长效的网络监管体系。网络监管职能部门要能够尽职尽责、严格执法。当人们有网络违规违法的苗头时，网络监管职能部门应提前及时制止；当违法犯罪行为发生后，网络监管职能部门应雷霆出击，做到违法必究、执法必严，起到震慑作用。网络监管部门还要能够积极地与其他执法部门密切配合，建立联动机制，实施好对各种违法犯罪活动的打击工作。除此之外，还要强化对网络接入服务商的监管力度，确保网络服务商提供健康、合法的网络服务，营造风清气正的网络环境。二是加强网络执法队伍建设。立法是建设网络法律法规体系的重要内容，执法是法律法规得以实施的重要保证，只停留在文件上而不执行的法律法规形同废纸。优良的网络执法人才可以有效地开展执法活动，让法律法规由文字变成真正意义上的制度，保障网络法律法规实效性。加强网络执法队伍建设，首先，要让执法人员学习法律法规，明确自身职责，有针对性地网络执法；其次，要加强对网络执法人员信息技术和各项技能的培训，提升网络执法人员整体素质，提高执法水平，保障执法行为顺利开展。最后，网络执法人员不仅需要强烈的法律意识，而且需要较高的道德素质。执法者综合素质决定了自由裁量权的使用和对法律的解读。很难想象一个道德水平低下的人会成为一个刚正不阿的执法者，也难想象一个没有强烈法律意识的人可以在执法中大显身手，有效地开展惩治工作，保证网络正常运行。

第三，提升互联网行业网络法律和道德意识。互联网行业是网络信息资源的提供者，也是文明网络环境的主要力量，在营造安全、文明、健康的网络环境方面具有重要作用。互联网行业应增强自律意识，自觉提升自身网络法律和道德意识。一是提升网络法律意识。互联网行业在互联网中扮演着重要角色，在保护公民个人信息安全、保障合法权益等方面有着重要作用。互联网行业应自觉遵守国家有关互联网信息管理服务的有关规定，自觉履行互联网信息服务自律义务，维护消费者合法权益，保守用户信息秘密，不利用用户个人信息从事任何与法律法规相违背的事，不利用技术或其他优势侵犯消费者或用户的合法权益。同时，互联网行业还应建立一套科学有效的预警机制，及时发现网络违法犯罪活动，并积极配合网络执法部门打击违法犯罪行为。二是提升网络道德意识。互联网行业要大力弘扬中华民族优秀文化传统和社会主义精神文明的道德准则，积极推动自身职业道德建设。互联网行业应自觉遵守有关法律法规政策，恪守职业道德和社会公德，自觉抵制不文明语言和行为，积极引导人们自我约束，相互监督，文明上网，形成良好网络氛围。除此之外，互联网行业还应引导广大人民群众文明使用网络，增强自身网络道德意识，自觉抵制有害信息的传播。

第四，发挥媒体舆论导向作用。虽然媒体只是人们借助用来传递信息与获取信息的工具、渠道和载体，以中介的形式展现出来，但是，它以其形象的直观性和生动性在网络环境建设中发挥着重要的作用，对人们有着较为直接和直观影响，特别是媒体社会舆论导向作用很明显。在当前这个人人都有麦克风，人人都是新闻传播者的自媒体时代，每个人都可以畅所欲言表达自己的观点，传递各种各样的信息，随之而来的是各种真假混杂、泥沙俱下的资讯扰乱了我们的眼睛；甚至是否定一切的歪风邪气，严重扰乱了网络秩序，破坏了网络文明和谐的环境。在这种形势下，媒体作为文明网络环境的引导者，要在引导网络交往良好风气方面发挥重大作用和履行重要职责，要唱响网上主旋律，宣传正能量。舆论的正面积极可以疏导人们的思想和行为，对文明健康网络环境起着促进作用。因此，必须要有权威舆论引导公众，疏导大家的情绪，整合和形成积极向上、健康有序的主流舆论，减小非主流言论和恶意言论的影响和破坏。与此同时，还要加强媒体正向联动，大力弘扬社会主义核心价值观，形成舆论引导合力，在网络舆论引导中占据主动。除此之外，媒体还应以自身特点和优势，围绕网络交往道德建设，结合践行社会主义核心价值观开展特色活动，感召更多的网民从网上围观走向身体力行。

总之，通过建立健全网络世界相关法律法规和道德规范，严格规范大学生网络交往行为，使网络世界具有底线，让大学生在网络交往过程中享受权利的同时，承担起相应的义务，引导大学生理性、负责任地进行网络交往，规范自身在网络中的一言一行。

第四节　强化网络交往条件下大学生自我道德修养

大学生正值青春年华，处于人生黄金时代，是世界观、人生观和价值观形成的重要时期，强化网络交往条件下自我道德修养是大学生树立正确世界观、人生观和价值观的重要途径，也是培育大学生良好网络交往道德的重要手段。

一　大学生自我道德修养的重要性

自我道德修养是指个人根据一定的道德原则和道德规范自觉地改造自己、锤炼自己，提高自身精神境界的道德实践活动。自我道德修养主要是靠人们内心的道德信念，是一个自我道德学习、磨炼和陶冶的过程，也是个人道德修养能力的培养和自我道德完善的过程。自我道德修养必须调动人们的主观能动性，才有可能把道德规范和道德要求转化为个人的道德品质，提高自身道德素质和能力，完成自我塑造，实现自我完善。当代大学生是把我国建设成为社会主义现代化强国，实现中华民族伟大复兴的重要力量。加强大学生自我道德修养，对大学生自身和社会发展都具有重要的现实意义。

强化大学生自我道德修养对改变社会道德风貌具有重要意义。一方面，个人道德品质是社会道德的基石。只有当一个人具有较高的道德品质，比如，爱国、守法、诚信、文明、节俭、勇敢等，才能在职业生活、家庭生活和公共生活中表现出良好的道德行为，才能在网络社会时时处处用良好的道德原则和道德规范严格要求自己。譬如，一个爱国守法的人，在现实社会中会热爱祖国，时刻遵守法律规范，在网络社会中不会攻击祖国和英雄人物，更不会有网络欺诈行为。与此同时，只有社会中的每个成员的自我道德素质得到提高，整个社会的道德水平才能提高，社会才能有道德新风貌。另一方面，个人道德品质影响着整个社会的道德水平。目前我国正处于社会转型期，功利化、金钱化在部分地区和领域不同程度地出现，这就使得有些人只注重知识技能提高，而忽视品德修养，一个只有知识技能而人品低下的人，并不能获得真正成功，甚至会成为社会的反面典型，因此，每个人应具备基本道德素质。大学生作为受教育程度较高的群体，应该通过强化自我道德修养，努力用自身的道德行为推动整个社会道德风貌的好转和净化，促进社会精神文明建设不断提升和发展，为社会主义现代化建设和社会和谐发展贡献力量。

强化大学生自我道德修养对大学生自身道德建设具有重要意义。当前，我国正处于社会转型期和矛盾凸显期，人们的行为方式、生活方式、价值观都会发生明显变化，这对于思想活跃、可塑性强但又涉世不深的大学生来说是现实考验。大学生缺乏社会实践经验，容易在认识自我、认识他人、认识社会等方面出现偏差。在经济全球化的今天，当各种思想相互碰撞，各种价值观纷纷涌入大学校园，如果大学生自我道德认识出现偏差，自我道德调控力薄弱，就会导致大学生道德自我异化，使其陷入发展困境。道德品质直接影响着人的行为，一个人只有具备崇高的道德理想信念、合理的道德观念及较强的道德判断、选择能力和自律能力，才能履行应尽的道德义务。在现实道德生活中，人们的行为是趋善还是趋恶，直接受道德品质支配。一个道德品质高尚的人会表现出积极向上、乐于助人的行为。反之，一个道德品质败坏的人就只会见利忘义、损人利己。因此，大学生只有自觉地强化道德修养，不断提高自身道德品质和各方面能力，才能保证自己沿着正确道路不断前进，实现自我全面而自由的发展。

强化自我道德修养对大学生良好网络交往道德的形成具有重要意义。自我道德修养的根本问题是按什么标准修养，即道德理想。标准确定后，自觉性便成为关键。马克思主义修养观的实质是两种道德观的斗争，即正确的道德观和不正确的道德观。两种道德观长期斗争，自觉性占据着极其重要的地位，在道德修养中有着极为重要意义，没有自觉性，也就不可能有正确的修养。在大学生网络交往中，网络交往动机、对象、方式、行为以及网络交往道德认知是影响大学生网络交往的重要因素，纯正的网络交往动机、正确的交往对象和方式、规范的交往行为、符合社会要求的道德认知，能够引导大学生规范自身网络交往道德行为，有利于良好网络交往道德的最终形成。

二　强化网络交往条件下大学生自我道德修养的措施

道德修养在于自我，在于个人的内在，其最重要的特点在于自觉性。良好道德的培育需要经历养成和完善两个阶段，而养成道德和完善道德则都是通过修养实现的。道德修养是一个艰苦、长期的磨炼过程，它没有立竿见影的效果，但却有持久而深刻的影响。

　　道德修养作为一种学习和实践融为一体的活动，勤学、实践和知行合一缺一不可。修养内容、方法、要求及原则等都需要通过勤学获得，通过勤学不断提高自身道德认识水平和道德判断能力，主动将外在道德规范要求内化为自身的道德信念和追求，最后形成良好的道德品质。大学生应学习、熟知网络世界的基本知识、基本伦理和基本法律，才能进行有效交往。道德修养过程是一个实践的过程，道德实践是培育良好网络交往道德的必要条件。人的道德品质不会天然获得，需要通过道德实践才能获得，没有道德实践就不能养成道德品质，也不会继续保持道德品质，更不会做到道德完善。大学生网络交往道德培育也是如此，它需要不断实践才能逐渐养成和完善，需要通过实践将道德知识转变为道德行为，并在网络交往中加以应用，在实践中不断重复，直至成为一种行为习惯。当然，实践过程会面临这样或那样的困难，只有长期坚持才能最终获得成功。"知"是"行"的前提，通常说，行动清醒来自思想清醒，行动坚定来自思想坚定。具体而言，只有首先知道"是什么"，才能解决道德修养"为什么"的问题。"行"是"知"的基础，通过行动可以进一步领悟知识"是什么"，大学生应把道德认识的不断提高与道德实践持之以恒统一起来，促进道德要求、道德规范内化为自身道德品质，再外化为实际道德行为，真正实现网络交往知行统一。

　　孔子的儒家思想对自我道德修养方法有比较详细的论述，他认为立志乐道、自克自省、身体力行和改过迁善是自我道德修养的有效措施。对大学生而言，强化网络交往条件下自我道德修养应做好以下几个方面。

　　第一，立志乐道——端正网络交往动机。网络交往动机是影响大学生交往的最重要因素，重视志向、树立理想就是要求大学生端正网络交往动机。网络交往动机是激励和维持大学生行动，并将行动导向某一目标，满足个体某种需要的内部动因。网络交往动机通过激发和鼓励，使大学生产生一种内在驱动力，使之朝着所期望的目标前进的过程。通过问卷调查发现，纯正网络交往动机可以让大学生和正确交往对象进行网络交往，保障大学生积极交往行为，能够使大学生具有正确网络交往道德认知和行为。而不纯正网络交往动机使大学生使用不正确的交往方式与他人交往。虽然，大学生网络交往动机大都比较纯正，但是，网络交往动机不纯正的现象仍然存在。比如，50.91%的大学生网络交往只为得到情感满足，41.19%的大学生网络交往只为获取社会利益，36.28%的大学生网络交往只为获得他人认可。除此之外，还发现来自农村和城市的大学生、一本院校和高职高专院校学生出现网络交往动机不纯比例高于其他大学生。

网络交往动机是大学生网络交往心理产生的基础和起点，而心理需要又是大学生网络交往动机产生的主要内因。网络交往主要与大学生追求安全的需要、归属与爱的需要、尊重的需要以及自我实现的需要密切相关，决定网络交往具体内容和相应行为后果，构成了网络人际交往形成的主要社会心理基础。总体而言，端正自身网络交往动机应正确地做到四个方面。一是正确处理网络交往和现实交往的关系。网络交往是现实交往的补充和延续，现实交往具有伦理道德和法律规范约束，而网络交往暂时处于监管"真空"。因此，大学生应以现实交往为主，网络交往为辅，正确处理好两者关系，使两者相互促进，相得益彰。二是树立正确的情感观。网络交往在满足大学生情感需要的同时，也给部分大学生情感健康发展带来较大困扰。因此，大学生应树立正确的网络交友原则和情感观，学会合理控制和调节情感，使自身健康发展。三是获取正当物质利益。网络自由性一定程度可以方便快捷地为大学生带来物质利益，大学生应清醒认识到通过正当途径获取正当物质利益才是长久之策。四是通过正确途径获得他人认同。对于来自农村和城市的大学生、一本院校和高职高专院校学生而言，更应该树立正确情感观、获取正当物质利益、通过正确途径获得他人认同，端正自身的网络交往动机。

第二，自克自省——形成良好的网络道德意识。网络道德意识是大学生的网络交往过程中自我约束、自我反省的基础，大学生只有形成良好的网络道德意识和认知，才能时刻约束和反省自身行为。道德意识和认知在社会生活中逐步形成，并对人的社会行为产生支配的作用。由于网络空间不同于现实社会，部分大学生常常认为自己是在与计算机接触和交往，往往没有明确的道德意识，这就必然阻碍大学生进行网络行为的道德约束和反省。通过问卷调查发现，道德意识和认知与大学生网络交往动机及行为存在一定相关性，良好的道德意识和认知能够端正大学生的网络交往动机、约束和反省其网络交往行为。

形成良好的网络道德意识，要求大学生具有强烈的社会责任感。当自身行为需要某种抑制的时候，应对网络活动做出调整，适应社会需要。应把握正确的判断是非的标准，尽管在评判是非的标准问题上，每个人都可以有自己的标准，然而代表人类文明、进步，反映多数人利益和愿望，有利于他人但可能需要自身做出奉献或牺牲的观念和行为，是每个大学生义不容辞的选择。就大学生网络交往而言，表面上看，是在与计算机交往，事实上是在与计算机背后的人交往。因此，维护基本网络秩序，制止网络交往不道德行为，弘扬良好的道德风尚，符合所有大学生利益和需要。大学生能认识到一定的道德体现着自身需要，认识到他人利益、公共利益与自身利益的根本一致性，就能促使其在实践中追求高尚的道德境界。因此，始终保持良好的网络道德意识，是大学生进行自我修养的基础。个人良好的道德修养不是一朝一夕就能够形成，而是需要经过长期努力。网络环境是一个无人监督的环境，充斥着各种各样令人难以抗拒的诱惑。如果大学生没有足够的心理准备，不能长期、不间断地、自觉地进行修养，不可能取得良好的修养效果。

针对不同大学生群体，采取不同措施使其形成良好的道德意识和认知。通过问卷调查发现，大学女生、党团员、来自农村的大学生、大一学生以及商科学生具有良好的道德意识和认知。相反，大学男生、非党团员、来自城市的大学生、大四学生以及文科学生的道德意识和认知不容乐观。因此，对于这些群体的大学生应采取有效措施，使其形成良好的道德意识和认知。

第三，身体力行——积极投身道德实践。道德实践是在一定道德意识指导下有目的的社会活动。积极投身网络道德实践，要求大学生履行道德规范，进行道德练习，以形成一定的道德品质和习惯。对于大学生网络交往而言，投身道德实践具有十分重要的意义。一是道德实践能够提高大学生的网络道德认识。大学生积极投身道德实践，能够亲身体验和感悟高尚道德情操和道德观念的伟大力量，从而加深对高尚道德情操和道德观念的理解和认识。二是道德实践能够培养大学生网络道德行为习惯。在道德实践中，大学生把道德认识、道德观念逐步升华为相对稳定的道德行为习惯，最终实现知与行的高度统一。三是道德实践能够促进大学生网络道德的完善。通过道德实践，大学生可以判断自身行为习惯是否符合道德规范，对于符合的行为习惯继续坚持，反之，则积极改正完善其道德。

网络交往中规范自身行为。行为是网络交往的核心内容，是指人们在网络交往中的各类活动。在网络交往中多数大学生具有理性判断能力和较强的自控能力，经常表现出积极的网络交往行为。然而，消极的网络交往行为也仍然存在，大学生应及时规范自身不道德的网络交往行为。比如，经问卷调查发现，16％的大学生参与人肉搜索，15.76的％大学生窥探他人隐私，15.04％的大学生频繁结交异性朋友，16.63％的大学生在论坛中恶意灌水，15.45％的大学生围攻或诋毁他人，14.96％的大学生盗取他人账号和密码。男生、一本院校、家庭住址为城市的大学生和商科大学生网络交往行为表现最差。

　　网络交往中使用正确的交往方式。交往方式随着生产力的发展而变化，它是人类进步的重要标志。"正如生产工具的变革是生产方式变革的历史标志一样，人类交往工具的变革也可以看作是交往方式变革的历史标志"①。从语言的产生到现在网络信息的广泛运用，人类交往方式无时无刻不受到交往工具和通信方式的影响。互联网发展给大学生网络交往方式带来变化，而不同的网络交往方式给大学生网络交往带来不同的影响。在问卷调查中发现，一方面，正确交往方式可以保障大学生的积极交往行为，并与正确网络交往对象交往；另一方面，大学生使用不正确网络交往方式进行交往的现象仍然存在，36.28％的大学生只使用网络游戏进行交往，56.42％的大学生只利用社交网站进行交往活动。除此之外，还发现男生、来自城市的大学生、一本院校和商科学生使用不正确的网络交往方式进行交往的比例高于其他学生。因此，大学生自身应使用正确的网络交往方式进行交往。

　　网络交往中坚持从小事做起。大学生在道德修养过程中，排除一些错误理念的干扰十分必要。网络世界是一个几乎没有约束和监督的自由世界，这使得部分大学生产生一些错误认识，其中，"小节无害论"是一种比较典型的错误认识。"小节无害论"是说，只要不触犯法律、不直接危害他人，犯点小错误无妨。"小节无害论"对大学生网络道德修养的影响十分有害。良好的道德品质是从一件件小事逐步积累起来的，不良的道德品质也是由小恶逐步积累起来的。比如，有些大学生认为在网上抄袭他人的论文没有违法犯罪，不算什么大事，部分大学生不仅不谴责这种行为，甚至纷纷效仿。作为接受高等教育的大学生，应认识到任何事物的发展过程都是从量变到质变、积少成多、由小变大的过程，如果对小事不以为然，那么小事聚集发展到一定程度，便会在性质上发生根本改变。

---

　　①　常晋芳：《网络哲学引论——网络时代人类存在方式的变革》，广东人民出版社 2005 年版，第 183 页。

　　第四，改过迁善——及时改正网络不道德行为，坚持同网络不道德行为做斗争。"金无足赤，人无完人"告诉我们，每个人都不是十全十美，都会犯错误。对于在网络交往中的大学生而言，谁都可能有不道德行为。有不道德行为不可怕，可怕的是知错不改。如果小错误不改正，小错误必将演变为大错误，大错误任由发展，不加以控制和改正，一定会酿成大祸而终生悔恨。因此，大学生对于自身网络不道德行为，要用坚强意志、清醒头脑和正确方法及时加以改正，防患于未然，以免后悔终生。

　　网络交往中应与不道德行为做斗争。网络道德修养是一个长期过程，它必将伴随着网络的存在而一直继续下去，只是不同时期，网络道德修养的内容、特点和方法等有所不同。网络交往中，大学生如何对待其他交往主体不遵守网络规范、不遵循网络道德秩序、行为不道德的情况，是亟须解决的现实问题。事实上，部分大学生认为自己没有义务、也没有权力干涉他人，违反法律有司法机关，违反道德规范与我无关，只要管好自己就行，他们选择了一种错误的态度即"事不关己高高挂起"。大学生作为网络世界的一员，应把净化网络环境作为自身责任，在遵守网络道德规范、严于律己的前提下，应勇敢地同一切不道德行为作斗争。如果每一位大学生都能做到这一点，将会加快网络道德秩序的形成，对于自我道德修养大有裨益。

结　语

　　探讨网络交往与大学生道德修养问题，是当前高校思想政治教育工作的一个重大问题、一个热点问题，也是一个难点问题。随着互联网和信息技术的发展，网络交往像一把双刃剑，在给大学生的学习与生活带来便利的同时，也使大学生网络交往的各种问题日益凸显并越来越复杂，尤其是大学生网络交往道德失范问题，解决之道也日趋艰难。本书以问题为导向，从理论与实践相结合的层面对网络交往与大学生道德修养、大学生网络交往与大学生网络交往道德存在的问题进行研究，力图有效地为网络交往与大学生道德修养研究提供科学的、合理的路径。

　　本书采用了问卷调查、统计分析与理论研究相结合的方法。在研究过程中，制定并编印出《大学生网络交往情况调查问卷》，运用 SPSS 统计软件对问卷调查的数据进行处理，并采用因子分析、方差分析、回归分析等方法，研究大学生网络交往及大学生网络交往道德相关问题。与此同时，本书探讨了交往、网络交往、道德修养等相关问题，并吸收借鉴哲学、社会学、政治学、历史学、管理学、教育学、心理学和统计学等学科的研究成果和相关理论，力求进一步拓宽网络交往与大学生道德修养研究的视野。

　　首先，本书对交往、网络交往和道德修养相关理论进行了较为系统的探讨。作为人类社会最基本的需要，交往具有实践性、主体性、社会性和中介性等特点，它既推动了社会的发展，又是人的发展的重要条件。作为一种新型的交往形式，网络交往与现实生活中的交往既有联系又有区别。网络交往凭着广泛性、匿名性、虚拟性、平等性和直接性的特点，使交往需求、精神需求和物质诱惑成为人们网络交往的动力因素，吸引着成千上万的人投入网络交往之中，并促进了社会的发展和人的发展。道德是人需要的产物，它需要人们通过孜孜不倦的修养方能养成。道德修养能够保持人们的身心健康、实现人的全面发展，然而道德修养的自觉性、自律性和实践性的特点，使人们必须坚持勤学、省察克治、自省、积善成德、知行合一和慎独等方法，经历道德认识、道德认同和道德践行等多个阶段方能初见成效。

其次，本书深入研究了网络交往与道德修养的内在联系。其一，交往中蕴含着道德，交往是道德修养的根本途径。一方面，交往是道德起源的基础、道德发展的动力，是检验道德的标准；另一方面，交往有助于提高道德认知、培养道德情感、规范道德行为。其二，网络交往异化是网络交往道德诉求的原因所在。网瘾、恶搞文化和信息综合症等网络交往异化的具体表现，实质上反映了网络交往主体自我异化和社会关系异化。消除这些异化，需要人们具备爱国守法、文明和谐、自由平等、诚信友善和自律慎独的道德品质。

再次，本书通过实证分析，深入研究了大学生网络交往及大学生网络交往道德现状、差异性和相关性。大学生在网络交往中表现出来的价值观偏差、语言和行为表达粗俗、自私自利、网络违法犯罪、诚信意识淡薄、不文明言行和自律意识弱化等现象，主要由大学生身心特点、网络交往环境、传统道德弱化、自我道德修养不够等原因造成的。当然，大学生网络交往动机不纯，交往对象、交往方式不正确和道德认知出现偏差也是引起大学生网络交往行为和网络交往道德失范的主要原因。

最后，本书提出了加强大学生网络交往道德修养的对策和措施。从改革大学生网络道德教育内容、创新大学生网络道德教育方式方法两个维度，加强大学生网络道德教育，建构大学生网络交往的法制与道德规范体系，强化网络交往条件下大学生自我道德修养等多个方面加强大学生网络交往道德修养。

网络交往与大学生道德修养研究是一个具有巨大拓展空间的领域，一个可以为之付出毕生精力的领域，它是理论的，更是实践的；它是古老的，又是全新的；它是当下的，也是未来的！然而，由于种种原因，笔者深知本书还有许多问题和不足，有待日后进一步研究、挖掘和完善。在此，恳请各位专家、各位师友匡谬扶正！

参考文献

一 著作类

[1]《马克思恩格斯全集》第 1 卷，人民出版社 1956 年版。

[2]《马克思恩格斯全集》第 3 卷，人民出版社 1960 年版。

[3]《马克思恩格斯全集》第 25、27 卷，人民出版社 1972 年版。

[4]《马克思恩格斯全集》第 42、47 卷，人民出版社 1979 年版。

[5]《马克思恩格斯全集》第 46 卷下，人民出版社 1980 年版。

[6]《马克思恩格斯选集》第 1—4 卷，人民出版社 1995 年版。

[7]《毛泽东选集》第 1—4 卷，人民出版社 1991 年版。

[8]《邓小平文选》第 3 卷，人民出版社 1993 年版。

[9]《江泽民文选》第 1—3 卷，人民出版社 2006 年版。

[10] 周辅成：《西方伦理学名著选辑》（上卷），商务印书馆 1964 年版。

[11] 罗国杰等：《伦理学教程》，中国人民大学出版社 1985 年版。

[12] 罗国杰：《马克思主义伦理学》，人民出版社 1982 年版。

[13] 罗国杰：《中国传统道德》（理论卷），中国人民大学出版社 1995 年版。

[14] 章海山：《马克思主义伦理思想发展的历程》，上海人民出版社 1991 年版。

[15] 李春秋：《新编伦理学教程》，高等教育出版社 2008 年版。

[16] 刘可凤：《伦理学原理》，中国财政经济出版社 2002 年版。

[17] 李泽厚：《伦理学纲要》，人民出版社 2010 年版。

[18] 金生鈜：《德性与教化》，湖南大学出版社 2003 年版。

[19] 韩庆祥：《马克思人学思想研究》，河南人民出版社 1996 年版。

［20］鲁洁：《道德教育的当代论域》，人民出版社 2005 年版。

［21］魏英敏：《伦理、道德问题再认识》，北京大学出版社 1990 年版。

［22］江畅：《德性论》，人民出版社 2011 年版。

［23］田秀云：《社会道德与个体道德》，人民出版社 2003 年版。

［24］郭本禹：《道德认知发展与道德教育》，福建教育出版社 1999 年版。

［25］李喜英：《中国道德教育的现代转型与重构》，安徽人民出版社
　　　 2007 年版。

［26］王武召：《社会交往论》，北京大学出版社 2002 年版。

［27］汪怀君：《人伦传统与交往伦理》，山东大学出版社 2007 年版。

［28］贺翠香：《劳动·交往·实践论哈贝马斯对历史唯物论的重建》，中
　　　 国社会科学出版社 2005 年版。

［29］范宝舟：《论马克思交往理论及其当代意义》，社会科学文献出版社
　　　 2009 年版。

［30］任平：《交往实践的哲学：全球化语境中的哲学视域》，云南人民出
　　　 版社 2003 年版。

［31］闫艳：《交往视域中的思想政治教育》，人民出版社 2011 年版。

［32］刘明合：《交往与人的发展》，中央编译出版社 2008 年版。

［33］郑永廷、张彦：《德育发展研究》，人民出版社 2006 年版。

［34］张耀灿等：《现代思想政治教育学》，人民出版社 2006 年版。

［35］张耀灿等：《思想政治教育学前沿》，人民出版社 2006 年版。

［36］张耀灿等：《中国共产党思想政治教育学史论》，高等教育出版社
　　　 2006 年版。

［37］祖嘉和：《思想政治教育方法教程》，北京大学出版社 2004 年版。

［38］陈万柏等：《思想政治教育学原理》，高等教育出版社 2008 年版。

［39］郑永廷等：《思想政治教育学方法论》，高等教育出版社 2010 年版。

［40］佘双好：《青少年思想道德现状与健全措施研究》，中国社会科学出
　　　 版社 2010 年版。

［41］王瑞荪等：《比较思想政治教育学》，高等教育出版社 2001 年版。

［42］刘德华等：《马克思主义思想政治教育著作选读》，高等教育出版社
　　　 2001 年版。

［43］戴钢书：《思想政治教育统计研究方法论》，人民出版社 2005 年版。

［44］戴钢书：《大学生社会主义核心价值理念培育质性研究》，人民出版

社 2008 年版。

[45] 沈壮海:《思想政治教育有效性研究》,武汉大学出版社 2001 年版。

[46] 沈壮海:《新时期未成年人思想道德建设概论》,湖北科学技术出版社 2005 年版。

[47] 王玄武、骆郁廷:《思想教育、政治教育、道德教育比较研究》,武汉大学出版社 2002 年版。

[48] 陈秉公:《思想政治教育原理》,辽宁人民出版社 2001 年版。

[49] 杨立英:《网络思想政治教育论》,人民出版社 2003 年版。

[50] 万美容:《思想政治教育方法发展研究》,中国社会科学出版社 2007 年版。

[51] 彭未名:《交往德育论》,山西教育出版社 2005 年版。

[52] 檀传宝等:《网络环境与青少年德育》,福建教育出版社 2005 年版。

[53] 檀传宝等:《大众传媒的价值影响与青少年德育》,福建教育出版社 2004 年版。

[54] 严耕、陆俊、孙伟平:《网络伦理》,北京出版社 1998 年版。

[55] 刘裕:《传媒与道德》,人民出版社 2014 年版。

[56] 陈秋珠:《赛博空间的人际交往》,吉林大学出版社 2012 年版。

[57] 杨礼富:《网络社会的伦理问题探究》,吉林人民出版社 2008 年版。

[58] 刘开朝等:《网络时代的家庭教育》,中央编译出版社 2006 年版。

[59] 黄少华:《网络空间的社会行为》,人民出版社 2008 年版。

[60] 上官子木:《网络交往与社会变迁》,社会科学文献出版社 2010 年版。

[61] 平凡:《青少年网络交往与自我》,世界图书出版广东有限公司 2014 年版。

[62] 王宗奕:《青少年的人际交往与网络交往》,人民文学出版社 2009 年版。

[63] 曾艳:《网络交往与大学生道德人格塑造》,中国文史出版社 2007 年版。

[64] 童星:《网络与社会交往》,贵州人民出版社 2002 年版。

[65] 吉菁:《大学生网络人际交往与心理健康》,中国财政经济出版社 2012 年版。

[66] 明安香:《信息高速公路与大众传播》,华夏出版社 1999 年版。

[67] 杨富斌：《信息化认识系统导论》，军事科学出版社 2000 年版。

[68] 程俊英：《诗经译著》，上海古籍出版社 1985 年版。

[69] 南京师范大学：《教育学》，人民教育出版社 1984 年版。

[70] 白先同：《教育心理学教程》，广西师范大学出版社 1992 年版。

[71] 湖南教育编辑部：《苏霍姆林斯基教育思想概述》，湖南教育出版社
1983 年版。

[72] 许启贤：《世界文明论研究》，山东人民出版社 2001 年版。

[73] 杨鲜兰：《经济全球化条件下人的发展问题研究》，中国社会科学出
版社 2006 年版。

[74] 杨鲜兰、彭菊花：《交往与青少年道德修养》，中国社会科学出版社
2013 年版。

[75] 杨鲜兰、杨业华：《湖北青少年思想道德教育研究报告 2012》，长
江出版社 2013 年版。

[76] 杨业华：《当代中国大学生核心价值观研究》，人民出版社 2011
年版。

[77] 鲁洁、王逢贤：《德育新论》，江苏教育出版社 2000 年版。

[78] 郭大俊等：《科学实践观与科学社会主义》，学习出版社 2014 年版。

[79] ［法］涂尔干：《道德教育》，陈光金等译，上海人民出版社 2001
年版。

[80] ［美］R. 赫斯利普：《美国人的道德教育》，王邦虎译，人民教育出
版社 2003 年版。

[81] ［希腊］亚里斯多德：《尼各马可伦理学》，邓安庆译，人民出版社
2010 年版。

[82] ［英］亚当·斯密：《道德情操论》，谢宗林译，中央编译出版社
2008 年版。

[83] ［美］L. 柯尔伯格：《道德发展心理学》，郭本禹等译，华东师范大
学出版社 2004 年版。

[84] ［美］L. 柯尔伯格：《道德教育的哲学》，魏贤超译，浙江教育出版
社 2000 年版。

[85] ［希腊］亚里士多德：《尼各马科伦理学》，苗力田译，中国社会科
学出版社 1990 年版。

[86] ［苏］瓦·阿·苏霍姆林斯基：《青年一代的道德理想教育》，陈炳

文等译，湖南教育出版社 1984 年版。

[87]［德］哈贝马斯:《交往与社会进化》，张博树译，重庆出版社 1993
年版。

[88]［美］尼古拉·尼葛洛庞帝:《数字化生存》，胡泳等译，海南出版
社 1997 年版。

[89]［西班牙］曼纽尔·卡斯特:《网络社会的崛起》，夏铸九、王志弘
译，社会科学文献出版社 2001 年版。

[90]［加］文森特·莫斯可:《数字化崇拜:迷思、权力与赛博空间》，
黄典林译，北京大学出版社 2010 年版。

[91]［美］基恩:《网民的狂欢:关于互联网弊端的反思》，丁德良译，
南海出版公司 2010 年版。

[92]［美］马克·斯劳卡:《大冲突:赛博空间和高科技对现实的威
胁》，黄培坚译，江西教育出版社 1999 年版。

[93]［美］理查德·A. 斯皮内洛:《世纪道德—信息技术的伦理方面》，
刘钢译，中央编译出版社 1999 年版。

二　论文类

[1] 艾国:《〈论语〉的道德修养方法及其启示》，《思想理论教育导刊》
2012 年第 5 期。

[2] 李虹等:《交往:社会发展的重要维度——马克思交往理论的思想意
蕴论析》，《合肥工业大学学报》（社会科学版）2006 年第 4 期。

[3] 闫艳:《马克思交往理论对思想政治教育的启示》，《求是》2006 年
第 4 期。

[4] 王威孚:《马克思交往实践视域中的主体性思想政治教育》，《思想理
论教育》2007 年第 8 期。

[5] 冯志宏:《马克思交往理论与人的全面发展》，《延安大学学报》（社
会科学版）2005 年第 4 期。

[6] 范宝舟:《论马克思交往理论的基本特征》，《武汉大学学报》（人文
科学版）2003 年第 10 期。

[7] 李正定:《"慎独":新世纪学生道德修养追求的境界》，《教育探索》
2001 年第 2 期。

[8] 金可溪:《马克思的马克思主义道德观的形成》，《道德与文明》

2001 年第 4 期。

[9] 孙洪敏：《邓小平对马克思主义道德观的发展》，《江西社会科学》2000 年第 1 期。

[10] 匡瑾璘、王丽丽、张舒：《网络交往中的异化现象分析》，《大庆社会科学》2008 年第 1 期。

[11] 程喜中等：《试论毛泽东的道德修养思想》，《求实》2006 年第 12 期。

[12] 蔡兰荣：《孔子道德修养论与道德教育》，《山东教育科研》1999 年第 7 期。

[13] 王敬华：《朱熹的道德修养论及其德育启示》，《湖北社会科学》2009 年第 7 期。

[14] 鲁洁：《走向世界历史的人——论人的转型与教育》，《教育研究》1999 年第 11 期。

[15] 黄聘：《道德自我的确证新起点：基于"个人品德"的内涵及意义分析》，《理论月刊》2012 年第 7 期。

[16] 龙静云、熊富标：《交往形态的发展与社会道德的变迁》，《伦理学研究》2011 年第 9 期。

[17] 张锋兴：《大学生网络道德失范行为的成因探析》，《广东社会科学》2010 年第 2 期。

[18] 窦炎国：《论道德认知》，《西北师大学报》（社会科学版）2004 年第 11 期。

[19] 胡泽勇：《社会交往在道德发展中的构建作用》，《江汉论坛》2002 年第 1 期。

[20] 丁素：《市场经济条件下人际交往的道德意义》，《山东社会科学》1995 年第 3 期。

[21] 杨豹：《当代西方德性研究综述及其启示》，《武汉科技大学学报》（社会科学版）2008 年第 2 期。

[22] 刘明合：《马克思交往观视角上人的三重本质研究》，《理念探讨》2007 年第 6 期。

[23] 任平：《走向交往实践的唯物主义》，《中国社会科学》1999 年第 1 期。

[24] 胡泽勇：《社会交往在道德发展中的构建作用——兼论社会主义市

场经济条件下的公民道德建设》,《江汉论坛》2002 年第 1 期。

[25] 陈佑清:《试析交往的发展效应》,《湖北大学学报》(哲学社会科学版) 2000 年第 2 期。

[26] 陈佑清:《活动发展效应的具体性》,《湖北大学学报》(哲学社会科学版) 2003 年第 1 期。

[27] 陈佑清:《交往学习论》,《高等教育研究》2005 年第 2 期。

[28] 李成保、李西泽:《文化体制改革的现实语境与文化自觉》,《重庆社会科学》2011 年第 11 期。

[29] 刘志山:《和谐发展与真善美》,《马克思主义与现实》2005 年第 3 期。

[30] 廖昌荫:《论道德教育与道德修养的关系》,《教育理论与实践》2000 年第 7 期。

[31] 陈春莲:《先秦儒家道德修养方法及其时代价值》,《伦理学研究》2009 年第 2 期。

[32] 王虹、刘朋:《近十年来网络思想政治教育研究述评》,《教学与研究》2011 年第 11 期。

[33] 王贤卿:《论大学生网络行为失范的心理困境与道德教育》,《毛泽东邓小平理论研究》2006 年第 8 期。

[34] 麻艳丽:《基于道德成本的道德环境建设》,《安徽工业大学学报》(社会科学版) 2011 年第 3 期。

[35] 朱巧香:《论道德环境》,《浙江学刊》2001 年第 4 期。

[36] 杨鲜兰、陈明吾:《和谐社会视域下的社会交往分析》,《湖北大学学报》(哲学社会科学版),2011 年第 2 期。

[37] 杨鲜兰、刘怀元:《论城市精神与社会主义核心价值观》,《湖北社会科学》2015 年第 7 期。

[38] 杨鲜兰、刘怀元:《论网络交往的德性诉求》,《湖北大学学报》(哲学社会科学版) 2015 年第 5 期。

[39] 汪寅、黄翠瑶:《哈贝马斯的交往理论与网络交往》,《广西社会科学》2003 年第 8 期。

[40] 常凤英、张云钢:《网络道德失范机理与虚拟交往的道德自律建构》,《云南行政学院学报》2010 年第 4 期。

[41] 袁纲:《网络伦理研究现状述评》,《思想政治教育研究》2004 年

第 1 期。

［42］炳毅、魏玉梅:《试论网络道德教育体系构建》,《思想政治工作研究》2007 年第 11 期。

［43］魏长领:《网络伦理建设的三个维度》,《华北水利水电学院学报》（社会科学版）2007 年第 4 期。

［44］郭忠志、胡桂华:《网络交往亟需道德文化支撑》,《科学技术与辩证》2002 年第 5 期。

［45］孙彩平、左海云:《网络文化时代学校道德教育的转向》,《河北师范大学学报》（教育科学版）2008 年第 1 期。

［46］范松仁:《"慎独"伦理视域中的大学生网络交往》,《中国成人教育》2007 年第 7 期。

［47］雷雳、马晓辉:《青少年网络道德状况》,《思想政治课教学》2010 年第 11 期。

［48］郭中然、姜国俊:《网络交往对大学生道德认知与道德情感负面影响的干预对策研究》,《教育理论与实践》2008 年第 3 期。

［49］张锋兴:《大学生网络道德失范行为的成因探析》,《广东社会科学》2010 年第 2 期。

［50］徐鸿:《论网络建德》,《伦理学研究》2005 年第 6 期。

［51］范虹:《论网络道德规范体系构建的必要性和原则问题》,《湖南社会科学》2004 年第 4 期。

［52］万林艳:《网络时代的主体状况》,《中国人民大学学报》2000 年第 3 期。

［53］王腾:《网络社会道德规范功能弱化成因研究》,《广西社会科学》2001 年第 2 期。

［54］周宏:《试论计算机网络的道德问题》,《道德与文明》2001 年第 5 期。

［55］陈少华等:《青少年网络交往问卷的编制与初步应用》,《广州大学学报》（社会科学版）2010 年第 10 期。

［56］聂衍刚等:《青少年网络交往行为的特点及测验量表的编制》,《广州大学学报》（社会科学版）2007 年第 5 期。

［57］吴满意:《〈德意志意识形态〉中的交往内涵与当今网络交往本质》,《思想教育研究》2009 年第 6 期。

[58] 黄继红：《马克思"交往与自由"思想视野下的网络交往自由探讨》，《社会科学研究》2009 年第 9 期。

[59] 黄少华：《青少年网民的网络交往结构》，《兰州大学学报》（社会科学版）2009 年第 1 期。

[60] 陶国富：《网络交往的泛化与精神文明的深化》，《社会科学》2001 年第 6 期。

[61] 陈明龙：《网络交往对大学生人格发展的影响及对策》，《中国高教研究》2004 年第 10 期。

[62] 李素霞等：《网络交往与人的全面发展》，《河北师范大学学报》（哲学社会科学版）2008 年第 7 期。

[63] 李义军：《浅谈网络交往对大学生成长的影响及正确引导》，《河南社会科学》2008 年第 3 期。

[64] 孙伟平：《论信息时代人的新异化》，《哲学研究》2010 年第 7 期。

[65] 李伦、郭建国：《"鼠标下的德性"：电子商务的伦理内涵》，《湖南师范大学社会科学学报告》2000 年第 5 期。

[66] 邓伟宁：《从公德与私德的关系看网络道德建设》，《自然辩证法研究》2001 年第 8 期。

[67] 李忠新：《大学生网络道德规范建设研究》，《黑龙江高教研究》2013 年第 8 期。

[68] 张晓燕：《大学生网络道德建设研究》，《思想文化道德建设》2002 年第 8 期。

[69] 魏雷东：《大学生网络道德问题研究》，《思想教育研究》2011 年第 1 期。

[70] 檀江林：《当代大学生网络建设道德的若干思考》，《青年研究》2007 年第 1 期。

[71] 董馨：《道德认知视阈下大学生网络交往的实践与干预》，《河南社会科学》2012 年第 9 期。

[72] 郑又贤：《关于当前高校网络道德建设的几点思考》，《思想理论教育导刊》2005 年第 7 期。

[73] 杨金运：《关于网络道德建设的对策思考》，《中州学刊》2005 年第 11 期。

[74] 郭若男：《互联网络交往的道德与信任问题的理性分析》，《科学时

代》2014 年第 13 期。

［75］刘同舫：《加强网络道德建设》，《上海大学学报》（社会科学版）
2001 年第 4 期。

［76］徐砺：《论大学生网络道德建设》，《教育与职业》2008 年第 6 期。

［77］吴晓蓉：《论大学生网络德性及生成途径》，《当代世界与社会主
义》2014 年第 5 期。

［78］黄少华、魏淑娟：《论网络交往伦理》，《科学技术与辩证法》2003
年第 4 期。

［79］顾习龙、吴一凡：《网络舆论危机对大学生伦理道德的影响与应对
策略》，《经济与社会发展》2011 年第 8 期。

［80］皮海兵：《试析网络空间里的主体异化类型》，《人民论坛》2011 年
第 7 期。

［81］常凤英、张云钢：《网络道德失范机理与虚拟交往的道德自律建
构》，《云南行政学院学报》2010 年第 4 期。

［82］魏臻、韩沛伦：《网络交往的动力研究》，《福建论坛》（人文社会
科学版）2013 年第 5 期。

［83］方钫研：《网络交往的演进及其伦理意蕴》，《深圳大学学报》（人
文社会科学版）2011 年第 7 期。

［84］郭中然、姜国俊：《网络交往对大学生道德认知与道德情感影响的
调查分析》，《文教资料》2008 年第 3 期。

［85］杨洋、严佳：《网络交往过程中大学生异化现象的哲学反思》，《燕
山大学学报》（哲学社会科学版）2015 年第 3 期。

［86］陈万求：《网络伦理难题和网络道德建设》，《自然辩证法研究》
2002 年第 4 期。

［87］周运清、彭剑波：《网络社会崛起与网络道德建设研究》，《湖北社
会科学》2003 年第 1 期。

［88］许敏燕、于希勇：《网络时代大学生德性话语建构》，《学理论》
2011 年第 9 期。

［89］王海洋、王贵贤：《网络虚拟交往的反思》，《理论与现代化》2007
年第 2 期。

［90］孙海亮、严耕：《网络主体异化的原因分析》，《北京邮电大学学
报》（社会科学版）2006 年第 7 期。

［91］林兴发：《网络交往的伦理审视》，《广西社会科学》2004 年第 5 期。

［92］袁建军：《大学生网络道德研究述评——兼评研究中的若干误区》，《思想政治教育研究》2011 年第 2 期。

［93］陆俊、严耕：《国外网络伦理问题研究综述》，《国外社会科学》1997 年第 2 期。

［94］韩小荣：《网络交往实践与人的全面发展》，《新疆社会科学》2009 年第 1 期。

［95］施维树、甘再清：《网络交往自由时间与人的全面发展》，《西华大学学报》（哲学社会科学版）2005 年第 6 期。

［96］陈瑜：《论网络技术对文化发展的影响》，《中南大学学报》（社会科学版）2003 年第 4 期。

［97］彭进清：《网络空间人的主体性的消解与建构》，《湖南师范大学社会科学学报》2006 年第 4 期。

［98］魏雷东：《后现代主义视域下的大学生网络道德问题研究》，《中国青年研究》2011 年第 3 期。

［99］陈明：《全真道的道德修养论研究》，博士学位论文，中南大学，2010 年。

［100］吴永辉：《马克思的全球全面生产理论研究》，博士学位论文，河南大学，2014 年。

［101］刘冲：《马克思人权思想研究》，博士学位论文，吉林大学，2007 年。

［102］周力辉：《马克思恩格斯精神生产理论研究》，博士学位论文，苏州大学，2012 年。

［103］常青伟：《思想政治教育环境渗透研究》，博士学位论文，苏州大学，2014 年。

［104］赵淑辉：《当代中国交往理性研究》，博士学位论文，东北师范大学，2010 年。

［105］居峰：《高校主体间性思想政治教育研究》，博士学位论文，中国矿业大学，2014 年。

［106］李芸：《马克思交往思想的历史生成及其对传播学的影响》，博士学位论文，上海大学，2012 年。

［107］董正华：《思想政治教育交往主体论》，博士学位论文，大连理工大学，2013 年。

［108］高凤敏：《马克思恩格斯道德教育思想研究》，博士学位论文，山东师范大学，2012 年。

［109］陈秋珠：《赛博空间的人际交往》，博士学位论文，吉林大学，2006 年。

［110］卢斌：《哲学视阈下的网络社会交往》，博士学位论文，中共中央党校，2011 年。

［111］张冠文：《互联网交往形态的演化》，博士学位论文，山东大学，2013 年。

［112］王渊：《基于科技伦理视角的大学生网络道德教育模式研究》，博士学位论文，中国地质大学，2013 年。

［113］王贤卿：《网络传播环境下的道德建设》，博士学位论文，复旦大学，2005 年。

［114］万峰：《网络文化对大学生伦理道德影响的研究》，博士学位论文，上海师范大学，2009 年。

［115］迟新丽：《大学生网络交往动机问卷编制及相关问题研究》，硕士学位论文，西南大学，2009 年。

［116］韩红艳：《大学生网络交往类型及其特点研究》，硕士学位论文，西南大学，2006 年。

［117］陈历：《论网络交往实践》，硕士学位论文，福建师范大学，2003 年。

［118］潘琴：《哈贝马斯交往理性视域下的网络空间交往行为研究》，硕士学位论文，华中科技大学，2009 年。

三　外文类

［1］Orgad, Shani , *The Internet as a Moral Space*：*The Legacy of Roger Silverstone.* LSE Research Online, United Kingdom, 2007.

［2］Jonathan Zittrain, *The Future of the Internet—And How to Stop it*, Yale University Press, 2008, 10.

［3］Emanuele Bardone, Lorenzo Magnani, "The Internet as a Moral Mediator", The Quest for Democracy, *Open Access Journal for a Global Sustain-*

able Information Society, 2006（2）.

［4］ Sarah A. BҺniePeter, Horvath, "Psychological Predictors of Internet Social Communication ", *Journal of Computer – Mediated Communication*, 2002（7）.

［5］ David Poulson, Colette Nicolle, "Making the Internet accessible for people with cognitive and communication Impairmenls", *Universal Access in the Information Society*, 2004, 3（1）

［6］ Dominic Madell, Steven Muncer, " Internet communication: an activity that appeals to shy and socially phobic people?", *Cyberpsychology & Behavior : The Impact of the Internet*, *Multimedia and Virtual Reality on Behavior and Society*, 2006, 9（5）: 618 – 22.

四 其他

［1］ 中国互联网络信息中心（CNNIC）:《第 36 次中国互联网络发展状况统计报告》，2015 年 6 月。

［2］ 中国互联网络信息中心（CNNIC）:《2014 年中国青少年上网行为调查报告》，2015 年 6 月。

［3］ 孙国华、冯玉军:《爱国与守法》，《光明日报》2001 年 12 月 25 日。

［4］《中国互联网行业自律公约》，《光明日报》2002 年 3 月 27 日。

［5］ 张世友、马传松:《加强大学生网上"慎独"教育》，《光明日报》2006 年 1 月 15 日。

［6］《个人品德决定社会道德面貌》，《济南日报》2010 年 8 月 15 日。

［7］ 张丰清:《以"爱国敬业诚信友善"为基础构建核心价值观》，《南方日报》2013 年 1 月 14 日。

［8］ 吴敏佳:《兴起诚信友善的文明新风》，《广元日报》2013 年 7 月 14 日。

［9］ 靳晓燕:《学生触网年龄向低龄化发展》，《光明日报》2014 年 1 月 22 日。

［10］ 张蔚:《自由 平等 公正 法治》，《四川日报》2014 年 5 月 7 日。

［11］ 焦新:《守卫好党和国家意识形态工作前沿阵地》，《中国教育报》2015 年 1 月 21 日。

[12]《学习贯彻落实〈关于进一步加强和改进新形势下高校宣传思想工作的意见〉精神座谈会发言摘编》，《中国教育报》2015 年 1 月 30 日。

附　　录

大学生网络交往情况调查问卷

亲爱的同学：

　　您好！本问卷旨在调查您网络交往相关情况。本问卷采用无记名方式，仅供研究所用。问卷共 4 页，估计填写需要 15 分钟，谢谢您的合作！（以下全部为单选题，请在相应的选项上打"√"。）

大学生网络交往项目组

2014 年 12 月

第一部分　基本信息

1. 性别：

①男　　　　　　　　　　　　②女

2. 政治面貌：

①中共党员　　　　　　　　　②共青团员　　　　③其他

3. 您家居住在：

①城市　　　　　　　　　　　②乡镇　　　　　　③农村

4. 就读年级：

①大一　　　　　　　　　　　②大二

③大三　　　　　　　　　　　④大四

5. 您主修专业所学的学科是：

①理科　　　　　　　　　　　②文科

③工科　　　　　　　　　　　④商科

6. 您一个月生活费用是：

①500 元以下　　　　　　　　②500—800 元

③800—1000 元　　　　　　　④1000—1500 元

⑤1500 元以上

第二部分　网络交往情况

7. 您上网主要使用的工具：

①台式电脑　　　　　　　　　②笔记本电脑

③手机　　　　　　　　　　　④其他

8. 您上网的主要地点：

①家里　　　　　　　　　　　②实验室或办公室

③网吧　　　　　　　　　　　④公共场所

⑤其他

9. 您平时上网的频率：

①每天　　　　　　　　　　　②每周一次

③每周两次　　　　　　　　　④每周三次

⑤不定期

10. 您每次上网的时间：

①少于 2 小时　　　　　　　　②2—4 小时

③5—7 小时　　　　　　　　　④多于 8 小时

11. 您的网龄：

①1 年以下　　　　　　　　　②1—4 年

③4—8 年　　　　　　　　　　④8—10 年

⑤10 年以上

12. 您对于自己每次上网时间的自我认知和评价如何？

①用网有道，完全在自己的控制之中　②偶尔懊悔

③时常后悔　　　　　　　　　④难以自制

13. 您网上交往的目的符合以下哪种情况？（请回答每项内容）

	完全符合	有些符合	说不清楚	不太符合	很不符合
情感满足					
获取物质利益					
工作学习、提升自我					
信息沟通、交流					
休闲娱乐					
获得他人认可					
消磨时光					

14. 您在网上主要和哪些人交往？（请回答每项内容）

	很多时候	较多时候	有时	很少	从不
家人和亲戚					
朋友					
现实生活中的熟人					
在网上偶遇的人					

15. 您在网上主要通过哪些方式与他人交往？（请回答每项内容）

	很多时候	较多时候	有时	很少	从不
即时通信（QQ、MSN、微信、飞信、视频通话等）					
论坛（BBS）					
电子邮件（E-mail）					
网络游戏（MUD）					
社交网站					
微博					
博客/个人空间					
其他					

16. 您是否赞同下面说法或行为？（请回答每项内容）

	完全赞同	有些赞同	说不清楚	不太赞同	很不赞同
有人称网络为"罂粟"正向大学生散发着致命的迷香					
浏览不健康网站（图片、暴力网站或视频）					
网络黑客行为					
下载资料拼凑论文					
网上发布的信息要尽可能地恪守真实性与准确性					
登录他人账号，浏览其个人信息					
公开谈论他人隐私					
论文中引用网上资料不注明					
做作业时从网上抄答案					
在聊天室、论坛、贴吧等公共场所说粗话					
在网上发布、转载未经核实的明星绯闻、花边新闻的行为					
干露露、郭美美等网络名人通过网络炒作爆红的做法					
观看 AV（色情片）					

17. 您在电脑游戏中如何对待竞争者？

①谩骂羞辱对方　　②想杀掉或不择手段解决掉它

③不管它，自己做自己的　　　　④冲突不尖锐就算了

⑤把竞争当作自己发展的动力　　⑥其他

18. 网上交往时，当您为了自己的利益而不得不伤害自己的朋友或合作者时，您会怎么做？

①丝毫不犹豫，果断去做　　②有些内疚，但还是去做

③不去这样做，宁可失败　　④其他

19. 如果您在游戏中遭遇失败（如被杀或扮演角色失败），您会怎么做？

①找机会报复对方　　　　　　②无所谓，从头再玩

③杀比自己弱小的玩家发泄　　④从此不再玩游戏

⑤换一款游戏再玩　　　　　　⑥其他

20. 网上交往时，您的行为符合以下哪种情况？（请回答每项内容）

	完全符合	有些符合	说不清楚	不太符合	很不符合
看到有关违反网络道德的东西，向有关部门举报					
关注、宣扬正能量					
跟帖反对或抨击那些不文明的帖子或信息					
对一些不负责任的言论予以抨击					
参与诸如"爱国主义"主题的活动					
帮住他人解决疑惑，提出中肯建议或直接给予帮助					
参与社会公益活动					
慎独自律					
言行一致					
遇到网络欺骗信息向有关部门举报					
欺骗网友					
玩游戏时作弊					
有意隐瞒自己性别或其他信息					
使用多个身份与他人交往					
匿名发布不实信息					
转发或转载过尚未证实的"吸引眼球"的留言或文章					
参与人肉搜索					
出于好奇，有意无意偷窥他人隐私					
频繁地结交异性朋友					
使用"BT""草泥马"等用语					
在论坛中"灌水"					
围攻或诋毁他人					
盗取他人账号、密码或信息					

21. 网友的不良行为会影响到您吗？

①影响很大　　　　　　　　②有些影响

③不好说　　　　　　　　　④基本无影响

⑤无影响

22. 参与网络交往后，您是否变得对周围人缺乏信任感？

①影响很大　　　　　　　　　　②有些影响

③不好说　　　　　　　　　　　④基本无影响

⑤无影响

23. 与传统的道德规范与法制规范比较，您觉得网络是：

①自由的，完全可以不负责任

②虚拟的，不必太认真

③需要履行相应义务

24. 网络交往使我在现实交往过程中更加尊重别人：

①完全符合　　　　　　　　　　②有些符合

③说不清楚　　　　　　　　　　④不太符合

⑤很不符合

25. 网上交往使我在现实交往过程中更加注重礼节：

①完全符合　　　　　　　　　　②有些符合

③说不清楚　　　　　　　　　　④不太符合

⑤很不符合

26. 网络交往使我在现实交往过程中更加自觉规范自我行为：

①完全符合　　　　　　　　　　②有些符合

③说不清楚　　　　　　　　　　④不太符合

⑤很不符合

27. 网络交往让我对自己不喜欢的人更加宽容：

①完全符合　　　　　　　　　　②有些符合

③说不清楚　　　　　　　　　　④不太符合

⑤很不符合

28. 网络交往让我认识到真诚在现实交往中十分重要：

①完全符合　　　　　　　　　　②有些符合

③说不清楚　　　　　　　　　　④不太符合

⑤很不符合

29. 网络交往让我认识到懂得感恩在现实交往中十分重要：

①完全符合　　　　　　　　　　②有些符合

③说不清楚　　　　　　　　　　④不太符合

⑤很不符合

30. 您觉得引起互联网道德问题的主要根源在哪里？（单选）

①社会问题　　　　　　　　　②教育问题

③道德滑坡

31. 您觉得规范互联网道德有必要吗？

①非常必要　　　　　　　　　②有些必要

③说不清楚　　　　　　　　　④不太必要

⑤很不必要

32. 您满意现行的互联网管理制度吗？

①非常满意　　　　　　　　　②有些满意

③说不清楚　　　　　　　　　④不太满意

⑤很不满意

33. 您是否赞同目前对于的互联网道德整治，比如批捕网络大 V 薛蛮子、秦火火等人：

①非常赞同　　　　　　　　　②有些赞同

③说不清楚　　　　　　　　　④不太赞同

⑤很不赞同

34. 您认为需要进行互联网道德教育吗？

①非常需要　　　　　　　　　②有些需要

③说不清楚　　　　　　　　　④不太需要

⑤很不需要

后　　记

　　本书是在我的博士论文基础上修改、完善而成的。

　　本人天资愚钝，加上从理科跨越至人文社会科学学习，求学之旅可谓充满了艰辛与坎坷。回首博士学习生涯，有悲伤也有高兴，有失落也有惊喜，一次次地质疑自己又一次次地肯定自己，尝遍了其中的酸甜苦辣。个中滋味，如人饮水，冷暖自知。回首博士学习生涯，伴随着生活的不平静，在故纸堆中体验读书之苦，在电脑桌旁品味写作之难，这几年的点点滴滴必将令我终生难忘，受益终生。

　　在本书付梓之际，首先感谢我的恩师杨鲜兰教授。人生最大的幸运和最珍贵的财富莫过于恩师的教诲。几年来，恩师不仅把我领进思想政治教育研究的大门，还教会我做学问的路径和方法，以及为人处世的道理和风格。恩师的一言一行，受益匪浅，我必将镌刻心底，终身以师为榜样"虽不能至，心向往之"！千言万语汇成一句话，谢谢您！衷心祝愿恩师及家人永远健康、幸福！

　　求学路上，感谢马克思主义学院的各位领导和老师，他们的期许与鼓励，治学的严谨执着和育人的责任担当，让我肃然起敬、终身受益！他们的耐心、细心、真心与贴心让我的学习生活五彩斑斓！感谢周芳教授、郭大俊教授、杨业华教授、徐方平教授、汤德森副教授、贺祥林教授、田子渝教授、熊友华教授、杨荣副教授、涂用凯副教授、翟艳芳老师、雷群老师、陈亚杰老师、郭艳妮老师等。感谢湖北大学副校长顾豪爽教授、科学技术发展研究院常务副院长肖德教授、招生就业处处长李莉及研究生院的领导和同事们，感谢化学化工学院党委书记叶汉林、院长王升富教授等领导和老师们，他们的鼓励与支持，关心与帮助，让我能够顺利地完成学业并出版本书。

　　几年来，感谢我的师兄师姐、同学和师弟师妹们。湖北大学学工处处长刘靖君教授的教导与鼓励，刘之杨师兄、官翠娥师姐的关心，叶昊同学、菊花、小婉和段玉青师妹的帮助，我将铭记在心。感谢你们！在这里还要一并感谢王雄、吴健、邱海燕以及帮助我完成问卷调查的朋友和同学们。

　　特别的感谢献给我的妻儿和家人，没有她们的支持和付出，没有她们的汗水与辛劳，没有她们的后勤保障，难有我毕业和本书出版之时。曾记得，因赶写博士论文不能陪妻儿，我那不满两岁的小儿每每遇到外人，总用他那不清楚的发音对别人说"爸爸在学习！爸爸在学习！"现在想来，内心还是酸酸的。

　　最后，我要感谢在本书参考文献中涉及的作者和师长们，还要感谢湖北省高校人文社科重点研究基地——湖北青少年思想道德教育研究中心和湖北省教育厅人文社会科学研究项目"大学生网络交往道德研究"（16Q017）对本书出版的资助；感谢本书的责任编辑孔继萍老师，正是她的敬业精神和辛勤的劳动，才使得本书得以顺利出版。

　　本书的出版只是我学习研究生涯的一个阶段，今后，我将不辜负恩师及各位领导、师长、亲朋们的期望，不忘初心，继续前行！

刘怀元

2016 年 10 月 10 日